风生水起来开店　管好店铺赚大钱

线上开店
线下管店

彦涛◎著

最新店铺管理的17个流程和14个标准

一本书成就皇冠卖家打造黄金宝店

全程式讲授，循序渐进讲解线上开店的流程和方法
一站式指导，由浅入深解读线下管店的标准和技巧

立信会计出版社
LIXIN ACCOUNTING PUBLISHING HOUSE

图书在版编目（CIP）数据

线上开店线下管店/彦涛著. ---上海：立信会计出版社，2017.1
（去梯言）
ISBN 978-7-5429-5275-2

Ⅰ.①线… Ⅱ.①彦… Ⅲ.①电子商务-商业经营 Ⅳ.①F713.36

中国版本图书馆CIP数据核字(2016)第270120号

策划编辑　蔡伟莉
责任编辑　蔡伟莉　王　倩
封面设计　久品轩

线上开店线下管店
XIANSHANG KAIDIAN XIANXIA GUANDIAN

出版发行	立信会计出版社			
地　址	上海市中山西路2230号	邮政编码	200235	
电　话	（021）64411389	传　真	（021）64411325	
网　址	www.lixinaph.com	电子邮箱	lxaph@sh163.net	
网上书店	www.shlx.net	电　话	（021）64411071	
经　销	各地新华书店			
印　刷	固安县保利达印务有限公司			
开　本	720毫米×1000毫米	1/16		
印　张	20	插　页	1	
字　数	316千字			
版　次	2017年1月第1版			
印　次	2017年1月第1次			
书　号	ISBN 978-7-5429-5275-2/F			
定　价	39.80元			

如有印订差错，请与本社联系调换

前言

"打工不如开店","为老板打工不如自己开店当老板",在商业气息日益浓厚、人才竞争日益激烈、就业环境日趋严峻、生存压力越来越大的今天,开店成为很多人的创业首选。

随着汹涌澎湃的互联网时代的到来,商业形态和格局正发生着翻天覆地的变化,店铺这一古老的生意卖场也随之产生了的巨大的变化,店铺类型、开店方式、经营手段等都与过去不可同日而语。但概括而言,目前开店形式不外乎两种——线上开店(网络店铺)、线下开店(地面实体店)。

不用租店面,不用办营业执照,就可以开店;不用大额投资,不用大量进货(甚至可以先销售后进货),就可以开始销售;不用雇用营业员,就可以每年365天、每天24小时营业;不用花费大笔钱做广告宣传,全国各地的消费者都可以看到并购买到你的商品……这在前些年听起来还如同神话故事一般,如今却已成为现实,这就是线上开店(又称网上开店)。随着互联网应用越来越普及,网络正在以惊人的速度渗透到普通人的生活当中,上网购物已经成为现实,线上开店已经成为一种潮流。

对于线下实体店,不用多介绍,几乎所有人都知道。选一块地段不错的门面,进行一番装修,拿到营业执照,招几个店员,进一批货品,就可以开张营业了。

"开店"二字看似简单,然而其中却深藏经营和管理的学问和技巧。开店创业不难,人人都可开,但是要想开一家财源茂盛、赢利滚滚的旺铺,则是需要花费精力去琢磨思考的。天下店铺多得不可胜数,但是能开一家口碑好、有影响力的百年老店却不易。同样是线上开网店，有的开成皇冠网店，日访问量过万，有的则成为无名小店，很少有人问津；同样是开实体店，有的开得风生水起、门庭若市，有的则冷冷清清、门可罗雀。

线上开店虽然具有手续简便、投资小、风险低等优点，但在具体操作过程中却有很多细节讲究，需要遵循一定的流程，把握好操作中的每一个环节。从上线前的条件准备到注册上线，从进货到定价，从网店设计到宝贝拍摄上传，从在线沟通到打包发货，从宣传促销到风险管理，都需要用心关注。只有每一个流程、每一个环节都不放松、做到位，才能为最后的成交打下基础，才能赢得越来越多顾客的访问，赢得越来越多的订单。

相比于线上开店，线下实体店的经营要复杂得多，涉及的环节和细节林林总总。正所谓麻雀虽小五脏俱全，一个店铺就是一个小企业。因此，店铺的管理就显得非常重要。店址的选择、商品的陈列、货物的盘点、员工的招聘和培训、日常运营、财务整理、商品促销、卫生环境、突发异常事件等，都需要高效规范的管理。管理得当，店铺才能有条不紊，有序运转；管理失当，店铺就难以运营，效率低下，甚至停业关门。管店是实体店经营体系的重中之重，管好店才能开好店，才能把店做精、做大、做强。

本书紧密结合目前开店的新形势，融合了最新的开店知识、开店经验、管店技巧，条分缕析地讲解了成功开店必须了解和遵从的流程和标准，目的是为每一个开店者量身打造的最新、最全、最佳的开店指南。全书分为"线上开店"和"线下管店"两大部分。上篇详细介绍了线上开店的17个关键点和流程，并根据开店的程序，一一介绍了线上开店需要注意的一系列问题及其解决之道，为开店者指点迷津，把自己的店建设成一家有个性的赚钱小店；下篇深入全面讲解了线下实体店经营中必需的14个重要管理标准，多层次多角度地揭示了店铺兴隆的经营秘诀和管理艺术，为店铺经营者出谋划策，扫除开店障碍，把店经营得风风火火、财源滚滚。

本书不仅是开店创业者的行动指南，更是广大店铺经营者获取财富的导航图。无论你是开店新手，还是开店老江湖，本书都是让你的店铺晋级成为商业旺铺、黄金店铺的炼金魔法书。祝愿每一个准备开店和正在开店的朋友们，在开店时走稳走好，一路顺风，实现自己的创业和财富梦想！

目 录

上篇 线上开店
轻松赚钱的17个流程

流程1 准备上线——硬件软件一个都不少 / 2
  一台能正常上网的电脑 / 2
  一部像素较高的数码相机 / 2
  一部电话和一部手机 / 3
  一台传真机和一台打印机 / 4
  店主的个人能力 / 4
  星级店主的心态 / 5

流程2 网店定位——紧跟网络流行风 / 6
  做什么线上项目好 / 6
  适合线上销售的商品有什么特点 / 7
  怎样判定线上大卖商品 / 8
  怎样选择网店流行商品 / 9
  网络热卖的流行商品有哪些 / 10

流程3 上线开店——选对平台让你省心省力 / 13
  如何在淘宝网上开店 / 13
  如何微信开店 / 15
  自立门户开网店 / 16

流程4 网店起名——名头叫得响生意才能旺 / 18
  店名中蕴涵所售商品类别 / 18
  店名中蕴涵店主姓名 / 19

　　　　店名中既有商品名称又有店主名字 / 19

　　　　如何起一个好的网店名 / 20

流程 5　设计 LOGO——一举吸引买家的眼球 / 23

　　　　LOGO——网店的招牌 / 23

　　　　LOGO 颜色的选择 / 24

　　　　LOGO 字体与图案的搭配 / 25

　　　　精美 LOGO 成功实例欣赏 / 26

　　　　给自己做一个店主肖像 / 28

流程 6　组织进货——货比三家淘宝贝 / 30

　　　　去批发市场淘宝贝 / 30

　　　　从阿里巴巴批发平台进货 / 31

　　　　直接从厂家进货 / 32

　　　　从外贸厂商进货 / 33

　　　　购进 OEM 产品 / 34

　　　　寻找特别的进货渠道 / 34

　　　　与实体店家合作 / 35

　　　　自己创造货源 / 35

　　　　如何与供货商打交道 / 36

流程 7　宝贝拍摄——宝贝首次精彩亮相 / 38

　　　　自制简单摄影棚 / 38

　　　　拍照三字诀：稳、准、牢 / 39

　　　　镜头光圈的调整 / 40

　　　　拍照背景的选择 / 41

　　　　拍摄灯光的调试 / 42

　　　　拍照距离的控制 / 43

　　　　柔光布的使用 / 45

　　　　如何拍出梦幻感觉的照片 / 46

　　　　手机的拍照技巧 / 48

　　　　宝贝拍照中的误区 / 50

流程 8　宝贝修饰——让宝贝漂亮再漂亮些 / 52

　　　　图形变形——拉伸技法 / 52

提高图像清晰度的方法 / 54
学会自己做标题 / 57
如何去除图片中的文字 / 59
金属字的制作方法 / 61

流程9　宝贝定价——为宝贝卖个好价钱 / 68

网店商品定价七原则 / 68
导向定价法 / 69
化整为零定价法 / 70
适当提高价格 / 71
低价攻略 / 72
一分差价法 / 72
整数定价法 / 73
尾数定价法 / 73
附加值定价法 / 74
调整定价法 / 74

流程10　宣传推广——360度提升网店知名度 / 76

店铺介绍要精彩 / 76
商品介绍文字的写作 / 78
使用推荐位 / 79
推荐位商品推荐11招 / 80
使用搜索引擎 / 82
求助专业网络推广公司 / 83
加入网店联盟 / 84
互换友情链接 / 84
到各大论坛发帖 / 85
借助主题讨论区、聊天室、求购市场 / 87
借助电子邮件广告 / 87
借助QQ、淘宝旺旺 / 89
借助网络实名和通用网址 / 90
"病毒式"推广策略 / 92
印制并发放广告 / 94

　　　　赚银币抢广告位 / 94

　　　　个人空间要充分利用 / 95

　　　　利用店铺留言进行宣传 / 95

　　　　到其他论坛发软广告 / 95

　　　　积累口碑 / 96

　　　　扩大交际面，多派发名片 / 96

　　　　微博是推广的好工具 / 97

　　　　微信宣传效果显著 / 98

流程 11　在线沟通——千里财缘一线牵 / 101

　　　　线上沟通"八项注意" / 101

　　　　在线沟通，礼貌先行 / 102

　　　　店主一言，驷马难追 / 103

　　　　不内行，不沟通 / 104

　　　　30秒内一定回复 / 105

　　　　与买家沟通要热情 / 105

　　　　不好回答的问题婉转表达 / 106

　　　　耐心回答买家每一个问题 / 106

　　　　了解并满足买家的需求 / 107

　　　　在线沟通要善始善终 / 108

　　　　如何与不了解型买家沟通 / 108

　　　　如何与一知半解型买家沟通 / 109

　　　　如何与专家型买家沟通 / 109

　　　　如何与挑剔型买家沟通 / 109

　　　　如何与吝啬型买家沟通 / 110

　　　　留住每一个买家 / 111

流程 12　打包包装——欲要卖得好，还要包装好 / 113

　　　　好包装是网店流动的广告 / 113

　　　　自己动手，自做纸箱 / 114

　　　　购买和定制纸箱 / 116

　　　　改造纸袋，邮寄首饰 / 117

　　　　改造纸袋，邮寄书本 / 117

改造纸袋，邮寄服装 / 118

改造纸袋，邮寄软体玩具 / 119

改造纸袋，邮寄光盘 / 119

打包辅料——透明胶带 / 120

易碎商品打包必备——硬泡沫 / 120

易碎品打包小窍门 / 122

怕压、怕挤物品打包小窍门 / 122

流程 13　物流发货——好网店离不开好物流 / 124

如何做送货上门业务 / 124

如何选择邮政业务发货 / 125

如何选择快递业务发货 / 128

如何选择货运业务发货 / 130

流程 14　资金流转——划账转账轻松搞定 / 131

支付宝方式 / 131

银行转账方式 / 133

邮局汇款方式 / 134

微信支付方式 / 134

货到付款方式 / 135

流程 15　线上促销——如何让销量直线上升 / 137

网店促销好处多 / 137

直接降价促销法 / 138

返券促销法 / 138

赠品促销法 / 139

应季商品促销法 / 139

要想销得快，还需更新快 / 140

流程 16　售后服务——下一次交易的开始 / 142

感动上帝的买家服务 / 142

利人利己的买家服务 / 143

细致入微的买家服务 / 144

整理并记录买家信息 / 145

建立买家资料库 / 147

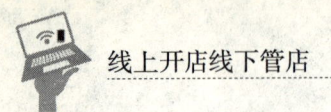

建立买家咨询系统 / 148

如何处理买家的退换货 / 148

流程 17　风险管理——开店容易守店难 / 150

如何规避成本风险 / 150

如何规避进货风险 / 151

如何规避金融风险 / 153

如何规避寄送风险 / 154

如何规避售后风险 / 156

如何处理信用风险 / 157

如何规避安全风险 / 158

下篇　线下管店
管出银子的 14 个标准

标准 1　开店选址——寻找黄金宝地 / 162

哪些地段适合开店 / 162

店址选择应知技巧 / 163

开店选址"四不要" / 165

"傍大款"的意识不可缺 / 166

选址不走寻常路 / 167

资金少怎么选址 / 168

如何开店才能旗开得胜 / 169

标准 2　店铺设计——要让顾客流连忘返 / 171

不同档次，设计各异 / 171

设计一个创意十足的门脸 / 172

店铺布局种类知多少 / 173

店铺布局上的诀窍 / 174

店铺空间布局上的讲究 / 175

店铺窗户设计技巧 / 177

店铺通道设计方案 / 178

店铺灯光设计要点 / 180

店内尽量避免阶梯 / 181
店内管线的安装 / 182

标准3 店铺进货——只选对的，不选贵的 / 183

进货前要做好计划 / 183
寻找货源必备知识 / 184
进货八大黄金准则 / 185
进货五原则 / 187
进货要以顾客为中心 / 188
把好进货质量关 / 189
如何确定原料订货的数量 / 190
尾货便宜要少碰 / 192

标准4 商品陈列——让顾客看了想掏腰包 / 194

商品陈列五原则 / 194
陈列的数量、颜色及样系 / 195
陈列的方向 / 196
陈列空间巧放大 / 196
几种特殊的陈列方式 / 197
陈列中应避免的问题 / 199
陈列时应注意的事项 / 200

标准5 广告宣传——塑造深入人心的店铺形象 / 202

店铺广告：不说话的销售高手 / 202
店铺广告有哪些种类 / 203
店铺广告费的预算 / 205
店铺广告设计要点 / 206
卖点广告的摆放 / 207
快讯商品广告的设计及派放 / 209
小广告单的投放技巧 / 210
店铺广告语要有创意 / 211

标准6 店员招聘——寻找店铺需要的人 / 213

做好店铺的职位规划 / 213
招聘前要做哪些准备 / 214

选择哪种方式招聘 / 215

面试要注意的问题 / 217

正式录用新店员 / 218

标准 7　店员培训——提升店员整体销售力　/　220

对店员进行哪些培训 / 220

如何做好职前培训 / 221

如何做好在职培训 / 222

如何做好脱产培训 / 223

如何做好店员自我启发式培训 / 223

提升店员的自我学习能力 / 224

培养店员的团队精神 / 225

标准 8　店员管理——管好员工开好店　/　227

管理店长的方法 / 227

管理导购的方法 / 228

管理收银员的方法 / 229

管理验收员的方法 / 231

管理采购员的方法 / 231

管理理货员的方法 / 233

管理促销人员的方法 / 234

营业员纪律管理制度 / 235

标准 9　日常运营——每日都是"好运气"　/　236

如何制订店铺经营计划 / 236

如何设定店面运营管理目标 / 237

店铺管理标准的制定流程 / 238

店铺营业前的运营管理 / 239

店铺营业中的运营管理 / 239

店铺营业后的运营管理 / 240

运营标准的改善与提升 / 241

如何做好排班工作 / 242

如何做好交接班工作 / 243

如何做好早晚会管理 / 244

标准 10 商品盘点——衡量店铺业绩的标尺 / 246

盘点六原则 / 246

先分类后盘点 / 247

日盘点、月盘点、年盘点 / 249

盘点前要做好哪些准备工作 / 250

盘点中要注意哪些问题 / 251

如何减少盘点中的损耗 / 251

给店铺来一次大盘存 / 252

盘存的注意事项 / 254

及时处理盘存中的问题 / 255

商品数量管理技巧 / 256

标准 11 财务管理——小店经不起大手脚 / 258

建立健全财务系统 / 258

如何计算财务指标 / 259

如何制定财务情况说明书 / 261

如何做好店铺的促销预算 / 263

营业收入的管理技巧 / 264

现金的管理技巧 / 265

现金管理的注意事项 / 266

大额钞票的管理技巧 / 267

标准 12 卫生管理——打造宾至如归的文明卖场 / 268

如何搞好店内环境卫生 / 268

如何搞好办公区环境卫生 / 270

如何搞好柜台卫生 / 271

如何搞好通道、就餐区卫生 / 272

如何搞好更衣室卫生 / 272

如何搞好洗手间卫生 / 273

如何搞好玻璃门窗、幕墙卫生 / 274

如何搞好灯具清洁 / 274

废弃物处理规范 / 275

店员个人卫生的管理 / 276

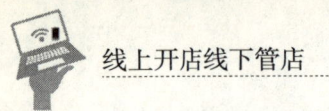

标准 13　安全管理——平安开店防范为先　/　279

如何防止外部人员偷窃　/　279

如何防止内部人员偷窃　/　280

顾客的哪些行为需要注意　/　281

发现小偷时如何处理　/　281

遇到紧急事件如何处理　/　282

遇抢时该如何应变　/　283

遇抢时员工要注意什么　/　283

如何防暴　/　284

店内关键部位的安全管理　/　285

易燃、易爆物品的安全管理　/　286

如何做好消防管理　/　287

出现火灾报警时的处理　/　288

标准 14　店铺促销——卖出就是硬道理　/　290

如何制订促销方案　/　290

价格折扣促销法　/　292

低价促销法　/　292

竞赛与抽奖促销法　/　293

优惠券促销法　/　294

商品展销促销法　/　296

样品赠送促销法　/　297

现场演示促销法　/　298

以旧换新促销法　/　299

名牌效应促销法　/　300

改进包装促销法　/　301

情侣商品促销法　/　301

顾客档案促销法　/　302

好服务是最好的促销　/　303

如何评估店铺促销效果　/　304

上篇 线上开店
轻松赚钱的 17 个流程

线上开店线下管店

流程1 准备上线——硬件软件一个都不少

线上开店就是把互联网作为展示自己商品的平台，为自己的商品寻找买家。线上开店具有手续简便、投资小、回收快、风险低、节约资金、营业时间不受限制、地理位置不受限制、店面大小不受限制等优势，是一种前卫的开店方式，备受人们特别是年轻一族的追捧。可再好的事情也不可能适合每个人，它不但需要装备必需的硬件，而且还要具备相关的"软件"——使用电脑和网络的能力及良好的经营素质、心态。

一台能正常上网的电脑

虽然线上开店不需要租门面、选地段、找仓库，但还是需要为自己准备一些必备的硬件。

首先，需要准备一台能够正常上网的电脑。因为要开网店，所以电脑是必不可少的。网店经营者要用它来上传图片和其他所有商品信息，同时要用电脑通过网络与消费者取得联系、进行沟通，因此网店经营者首先要购买一台电脑。

这里要提示的是，如果通过拨号上网或是无线网卡上网，就会由于网速过慢而出现图片传送超时失败的情况。建议选择网速比较快的光纤上网。

一部像素较高的数码相机

其次，应该购买一部能清晰拍摄商品的数码相机。开网店需要把大量商品图片上传到网络上,这样才能让消费者清楚地看到商品,才能更吸引消费者。

网店经营者在选购数码相机的时候,千万不要只图价格便宜,一定要根据自己所销售的商品来选择相机。如果你要经营的是手工艺品,或者是其他对照片清晰度要求很高的商品,就要选择像素很高的数码相机,这样才能拍出清晰的照片。照片不清楚就不能充分展示自己的商品,将会影响商品的销售。

小花是开银饰网店的店主,在最初选择数码相机时,由于一味贪图便宜,她购买了一台像素很低的数码相机。结果在为自己的商品拍照片时才发现,原本做工精细的银饰品,拍出来以后只能看个大概,银饰上面的精雕细琢根本体现不出来,因此在销售时非常吃亏。

无奈之下,小花只好重新购买了一台千万像素的数码相机。这不但耽误了生意,还浪费了金钱。

一部电话和一部手机

再次,还要有方便和买家沟通的电话和手机。这两者最好都具备,都是通信的好帮手,方便买家联系你。尤其是随身携带的手机,以便买家能够随时找到你,增加成交的机会和便利,弥补了局限于计算机网络联系的限制。

网店设有电话,不仅有助与买家沟通,还能让买家信任你的网店。如果你的网店设有电话,可以增加网店的可信度,让买家感到你的网店是正式的,对吸引买家浏览光顾网店、购买商品是有促进作用的。而如果没有联系电话,就会给买家留下这样一种印象:这家网店是不是骗人的?是不是临时随便设立的?能够在这里下订单买东西吗?

店主要将自己的电话号码和手机号码写在网店的页面上,以方便买家看见并随时与你联系。如果电话用久了,就要定期查看一下,看是不是有需要修理的地方,及时处理电话机中的故障,这样不至于在与买家沟通中突然出现故障而影响销售工作。手机在上线时间要保持开机状态,及时充好电,保证沟通中的用电量。另外,最好申请一个免费接听服务,这样可以节省一小笔费用。

线上开店线下管店

一台传真机和一台打印机

最后,还需要用于书面文字资料传输、复制的传真机、打印机。打印、接收和发送一些书面文字资料,就会用到这些设备。例如,和买家签订的合同,必须打印出来接收或发送给对方,如果自己配备相关设备的话就方便多了。签订了合同就有了法律的保障,增加了双方的安全感和信任感,也增加了长期合作的机会,而且很多资料是需要书面保存的。

当然,这些必备硬件在网上都可以购买到,你可以根据个人实际经济情况,选择自己最需要的硬件产品,只要留心,一定可以淘到物美价廉的东西。

店主的个人能力

开网店对店主的计算机使用能力是有一定要求的,最基本的要求就是经营者要会上网,会使用QQ、微信、阿里旺旺等聊天工具以及电子邮箱。此外,银行的账户也是必不可少的,因为你要用它接收消费者支付货款。

关于网络和软件的使用这里就不多说了,下面主要介绍一下电子邮箱的选择。

电子邮箱有收费的和免费的两种,绝大多数人使用的都是免费的电子邮箱,可是如果你要专职经营网店的话,注册一个收费电子邮箱就非常必要了。

其实电子邮箱收费是很低的,通常一年的使用费用从几十元到几百元不等。花费不大却买到了放心,还是值得一用的。

此外,聊天工具也很重要,现在大家广泛使用的是QQ或微信、阿里旺旺。通过使用这些聊天工具,不但能省下很多电话费,而且能随时和天南地北的消费者沟通,还可以随时给不在线的消费者留言,非常方便,也非常人性化。

聊天工具不但可以文字聊天,还可以传送图片,甚至可以语音聊天,这些都是不限时免费使用的。

星级店主的心态

虽然线上销售前途光明、市场"肥厚",但是网上交易这块"肥肉"并不是人人都能吃得到的。由于"肉多",所以前来"吃肉"的人也多,再加上进入的门槛很低,因此竞争非常激烈。

线上开店虽然对最初的资金投入要求不高,但对经营者的心理素质要求却不低。

首先,网店经营者要能做到不着急、不生气。

在网络经济日益高涨的今天,网络上大大小小的店铺不计其数,如果你新开的网店没有什么特色,很有可能从一开始就被埋没在"芸芸众店"当中。所以,网店经营者首先要做好店铺开张一两个月卖不出去一样东西的准备。

网络商店与实体店一样,开店的过程肯定不会都是一帆风顺的,都有卖不出去东西的可能。

看到自己心目中的宝贝在登录后却无人问津;明明商品被拍下,买家却迟迟不肯成交;面对买家恶意欺骗而无奈亏钱;面对买家没完没了地讨价还价,最终竟然没有成交……网店经营者要能做到冷静面对,不急不躁。

其次,要有耐心,能经得住考验。

线上开网店要学会淡然处之,千万不要因为第一个月没有成交,就像一只泄了气的皮球。

经营网店就像经营人生,要学会宠辱不惊。一个商店如果不是赶上特别的天时地利人和,都不可能从开业第一天一直火爆下去。

做生意是个任重而道远的过程,一味急于求成,是不可能成就大事的。所以无论有没有生意,都要兢兢业业地坚守信念。用心做人,用心做事,才能最终获得成功。不能因为有了生意就乐成一团,没有生意就垂头丧气,失去信心,这样是行不通的。只有任何时候都保持一个良好的心态,才能冷静而正确地面对经营中出现的各种情况。

线上经营开网店要能够经得住考验,"心急吃不了热豆腐",只要卖家的东西好,就一定会有人要。只有保持良好的心态,才能在经营中有所收获。

流程2 网店定位——紧跟网络流行风

网络销售与传统的实体店不同,如果想成功地上线开网店,必须熟悉线上开店的流行趋势,了解最近网络流行什么,哪些商品适合网络销售,哪些商品网上卖得最火。

如果你开店之前对这些情况不了解,即使销售技巧运用得再好,也不一定能成功。因此在开网店之前你应该先对要卖的商品进行准确定位,然后发挥你的销售技巧,才能把网络生意经营好。

做什么线上项目好

线上开店,开哪种店好?做什么网络项目才好卖?这是每个想开网店的朋友首先遇到的问题。看看淘宝,五花八门,几乎卖什么的都有,可见每个人的想法不同。由于每个人所拥有的资源不同、兴趣爱好不同,也就决定了其从事的行业不同,寻求稳固、可靠的货源是做好网店的前提条件。

就目前而言,从消费心理出发,结合当今中国尚不完备的个人信用体系,网店最适合销售一些价值相对不太高、普通消费者都需要的、对售后服务要求不高的、不容易变质、不需要试穿或试用就能确定是否合适的商品,比如化妆品、茶叶、书籍、工艺品、音像产品或者一些规格比较标准统一、通过照片和说明就能确定满足需要的产品,最好能做一些名牌产品,这对买家非常有吸引力,要买家接受一个名不见经传的品牌难度很大。

选择什么样的项目,首先要根据你自己的专业知识以及对某个市场的熟悉程度,其次根据你对该项目的抗风险能力。

适合线上销售的商品有什么特点

通过对线上销售商品的细分,我们发现适合线上开店销售的商品一般具有以下特点。

1. 体积较小

主要是方便配送,降低运输的成本。

2. 附加值较高

价值低过运费的单件商品是不适合网上销售的。

3. 具备时尚性

网店销售不错的商品往往都是十分时尚的,这是一个显著特点,符合年轻人的需要。

4. 价格合理

如果在实体店可以用相同或更低的价格买到同样的商品,就不会有人在网上购买了。

5. 通过网站了解就可以激起浏览者的购买欲

如果这件商品必须要亲眼见到才可以满足购买所需要的信任,那就不适合在网上开店销售。

6. 具有独特性

具有独特个性的商品往往是消费者比较热衷的,网下没有,只有网上才能买到,比如外贸订单产品或者直接从国外带回来的产品等。

线上开店也要注意遵守国家法律法规,不销售禁止销售的和限售的商品。

法律法规禁止或限制销售的商品,如武器弹药、管制刀具、文物、淫秽品、毒品;假冒伪劣商品;其他不适合网上销售的商品,如医疗器械、药品、股票、债券和抵押品、偷盗品、走私品以及由其他非法来源获得的商品;用户不具有所有权或支配权的商品。

怎样判定线上大卖商品

网络上可以销售的商品种类很多,到底哪类商品销售得比较好?如何确定大卖商品呢?

1. 从客户群体的角度出发

这一条规则要求你不能单凭自己的喜好来选择出售哪些商品。自己喜欢的,客户不一定看得上,不同的客户有不同的爱好和选择标准,这就要求你要熟悉自己的客户,要明确"定位"。如果你的店铺找准了定位,你就是客户的采购员,站在他们的角度考虑,他们会喜欢什么样的商品和款式,这才是正确的做法。

2. 从供应商那里得到情报

要做好第一点,需要不少的经验和悟性。到市场或者到网站上批发商品的时候,你看到的商品很可能已经销售一段时间了。那么,在你作出决定之前,诸如哪些商品批发得比较多,哪些商品批发得比较少的信息,你都可以从商品批发商那里得到。如果某类商品之前批发出很多,那么说明它被不少人所看好。如果某类商品补货的人也很多,那么说明这类商品的销售情况不错。

3. 从往年的销售经验里得到信息

如果你开网店有几年了,那这几年的经验,绝对是笔财富。如果你才刚开始,那么你应该留意积累这笔财富。这样对未来的趋势才能有良好的判断。当然,未来不是一成不变的,但是对客户的了解,对自己定位的了解,加上对过去的总结,能让你在货品的选择上作出更好的判断。

借鉴别人的经验,看别人网上什么商品卖得最好、最多。在一定时期内,有一些东西总是相对稳定的,一直处于相对热销状态,这就是我们要借鉴的地方。

4. 市场分析

线上开店需要谨慎分析市场,做好充分的艰苦奋斗的思想准备。市场分析其中就包括分析商品的走势,哪类商品卖得比较好,哪类商品比较流行等。流行文化是不断发展的,如果你比别人早半步知道流行商品的走势,你就能够在商业上比别人的步伐快很多。日积月累,才能更好地掌握网络市场的脉搏。这一点可以当作开办网店之后的一个功课来做。

5. 紧追社会热点

网民也都是社会群体中的个体，大家都脱离不了这个社会，只要是大家都喜欢的东西，网民也不会讨厌。

怎样选择网店流行商品

要想线上开网店，首先就要明确什么商品适宜网上销售，并不是所有适宜网上销售的商品都适合个人开店销售。下面的三大竞争策略助你选好产品。

1. 差异化的竞争策略

物以稀为贵，大家都明白这个道理。选择商品一定不能选择那些在哪儿都能买到的商品，哪里都能买到，如果在价格上不占优势，那肯定销售得不好，如果价格便宜，再加上运费，又赚不了多少钱，算起来并不合适，所以要找那些在实体店很少能买得到的商品，那样消费者自然就会花大价钱在你这里购买。要做到独一无二，卖出自己店铺商品的特色，才更容易吸引买家。

2. 成本领先策略

许多商品在不同的地区价格相差很多，例如电器类，广东等沿海城市要比内陆便宜许多，而收藏品在古都城市（北京、西安、洛阳）又比沿海便宜得多，所以你要从自己的身边着眼，找找自己身边盛产而其他地方没有的商品，这样才能把商品卖个好价钱。

因此，要充分利用地区差异、低价成本，以最小的投资获得最大的经济效益，学会利用地区价格差异来赚钱。

3. 专业化的相对创新策略

做熟不做生，每个人在开店的时候都会从这方面来考虑，因为不熟悉摸索起来有难度，花费时间也不一定能成功，所以尽量不涉足不熟悉的领域。如果你热爱手工，热爱十字绣，热爱手绘，喜欢创造性的事情，不妨开个相关的DIY店铺。特色店铺到哪里都是受欢迎的。如果你对摄影非常在行，喜欢数码类产品，不管自己有没有实体店铺，都可以在这方面尝试一下。重要的是你能正确、主动回答买家的提问，提供给买家所出售商品的相关知识，淋漓尽致地

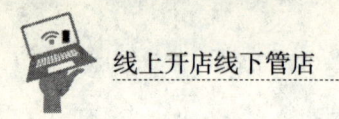

发挥自己的特长。时间长了，买家认为你在这一领域是个专家，对你的服务很满意，口碑效应自然就提高了，如果以后他们还想购买相关商品，你就是首选，这时成功已经慢慢向你靠近了。

网络热卖的流行商品有哪些

根据有关数据统计报告显示，从国内网络购物市场来看，以下几种产品的销售比较流行。

1. 服装

无论在哪个购物网站，服装卖家永远都是最多的。卖家群如此庞大，不难想象服装市场是多么巨大。服装的购买人群以女性为主，这也印证了一句话："女人的衣橱里面，永远少一件衣服。" 虽然在服装网上市场销售方面，女装占领的份额很大，但男士的服装潜力也是不容小觑的。不过男士的服装不管是价格还是质量方面，最好稍微都偏高点。总的来说，质量才是决定一切的关键。

2. 鞋包

在商品类别排名上，仅次于服装市场的是鞋包商品的搭配。网上的鞋子花样百出，满足了不同人士的需求。包包是爱美女性必不可少的利器。很多人在品牌店看到心仪的包包，由于价格过高都会在网上搜索同款样式，一般价格方面都会低很多。

3. 化妆品

爱美是女性共同的特点，男士们购买化妆品很少，女士们仍然是此类商品主要的"投资者"，在网上购买的化妆品价格便宜，品质有保证，将吸引更多的爱美女性。

4. 珠宝首饰

男士们永远也无法理解为什么那么多的女士对首饰趋之若鹜：买完金银买珠宝，买完珠宝买钻石，买完项链买耳环，买完耳环买手链，买完手链买脚链……总之，珠宝首饰（尤其是水晶、翡翠类首饰）一直都是卖得最好的商品之一。

5. 手机通信设备

在亚洲地区，对年轻人来说，手机不仅是一种通信工具，还是时尚的代表。所以，网上推出的最新款式的手机永远不会缺少年轻人的追捧，并由此带动了相关彩铃、配件、充值卡等商品的销售。

6. 笔记本电脑

拥有属于自己的本本，不但外观时尚，而且携带方便，是每一位电脑爱好者的首选。网络购买笔记本电脑有其独特的优势，品种齐全、价格透明、物流便捷这三点都是实体店铺所不能比拟的。

7. 网络游戏虚拟产品

科学的发展自然会带动游戏、虚拟产品的发展，这些产品从不同方面满足了人们的心理需求，是人们获得心理愉悦的有效手段，是释放焦虑和补偿生活中遇到的挫折的重要方法，新异的刺激和求真的乐趣也是此类产品吸引消费者的主要原因。

8. 电脑硬件

电脑一直都是最畅销的产品之一，现在大部分电脑爱好者都是自己组装电脑，这样既省钱，配置又高，甚至比网吧的设备配置还好。网上的电脑硬件价格便宜，品种齐全，随时都能挑选到自己需要的产品，因此电脑硬件在网上畅销热度剧增。

9. 数码相机

数码相机是现代家庭及个人必备的数码产品之一。随着网络的不断发展和普及程度的提高，越来越多的人已经习惯于在网络上购物，尤其是相对其他销售渠道而言，网络平台上更低廉的价格成为吸引人们网络购物的主要原因。

10. 运动健身器

适量的运动、良好的生活方式才是健康的保证，运动健身器材是品质生活的必需品。所以，男士应该给自己买对哑铃，女士应该给自己买个瑜伽垫。或者，干脆关掉电脑，背上旅行包，把压力关在门后，到大自然中去放飞心情。不过，不要跑得太远，如果你在网上开店的话，别忘了回去打理。

11. 手机充值卡/IP卡

手机充值卡在网上特别受欢迎的原因在于：一是方便。用过网上充值，坐在电脑前,手指点击鼠标就轻轻松松地搞定了,特别是平时出去旅游或者出差的时候,不用再担心手机停机却无法在外地充值;二是安全。去摊点买充值卡当场充值,仍然有可能买到无效卡。在网上买,用第三方支付工具,卡无效,不确认收货,钱就划不过去。

12. 家居日用

家居产品的面特别广,每个家庭都少不了的家庭用品,做丈夫的也不会太反对妻子去买这些,所以市场也比较大。但是一定要做出特色,并且有一定的价格优势,否则主妇们都去超市了。

13. 书籍音像制品

书籍音像制品是早期大多数网店的热销产品,像当当网就是以卖书起家的,现在已经发展成为综合性的网上商城。对于普通人来说,网上开书店是比较困难的,一方面没有正规的拿货渠道,另一方面也很难跟当当网、卓越网等这类大型的购物网站竞争。

流程3 上线开店——选对平台让你省心省力

在上线开店之前,有一件事是必须要做的,这就是精心选择网店平台。不要怕为此浪费时间,"磨刀不误砍柴工",只有选择适合自己的平台,避免盲目,在今后的商品销售中才能更省心省力,达到事半功倍的效果。

现在,可供选择的网店平台共分两种:一种是已经搭建好的。目前不少网站都可以提供免费开店的业务,有的只要支付少量的费用,注册会员后就可以拥有个人的网店。还有一种是自己搭建的,也就是说要独立运作、自立门户开网店。因为网上开店的程序大同小异,所以接下来我们只选择具代表性的淘宝网和微信的开店流程为例进行讲解。

如何在淘宝网上开店

作为迄今为止亚洲最大的网络零售商圈,淘宝网(网址为 https://www.taobao.com)由阿里巴巴集团于2003年5月10日投资创办,目前业务覆盖C2C(个人对个人)和B2C(企业对个人)两大部分,是国内领先的个人交易(C2C)网上平台。该网站可提供免费注册、免费认证、免费开店服务。

截至2014年年底,淘宝网拥有注册会员近5亿人,日活跃用户超1.2亿人,在线商品数量达到10亿件,在C2C市场,淘宝占95.1%的市场份额。截至目前,淘宝网创造的直接就业机会达467.7万个。

致使淘宝网在国内市场风头一时无二的原因,除了它的免费服务,还在于它能够听取卖家的反馈信息并积极改进。而随着淘宝网规模的扩大和用户数量的增加，淘宝也从单一的C2C网络集市变成了包括C2C、分销、拍卖、直供、众筹、定制等多种电子商务模式在内的综合性零售商圈。

淘宝网提供给卖家开店的方式有普通店铺和旺铺两种。前者是免费的，每个在淘宝新开的店都是系统默认产生的店铺界面，也就是我们常说的普通店铺；开旺铺需要支付一定的费用，卖家可以根据自己的需要设计首页上的招牌和促销区，将自己的店铺"装修"得更加个性化。下面重点介绍普通店铺的运作流程，具体如下：

1. 注册淘宝用户

进入淘宝网（https://www.taobao.com），单击"免费注册"按钮，在弹出的注册协议界面上点击同意，输入手机号，拖动滑块进行下一步，输入验证码完成手机验证。然后进入设置用户名页面，填写用户名并如实填写账户信息，提交完成后即完成注册。最后，在"我的淘宝""账号管理"下选择支付宝选项，按步骤完成对支付宝的绑定（关于支付宝的注册会在后文中进行介绍）。

2. 完成开店验证

返回淘宝首页，在卖家中心的下拉菜单中单击"免费开店"，进入页面，选择创建个人店铺，阅读完开店须知之后，进行下一步，完成支付宝和开店双认证。

3. 销售商品

完成注册，在没有通过认证前，你可以暂时把商品放入仓库，认证通过后再上架出售。这里要提醒大家的是，拍卖的起拍价就是店主可以接受的最低价格，一般网站没有底价设置。一旦有买家以起拍价拍到该商品，交易就结束了。此时，店主必须出售商品，不然会影响信誉。因此，设定一个合适的加价幅度非常重要。

大多数卖家会为自己的商品定一个固定的价格，让买家没有讨价还价的余地，如此一来，交易完成后，店主得到的货款就是一口价加邮费。这个办法还是很不错的。不过，要注意定价尽可能合理，既别让自己亏了本，也别高得吓跑了客人。此外，一般网站是不允许发布广告帖的，但是店主可以通过签名档做广告，这是不违反规则的。现在早就不是"酒香不怕巷子深"的时代了，店主一定要学会主动宣传。

在确认收到买家的汇款后，店主就可以放心地安排发货了。在收到货款三日内对买家客观仔细地评价，对方也会给店主一个评价，双方都将有信用积分记录。

如何微信开店

　　2011年1月21日，腾讯推出了一款集语音短信、视频、文字、图片、漂流瓶、摇一摇等功能于一身的即时通信软件"微信"。在之后的几年间，微信版本不断更新，功能不断完善，截至2016年第二季度，其月活跃账户已突破8亿大关。随着微信用户群的惊人增长，2013年，"微商"的出现让人们看到了新的商机。同时，因为微信开店的投入小、风险小、方便快捷等特点，越来越多的人想加入这个阵营中，在这个庞大的市场中分得小小的一杯羹。那么，微信开店都有哪些必备条件呢？

　　从目前的情况来看，微信开店的基础是微信支付。店家可以通过公众账号以微信小店的形式售卖商品，实现包括开店、商品上架、货架管理、订单管理、客户关系维护、维权等功能。在微信上开店必须是已通过微信认证、已接入微信支付的服务账号，才可在服务中心申请开通微信小店功能。

　　当买家关注了拥有微信小店功能的公众账号之后，就可以看到售卖的货物品类。开通微信小店功能后，商家即使没有任何技术开发能力，也可以开启电商模式。

　　微信小店上线后，店主无须具备技术能力就可以对商品进行分类、分区陈列，而一些有开发能力的店主，还可通过API接口的方式，自行开发商铺系统，通过相关的接口权限更方便地管理商品数据等内容，从而具备更多功能。因为微信开店还处于起步阶段，所以在这个领域内，还有很大的经营空间。

　　目前，在微信建站开店，有的商家是免费的，有的收取少量费用，价格从五六百元到几千元不等。

　　注册微信开网店，需要经过以下一些流程。

1. 申请微信公众号

　　先去微信公众平台申请一个微信公众号（订阅号），提交等待审核，审核时间一般不超过2个工作日。

2.注册一个微订点单系统账号

可以到微订官网注册一个微订账号,这是微店和微信公众号对接的平台,可在里面添加店铺和商品。

3.配置公众号

将审核通过的微信账号在微订系统后台进行"公众号配置"。进入微订系统后台,选择"设置",然后点击"公众号配置",选择"自动配置",输入微信公众号登录账号和密码后,点击"立即配置",即完成微订系统和微信公众平台的对接,后续在微订系统后台新建的店铺和商品将展现在微信中。

4.在微订系统后台新建一个店铺

在后台"店铺中心—店铺管理"中点击"新建店铺",填写店铺信息,上传店铺LOGO,保存即可完成店铺的新建。

5.在微订系统后台新建商品

登录后台,找到"店铺中心—商品管理",点击"新建商品",填写商品信息并上传商品图片,保存之后你的商品新建就完成了。

6.验证测试

用微信扫描二维码或者搜索公众号,查看新建店铺和新建的商品,在手机上进行下单测试,一切正常即可完成开店。

需要注意的是,注册微信公众号时,上传身份证尽量清晰可见,新建商品或者店铺时上传图片大小尽量小于1M。

除淘宝网与微信之外,大家比较熟知的电子商务平台还有京东、苏宁易购等,但是因为这类平台入驻前提是已经成立的公司而非个人,所以这里不多加赘述。

自立门户开网店

如果不想依托现有的平台开店,那你还可以有一种选择,也就是前文中提到的自己搭建平台,自立门户开网店。这种网店的经营与大型的购物类网站没有关系,你需要自己动手或者委托他人进行网店的设计,完全依靠自己的宣传吸引浏览者。

自立门户型网店的建设方式有两种：

一是根据自己的思路来建设一个新网站。这是一种完全独立的网店模式，你需要做好注册域名、租用空间、网页设计、程序开发等一系列工作，建成后的网店内容可根据自己的需要设计得更具个性化，上传哪些商品，如何经营也完全由自己说了算。

二是向一些网络公司购买自助式网站模块开办网店。这也是一种独立的网店开办模式，它操作简单，费用较低，一般来讲，网站的功能也比较健全，但因为网站模式都是固定的，所以相较上一种方式而言缺乏个性化。

对比依托现有平台开网店，自立门户型的网店经营起来显然更加灵活，但是缺点是建设费用较高，同时还需要投入足够的时间与金钱进行网站宣传和推广。这类网店就相当于路边小店，如何吸引浏览者进入自己的网店，要完全依靠经营者自己。

针对不同的经营者而言，两种平台开店各有利弊。现在有人会选择将这两种方式相结合——既在大型网站上开设网店，又建设属于自己的独立的销售网站，诚然，这样做可以集合二者的优点，但投入费用之高也不是每个人都能承受得起的。所以，线上开店，必须根据自己的实际情况选择适合自己的平台，只有选对了平台，经营起来才更省心省力。

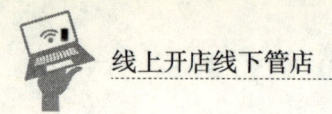
线上开店线下管店

流程4 网店起名——名头叫得响生意才能旺

对待自己的网店,要像对待自己的孩子一样。因此,给它起一个好听的名字是很有必要的——哪有深爱自己孩子的父母不绞尽脑汁给孩子起个好听名字的呢?

虽然不是实体店,但是一个好听的名字对于网店也是至关重要的。一个好听的网名,不但可以让你的网店从"芸芸众店"中脱颖而出,不费吹灰之力就可以吸引更多的眼球,还可以为你省下一笔不小的推广费。总之,一个既有人缘又动听的网店名称,可以让更多的买家愿意到你的店里购物。

店名中蕴涵所售商品类别

贝特福(Beautiful)毛绒玩具专卖

"衣衣"不舍

优势数码专卖

"剪不断,理不乱"发艺馆

汪仔电脑游戏大本营

这类店名的优势在于,买家不用进店就知道你的店在经营哪类商品,既有直观性,又不失大气,给人一种开门见山的感觉。

晓彬是个山东男孩,千里迢迢来到北京中关村,一边为老板打工,一边发挥自己的专业和工作优势利用业余时间开了一家网店,专门经营数码产品。

为了在众多网店中站住脚跟,晓彬除了在价格上煞费苦心之外,还在店名上动起了脑筋。他知道,名字是别人认识自己店铺的第一件衣服,只有把名字起好才可能吸引更多买家到店里来，这样才有机会让买家认可自己的价格和质量。

于是他找到一家起名公司，请求帮助。可是，起出来的名字始终不能令晓彬满意。他为了想一个好的店名而辗转反侧，彻夜不眠。

终于有一天，晓彬灵机一动，"晓彬金牌数码专卖"的名字浮现在他的脑海中，既简单，又明了，还不失品质保证，大家一致认为这是一个不错的名字。

事实证明，这个响亮的名字为他的店铺赢来了不少的点击率，从开业第一个月以来，他的净利润就没有掉下过500元，虽然钱不多，但是却带给这个初到北京的大男孩很大的希望。

店名中蕴涵店主姓名

小鱼的城堡

叶子色彩炫动

其其与战战（夫妻店）

这类店名的优势在于：非常亲切近人，如同遇到了熟识的老友，而且如果店主经常用这些名字登录论坛，并且积极发言，肯定对自己的小店是个很好的宣传。

但是，这类店名常常会让买家不知所云，不知道你的葫芦里卖的是什么药，似乎有些猜谜的味道。所以，除非这个名字已经在某个领域小有名气，否则进行商业化运作将会有些难度。

店名中既有商品名称又有店主名字

文静钢琴之家

林启宠物用品大全

白杨音像

这类店名非常不错，从侧面反映出店主的睿智和财商。既为店铺将来的发展做好准备，又不忘告诉买家店里的主营商品。这类店名不但可以给人一种直接爽快的感觉，还能让买家感觉到店铺的专业化，一般比较大的网店都是这样命名的。

如何起一个好的网店名

通常，好的网店名应该是符合以下命名原则的。

1.朗朗上口、简洁

一个既朗朗上口而又简洁的名字非常容易被人们记住，如当当网，既好读，又容易记。同样是卖音像的店铺，如果一个叫弯弯音像，一个叫谢诺奇米音像，你觉得自己会先记住哪一个？

2.要有新意、别具一格、独具特色

一个店名如果有新意就会让别人为之一振，并会激起买者强烈的好奇心，该店名就会被大家牢牢记住。这就和实体店的道理一样，当大家都叫什么"好味"或"味好美"之类的名字时，一个"狗不理"就足以将所有传统意义上美好的名字击个粉碎。

"好奇可以杀死猫"，每个人通常都会被好奇心驱使，如果你的店名能够调动起买家的好奇心，激起他们的兴趣，销售量肯定会有所上升。

所以，要用与众不同的字眼，使自己的小店在名字上就显示出一种特别，体现出一种独具特色的品位和风格，吸引浏览者的注意。

3.避免雷同

取名前，我们也要去网站"暗访"一下，看看想好的名字是不是已经被人捷足先登了。要是已经有类似店名的话，那你还是趁早换个名字吧，否则到时候推广的话，势必会误导买家，让其他店分走你的流量。

4.店名里要尽量避免使用生僻字

有些店主为了追求独特个性，经常喜欢使用一些生僻字，为自己的网店命名，由于单字不容易被认识，并且很难被读出来，所以这样的店名不仅不利于买家记忆,也非常不利于网店口碑传播。甚至有的店名让人猛一看就觉得心中很烦,如"鹦荐筮鼜"等。

5. 必须与经营的商品一致

网店的命名,通常应能反映经营者的经营特色,或反映主营商品的优良品质,使买家易于识别店铺经营范围,并在需要该类产品的时候,能够第一个就想到你的店。

例如,"莱泰花卉"让人一看就知道是卖花的,而且还能讨个好口彩。众所周知,"泰"就是好运气的意思;而"喜事馆",顾名思义一定就是经营婚庆用品的网店;再如"百味书屋",肯定是经营各类图书的,而且种类一定很全。

店铺名称最忌讳的就是名不副实,即所起名称与所售商品毫不搭边,使得想买你东西的人找不到你的网店,而且,"误入歧途"的买家会有上当的感觉,只会想着马上离开。

例如,你明明经营的是毛绒玩具,可是偏偏给自己的店起一个"泡泡糖"的名字,搞得大家还以为你是卖糖果的。不但想买毛绒玩具的不会光临你的店,而那些到你店里来买糖果的买家也会大呼上当、哭笑不得,然后愤然离去。

6. 具有消费特征

网店名除了简短易记、朗朗上口这些要点,更重要的是要能体现小店的消费特征。

举个例子,眼镜店的店名要让买家一看就知道你是卖眼镜的,不妨取名为"飘扬眼镜店""光明眼镜店"。

这里,"光明眼镜店"就比"飘扬眼镜店"更胜一筹,因为"光明"容易让买家与"眼睛""眼镜"产生联想,而"飘扬"则没有,所以"光明眼镜店"具有了消费特征,增加了买家的购买欲。

7. 要让那些从你店前经过的人感受到美的气息

好的网店名不但应该符合以上标准,还应该包含文化底蕴。

网店名里可以包含历史典故或传说故事,如"贵妃酒坊(贵妃醉酒)";可以包含自己的店铺文化和宗旨,如"保乐归"(保证让你满意而归);还可以包含店主美好的愿望等,如"万家装饰品"(希望能够为成千上万个买家提供装饰品)。

 线上开店线下管店

  如果是在独立网站上开网店,店名还要考虑到自己的域名。例如,麦当劳的网络域名就与它的实体店店名一致,因此,只要记住"McDonald's,"就可以在茫茫网络中找到它的网页。

  好的网店名字不但能够带给买家美的享受,还能够带给经营者更大的经济收益。

流程 5　设计 LOGO——一举吸引买家的眼球

　　为商品温馨、漂亮的家起好名字之后，就可以精心设计美丽、抢眼的店铺 LOGO 了。店铺 LOGO 的设计将会直接影响店铺名字的效果，设计得好，就会给店铺名字增色添光；反之，再好的名字也会黯然失色。一个好的抢眼的 LOGO 就是网店的招牌，能够让买家在众多的网店中看中、选择你的店，店主一定要用心设计，切不可以掉以轻心。

LOGO——网店的招牌

　　LOGO 是指一个店铺或公司的标志或者徽章。

　　如果你经常穿梭于网络的大街小巷，就一定注意过其他网店的标志。其中有些可以让人感到赏心悦目，毫无疑问，你一定渴望自己的网店也拥有这样的 LOGO；而有些就会让你觉得粗制滥造、毫无特色，甚至土里土气，你当然不希望这样的悲剧会在自己的身上重演；还有一些由于太过普通、没有丝毫新意，根本无法让你注意到它的存在，因此完全失去了存在的意义。

　　可以说，一个设计精美的 LOGO 可以吸引到更多眼球，增加潜在买家数量。在最初，你的网店不具备太多优势时，买家根本不会花太多的心思来了解你的商品和价格优势。而一个醒目的 LOGO，可以引起他们对你网店的最初兴趣。

　　店铺 LOGO 可以展现店主的经营风格，这可不是什么夸大其词。其实，有心人从店主对待 LOGO 的态度上就可以准确感受到店主的性格和店里商品的品质。

　　如果店主设计的 LOGO 粗糙、用色不讲究，就会给买家留下较差的印象：

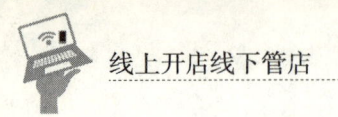

店主极有可能在进货时也是粗枝大叶,眼光不够时尚。

如果店主设计的LOGO虽然线条简单,但是整体效果极为和谐,就会让买家觉得:店主的审美观点非常不错,店里的商品品质也不会很差。

如果店主设计的LOGO非常细腻,买家就能感觉到店主对这个店铺非常用心,包括进货挑选商品,都会非常仔细。因此,他们会认为店里的商品一定都是店主精心选来的。

看到LOGO的巨大作用,相信你一定不敢对它掉以轻心了。

LOGO 颜色的选择

不同的颜色会令买家产生不同的心理反应。当然每个人都会有自己特别喜欢的一种或几种颜色,但是在设计LOGO的时候一定要注意:你最喜欢的不一定就最适合你的网店,因为颜色对于买家来说会产生很强的视觉冲击力。

有的店主为了让自己的LOGO醒目,总是过多地使用颜色,有的店主竟然会同时使用好几种颜色来制作LOGO。其实这样做,只会给买家留下店铺混乱、低俗、没有品味的感觉。

色彩心理学家认为:红色及橙色能够让人产生温暖、热烈、兴奋的感觉;深蓝色给人一种舒服及放松的感觉;而黄色代表富丽、明快;淡蓝色、紫色、绿色使人感觉凉爽、沉静;茶色、深褐色则容易令人联想到浓郁的香味。因此,店主在LOGO设计选择颜色时,不但要注意色彩搭配,还要注意和自己经营的商品风格保持一致。

如果店主要想打造醒目、亮丽的LOGO,可以选择黑黄色搭配,或者黑红色搭配,这些颜色非常适合经营典雅、高贵商品的网店,如高档化妆品、经典饰品之类,可以给买家留下亮丽又不失高贵、典雅的印象。

如果店主经营的是时代感很强的商品,如时尚的服装,或者时尚饰品等,就可以选择黄色与紫色、红色与青绿色或者红与绿、青与橙、黑与白等具有强烈对比的搭配。

如果店主经营的是成人用品或情趣用品,那么粉色和橙色就非常适合;如果是运动型产品,那么黄色、草绿、橙色等众多活泼型颜色都是适合使用的;如果经营图书之类的产品,就应该考虑选择稳重、安静的颜色,如栗色、墨绿、深红色等。

总之,在设计 LOGO 时,颜色必须与你经营的商品特性融为一体。当然,这种所谓的融合,方式并不是单一的,有时会有很多的变化,但无论哪种变化,都是为了让小小的 LOGO 能够最大限度地成为店里商品的延伸。

LOGO 字体与图案的搭配

很多人都认为文字的作用就是用来阅读的。但事实上,字体本身就是一种艺术品,不同的字体实际上就是不同的图片,能够传达不同的语气及含义。

LOGO 设计一定要突出主题、引人注目,符合大众的审美规律。所谓大众的审美规律,就是指从上到下、从左到右、从小到大、从远到近的视觉习惯。当然,还要考虑不同层次买家的审美能力和审美心理等。

要做到突出主题,就要求设计者首先为自己的网店准确定位,找准发展方向,这样才能够在方寸之间体现出网店的经营理念。而引人注目,就是指视觉冲击效果一定要强烈,这样才能达到被买家识别、辨认和记忆的目的。

关于 LOGO 中的图案设计,店主可以选用标志性图案、卡通化图案或者几何形图案等。

标识性图案是用商标、品牌或店名等的拼音或外文字母来设计 LOGO,这种设计方法通常可以为店铺增添异域风采,但是如果字母过于艺术化或过于烦琐,将不利于买家识别和记忆。

卡通化的图案设计通常是在自己的 LOGO 中采用生动、幽默、夸张的卡通图案,为自己的店铺增添轻松的气氛,这种设计可以让买家在幽默、愉快之中留下很深的印象。

卡通化图案设计,尤其适合那些经营儿童用品、玩具礼品、时尚装饰品和休闲商品等风格时尚、活泼的店铺。但由于这种风格过于轻松与调侃,所以一般不用于经营贵重商品或者传统商品的网店,否则不但容易让买家产生不信任感,并且还会给人一种"文不对题"的感觉。

几何形图案是用点、线、面、方、圆、多边形或三维空间等几何线条或图形来设计店铺 LOGO。这种几何图案形状多变,效果抽象、艺术感强,非常适合那些年轻人经营的个性十足、喜爱变化的消费品店铺。当然,整体设计时,很少有设计者会只使用一种方法,一般都是以一种方法为主,其他方法为辅。

接下来就要注意 LOGO 中文字与图案的设计搭配技巧了。

通常,设计者要注意保持 LOGO 的整体效果美观、和谐,线条简单、流畅。特别要注意保持视觉的平衡感,巧妙利用反差、对比或边框等强调主题。

还要注意选择大小适当的字号与和谐的字体,并且注意整体空间的留白处理,以便给买家留下一片想象的空间。

精美 LOGO 成功实例欣赏

了解了这些 LOGO 设计中的基本因素选择,下面就让我们实际欣赏一下设计成功的精美 LOGO 吧!

新浪网的 LOGO 如图 5.1 所示,整个设计是由三种颜色构成的:底色是白色,网址文字"sina.com.cn"和"新浪网"三个字都是庄重的黑色,其中字母 i 上面的点被设计者进行了生动的改造,设计成一只眼睛,颇有画龙点睛的味道;同时,经过改造的字母 i 整体看起来,犹如一把可以燎原的火炬。

图 5.1 新浪网 LOGO

这样,整个设计不但生动地表达了新浪"世界在你眼中"的理念,还勾起了网民对网络世界的好奇,最重要的是人们通过这个精美的标记,很容易记住新浪网的域名。

搜狐的奥运 LOGO 设计如图 5.2 所示,可以说整体感觉非常另类,几乎没有自己的图案。它的整体形状是个中规中矩的长方形,上面除了中文就是英文,整个标志都在充分显示自己的名称，不过字体选择比较古典、圆润，不失和谐与美。

图 5.2　搜狐的奥运 LOGO

搜狐网站随各个页面的色调不同而放置不同色彩的 LOGO，但 LOGO 的基本内容不变。当然，只要看到搜狐的标志，脑中就会浮出"出门找地图，上网找搜狐"的理念。

Yahoo（中文站）的 LOGO 设计非常简单：白底红字，没有图案，只有中英文站名。不过生动而又好识别的字体是它的最大特色，英文"Yahoo"字母间的排列和组合非常讲究动态效果，加上这个词的音感强，使人一见就仿佛要产生惊讶而不禁自问："Do you Yahoo？"

网易的 LOGO 使用了三色：红（网易）、黑（NETEASE www.163.com）、白（底色）。而"网易"两字选择使用了篆书，展示出非常古典的味道，也许这是在表现网易在中文网络中的元老地位吧！不过单纯从这个 LOGO 上，人们很难体会轻松上网、易如反掌的道理。只有亲自进入网易，才能真正感受到丰富的内容和方便的服务。

当然，如果店主很有兴趣，那么还可以在逢年过节，或者有重大历史意义、纪念意义的时候，略微改变一下 LOGO 的设计，但是主画面不变，这样可以吸引更多买家的关注。下面来欣赏一些百度的节日 LOGO，如图 5.3 所示。

在这些图片中，大家可以清楚地看到，百度把自己的 LOGO 与各种重大节日或事件巧妙地结合在一起，优美生动，非常吸引人。但是，广大网店店主作为非专业人员，可能很难把自家的 LOGO 设计得如此精美。没有关系，只要你的设计是用心的，并且是来源于生活的，就一定会被大家接受。

常见 LOGO

情人节 LOGO

国庆节 LOGO

圣诞节 LOGO

五一节 LOGO

世界杯 LOGO

图 5.3　百度 LOGO 及百度节日 LOGO

给自己做一个店主肖像

　　店名和 LOGO 设计完成之后，就可以上传店主的照片了。有的经营者可能会认为，没有必要上传自己的照片。其实，上传店主的肖像照片可以增加消费者的信任感。

　　众所周知，网店上面除了商品照片，还是商品照片，全是虚拟的东西，根本没有任何实体的感觉，所以很容易给购买者造成恐慌，害怕上当受骗。

如果店主上传一张自己的照片，就可以拉近店主与买家之间的距离，使买家产生一种如见其人的信任感，可以促进买家的信任消费。

除了挂照片可以增加消费者的信任感以外，照片中店主的衣着打扮也可以让购买者对店主的审美水平、时尚感有一定的了解。

如果店主上传的照片中，衣着、发型都很过时，就会给买家留下不太好的印象。而如果店主本人衣着打扮非常得体，不但可以给买家留下美好的印象，还可以增加审美信任感，以至于爱屋及乌，对你的商品也容易放心。

同时，店主的照片还可以根据店铺的商品风格需要处理成各种风格。例如，如果你的店里经营的是卡通玩具，就可以把自己的照片用电脑软件处理成卡通风格；如果你的店经营的是护肤品，而恰好你的皮肤又非常好，那就赶快给自己做个免费广告，发一张超级清晰的照片吧；如果你经营的是服装，而且身材还不错，就可以赶快上传一张你精心设计的全身照片"秀"一下自己的服装搭配水准吧。

线上开店线下管店

流程6 组织进货——货比三家淘宝贝

网店平台搭建好了,接下来就要找货源了。建立顺畅、可靠、有优势的供应商是线上开店成功的重要一步。这就要求商品既要有新意,又要质量好、价格低廉,也就是说,从自己熟悉的渠道和平台进货,控制商品的质量和进货成本,做到低价是关键。

进货时一定要多找几家供货商,多到市场跑跑转转,多比较鉴别,才能找到自己的店中所需要的价廉物美的商品。

去批发市场淘宝贝

网店在开业初期,往往规模较小,销量也不会很大,所以一次进货量也不可能很大,如果没有其他特别便利的进货优势,去批发市场进货就成了线上开店进货的首选。因此,在大城市里线上开店就会便利很多,因为周围遍布批发市场。

批发市场的优势很明显:商品品种齐全、数量充足,卖家可以有充足的挑选空间,实现真正的"货比三家";很适合兼职卖家,进货的时间和进货的量都比较自由;价格相对较低,对于卖家来说容易实现薄利多销,还有利于网店交易信用度的累计。

不过,去批发市场进货,除了要睁大眼睛以外,还要学会谈判砍价。

很多网店店主经常抱怨,自己批发来的货不知道已经转了多少手,价格已经被抬得太高,自己的辛苦钱都被中间商赚走了。可是如果找厂家直接进货,进货量又太小,人家不肯理睬。

事实上，中间商是厂家与终端消费者之间的必要流通环节，网商们大可不必避开他们。例如，生产商在南方，而你在北方，难道你要直接跑到南方去进货？别说你的销量小，就是销量大，也不可能每个单品都成批进货。

再者说，就算生产商离你很近，人家也不可能每次三两件地出货，不可能天天跟零售商打交道，除非是那些特别小的生产商，或者是大生产商处理残次品。所以，对于网商来说，去批发市场进货其实是很不错的选择，但这并不是说所有批发市场都适合进货。你首先要学会寻找最便宜的批发市场。一般来说，现在的经销商头脑都很灵活，不再从事单一的批发，都是批零兼营。

网商们首先要搞清楚经销商到底是以批发为主还是以零售为主。如果以批发为主，商品价格就会很低；如果是以零售为主兼顾批发，价格就会高些。其实区分这一点是很容易的。就拿服装批发来说，如果是大型批发为主的市场，所有的服装都是不允许试穿的；如果是以零售为主兼顾批发的市场，服装就可以随便试穿。

找好批发市场，就要学习讲价钱了。要想进到低价货，就要学习一些"行话"，不然被别人听出是外行，价格肯定降不下来。

通常，批发为主的市场里，砍价幅度不会很大，但是灵活的老板还是会给买家让一些价钱的。不过有些地方的确不可以砍价，这些从老板的语气中是可以听出来的。

从阿里巴巴批发平台进货

阿里巴巴不仅有批发进货，还有小额的拍卖进货，这都是淘宝网卖家喜欢的进货方式。

大家在网站进货时最好选择支持支付宝或诚信会员的产品。阿里巴巴推出"诚信通"已经好几年了，一般情况下，如果是两年或三年以上的诚信通会员，诚信通指数达到近百或是上百的都是比较值得信赖的。不过，这也只能作为一个参考，还是要看具体沟通情况。

阿里巴巴有很强大的搜索功能，进货时可以最大限度地做到"货比三家"，和商家沟通时尽量使用贸易通，如果有什么纠纷，也能作为凭证之一。

第一次进货的时候也可以选择本地的厂家或公司，这样方便上门取货。网络取货不比批发市场，因为存在着一定的虚伪性，所以大家选择商家的时候一定要谨慎，一定要选择可靠的公司进行交易。

直接从厂家进货

如果选择正规渠道进货，那么最便宜的进货渠道就应该是生产厂家了。从这里进货，有可能拿到名副其实的出厂价。不过厂家一般不会很痛快地给你最低出厂价，除非你是一个砍价高手，或者你的进货量非常大，再或者就是你有信得过的熟人。具备上述条件之一，你就可能拿到最低的出厂价。

从正规的大厂家进货，不但货源充足、服务态度和信誉有保证，长期合作的话，还可能争取到滞销换款。可是厂家一般不会直接针对零售商进货，因为他们对于一次拿货量有很严格的要求，所以不太适合小量批发买家。

那么对于销量不大的网店来说，如何才能从厂家直接进到物美价廉的货呢？

1. 选择质量过硬的小厂

网店可以选择刚刚起步不久的小厂来进货，当然前提是产品质量一定要过硬。这类生产商由于刚起步，没有太多固定的批发买家，知名度还不高，所以为了争取销量和买家，他们对起批量通常要求不高，价格一般都会很低，网店经营者可以获得更多利润。

网商可以按照个人进货的经验和生产商谈判，双方可以商量价格，还可以商量退、换货等问题。如果他们不肯作出太大的让步也没关系，因为价格已经相当合适了，说不定他们也就同意了。

如果双方打算长期合作，最好签订一个书面协议。通常情况下，他们会考虑到工厂的长期发展，所以售后服务一般比较好。

由于是新的合作伙伴，所以要充分了解小厂的诚信度，还可以通过网络查询这些小厂是否有过不良投诉，甚至可以让他们自己出具资信证明。

2.组织零售商从厂家"团购"

如果你信不过小厂,又不愿意被批发商赚钱,那么还可以选择与别的零售商一起"团购",共同从厂家直接进货,既能享受到低价格,又不会占用大量资金。不过前提条件是:这些与你一起"团购"的零售商不会成为你的恶性竞争对手。

要想解决这个问题,就可以与实体店联手进货。

3.制定年度进货预算

如果你的网店每个月流水不太多,也不想去找小工厂,又没有什么人脉优势一起联合进货,那么还可以选择制定年度进货预算的办法,从厂家进货。

这个方法要求你首先为自己做一个年度进货计划。这个计划不一定要有非常固定的进货商品型号,但是一定要有你这一年的进货预算总额,然后把这个预算计划拿给你理想中的供货商看。

这个预算的好处就是可以砍价,因为你每个月去进货,单次进货量会显得相对很少;可是在进货量不变的情况下,把一年的进货预算拿给生产商看,就会显得多很多。

从外贸厂商进货

外贸产品在网上的销售是非常不错的,如果你有关系不错的朋友,或者自己就在外贸厂工作,就可以直接从外贸厂商那里进货。

由于这些商品都是外贸厂商订单的剩余商品,所以往往会有一些品质稍差的商品,就是俗称的外贸尾单,通常每款只有几件,非常适合网店少量销售。

这些尾单产品主要是因为在生产过程中出现了一些小瑕疵,从而无法通过国外订货商严格的检验,被退回来的。生产商对这些产品一向不太在意,卖多卖少都无所谓,只要能收回成本就可以了,所以价格会很低。

这些商品从品质上来看,往往都没有什么大问题,只是有些小瑕疵,通常不会影响使用,与合格产品也没有太大的区别,价格倒是便宜了很多,所以对于想买便宜货的卖家来说,是一个不错的选择。

购进 OEM 产品

OEM 是英文 Original Equipment Manufacturer 的缩写，按照字面意思，可翻译为原始设备制造商，也就是指一家生产商按照另一家生产商的要求和委托，为其生产产品或产品配件，亦称为定牌生产或授权贴牌生产。

这种生产方式在国内称为协作生产、来料加工或加工贸易。简言之，就是我们俗称的贴牌商品。

这些为知名品牌贴牌生产的产品，一般质量都很好，价格也很低廉，通常只是正常价格的 2～4 折。与外贸尾单不同的是，这类产品的做工品质有保证，因此是网店经销商们不错的进货选择。

美中不足的是，OEM 尾货往往数量不少，而厂家一般要求进货者全部吃进，所以对于网店经营者的经济实力和销量有一定要求。

寻找特别的进货渠道

当今社会，人们都在追求个性消费，所以如果你有特殊的人脉优势，那就应该抓住这个机会，寻找别人找不到的货源。

大家都知道，每个城市都有自己的特色产品，更何况是国家与国家之间。例如，有些发达国家的电子产品价格非常低，如美国、日本等国；还有些宗教国家盛产极富民族特色的工艺品，价格非常有优势，如印度、阿富汗等国。

假如你有熟识的朋友或亲戚在那些国家，你完全可以让他们帮忙寄一些特色产品回来，或者在他们回国的时候，顺便帮你带一些回来。因为如果这样巧妙地利用地域差价，把这些异域产品转手在网上卖掉，就可能赚取 50% 以上的优厚利润。

假如你在中国香港或其他国家和地区有亲戚朋友，也可以请他们帮忙，进一些国内市场上不常见的商品或高档消费品。例如，你可以托朋友或亲戚，从中国香港进一些化妆品、品牌箱包、珠宝首饰之类的商品，也可以托人从德国进一些手表之类的小件商品，还可以托人从印度进一些香料、工艺品之类的特色产品。

假如你因为工作原因，可以经常出国，那么就可以亲自去进货，这样就可以充分发挥自身优势，创建自己独具异域风情的网店。

与实体店家合作

网店的经营者一般都没有自己的实体店，这样不容易与大的地区代理商打交道，但可以与实体店合作，利用他们的现有资源，获得比较实惠的价格。

例如，网上一些化妆品卖家与高档化妆品和专柜的主管熟悉之后，可以在新品上市前抢先拿到低至7折的商品，然后在网上按专柜9折的价格卖出。因为化妆品售价较高，利润也相应更加丰厚。

还可以在经常性的打折时段定期去打折商场或与厂家联系，建立一种长期的合作关系，为店铺的经营寻找到一个稳定的货源地。

自己创造货源

小网店如何拥有自己的商品呢？卖什么？货源在哪里？答案就是网店卖自己的东西，货源就在自己的手上，要靠自己的双手创造货源。

如何靠自己的双手创造货源呢？这就涉及当下最时髦的用语"商品DIY"。DIY是英文Do It Yourself的缩写，译成中文意思就是"自己动手做"。它表现了一种在欧洲早已得到广泛表现的文化；同时又是一种在欧美早已普及的生活方式，并已经形成了巨大的市场空间。如今，在很多年轻人的眼中，DIY似乎已经成了时尚的代名词。

我们现在讲的DIY是指"自己动手"创造货源，然后将成品卖给消费者，创造属于自己店铺的特色货源，打造属于自己的品牌商品。

DIY商品所用的原材料的成本都是比较低的，但做出来的成品却是独一无二的，而且卖得相当火爆，利润也很高。同时，店主在亲手制作的过程中还能享受到创造的乐趣。

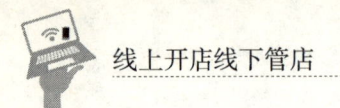 线上开店线下管店

如何与供货商打交道

店主要在有时间的时候多与供货商沟通,这样做有很多好处,既能跟供货商沟通感情,又能学到很多知识。因为这些供货商往往有着多年经营经验,每天又与各种各样的人打交道,所以多跟他们交流,好处多多。

1.可以多跟供货商沟通商品的设计、质量和用料

在聊天中,可以听听供货商对于每一种商品的评价和建议,掌握每一款商品的销售情况。

跟供货商关系处得好,供货商就会向你透露近期哪种款式卖得好、某些商品的做工和材质有哪些优点和缺点、某个设计有如何的买家评价,以及某些产品由于材质特殊需要如何打理等。

供货商还有可能将最新的商品信息告诉你,包括近期将有哪些新货上市、哪些旧货将要打折。这些消息一般都能体现出近期的商业潮流,以及近期的供需变化信息,这些都是非常宝贵的财富。那些会听人说话的聪明店主能从中领悟出许多非常重要的商业信息。

2.要注意通过感情沟通,获得进货时的优惠价格

一般来说,进货商给出的进货价格都是根据你的进货量来确定的,如果你的进货量很大,他就会给出相对较低的价格。

可是对于大多数网店经营者来说,每次的进货量都不会很多,尤其是新开张不久的小店,谁都不愿意压着大量的商品。店主一般都只进一小部分作为样品,通过样品去渐渐了解消费者的市场需求。如果发现该商品的需求量很大,再决定去补货,因为这样做相对稳妥,风险要小。

可是,这样进货往往无法将价格拉下来,这种情况下,就要跟进货商进行沟通了。店主在进货过程中,要给予批发商足够的诚意和信心。虽然你每次进货量不大,但是你要用你的补货频率来让批发商把价格降下来。

如果你经常到批发商那里去补货,即使数量不多,但批发商认为你的货物周转快,能够为他带来长期的效益。这种情况下,他还是希望与你长期合作的,所以给你的价格会比较合适。

在与供货商进行沟通时,要尽量显示出自己成熟有经验的一面,这样供货

商才不会小瞧你。要想做到这一点，并不是要你去跟别人吹嘘自己，而是在细节中显露自己的豪爽与内行。

　　例如，在点货的时候，千万不要将每一件都打开包装仔细检查，因为那样会让供货商觉得你这个人很麻烦，不是做大生意的，从而不愿跟你多打交道；如果进货量不是很大，就不要对批发商提出如果产品不好卖要为自己换成好卖的商品等这类问题。

　　如果在进每一件商品的时候你都提出这样的要求，就会被批发商认定你以前没有做过生意，是个胆小又没有经验的生意场新手。接下来，不用说你都能猜到批发商会给你什么样的报价了。对于每次进货量很少的商家，供货商能够为你更换次品已经是对你很好的支持了。

流程7 宝贝拍摄——宝贝首次精彩亮相

对于网店经营者来说,为每一件商品拍出至精至美的照片非常重要。许多店主精心上传商品的照片,由于照片质量参差不齐,最终导致原本漂亮的商品黯然失色。

最糟糕的是,有些照片中的商品竟然连颜色、形态和质感都改变了,商品本身的美荡然无存。其实拍出漂亮的照片并不是很难,不妨学习和掌握一点摄影技巧,给自己店铺的商品拍些漂亮、养眼的照片吧!

自制简单摄影棚

摄影棚是拍摄照片不可或缺的工具,可以在网上买到现成的,一般售价从几十元至几百元不等。对于普通小本经营的店主来说,没有必要搞得那么专业和隆重。店主只要根据自己的需要,手工制作一个大小合适的简易摄影棚即可。

制作摄影棚的第一个方法,就是找一个纸盒,把它的一面剪掉,然后在剩下的三个面上平整地贴上白纸,这样一个简易的摄影棚就做成了。

如果经营的是小件饰品,找一个大一点的鞋盒就可以了;如果经营的是稍大的商品,那就要找一个稍大的盒子,否则东西放不进去,即使放进去,也会伸展不开;如果经营的是大件商品,并且无法找到那么大的盒子,就只好用第二个方法了。

第二个方法就是用铁丝弯出摄影棚的框架,然后再做一个布套,套在固定好的铁丝骨架上。这个方法比第一个方法麻烦一些,具体做法如下:

首先,算出要做的摄影棚的大小,如果是需要50cm×50cm×50cm的摄影棚,那就把铁丝弯成50cm×50cm的正方形，因为一个正方体有6个面，所以要弯6个大小相同的正方形。注意，为了保证摄影棚的牢固性，一定要选择较粗的铁丝，太细的话是很容易变形的。

正方形弯好以后，就要把它们绑在一起，做成一个正方体。这个步骤千万不要偷懒，每两个重叠的边都要结结实实地绑在一起，否则会不牢固。

铁丝正方体做好之后，就要给它做一个白色的布套，白布千万不要太厚，否则影响用光。注意：白色布套只要做五个面，然后在里面衬上一张白纸，一个自制的大摄影棚就算做好了。

有了这个摄影棚之后，只要在它的两侧给出强弱适宜的灯光，就可以拍出精美的商品图片了。

当然，正方体的摄影棚框架还可以用别的材质替代，如木条、塑料管之类。总之，只要能方便地拍出好照片，就是好摄影棚，"不论黑猫白猫，能抓住老鼠的就是好猫"。

如果你觉得上述两种方法都有些麻烦，那么还可以试一试下面的方法。这个方法使用起来更加容易，连简易的摄影棚都不需要，只需要一面大镜子、一张靠背椅和一张白纸。

在摄影时，只需将一张白纸从椅面一直铺到椅背，然后将要拍摄的商品摆放到白纸上，根据光线的需要转动镜子就可以了。

怎么样，这个方法简不简单？不是只有用专业的昂贵设备才能拍出好照片，只要肯动脑筋，善于发挥每一件东西的作用，就可以少花钱、多办事，甚至不花钱也能办好事。

拍照三字诀：稳、准、牢

现在网上店铺越来越多，但对于很多玩票性质的卖家来说，商品照片成了大问题。而买家对于一件商品购买欲望的高低，有很大一部分取决于照片的好坏。

要想拍出精美的照片，首先要能够正确地握持相机，因为这有利于拍出清晰的照片。事实上，那些单手持机、潇洒拍照的人，往往是在作秀。一般来讲，

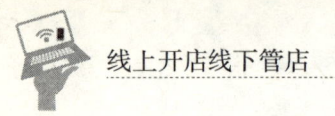
线上开店线下管店

真正的好照片,是不可能那样拍出来的。

要想拍出精美的照片,必须要用双手牢固地握住相机,并且保持方向水平。当然由于相机外形和每个摄像师的习惯差异,摄影姿势没有什么固定的模式可言。一般来说,只要做到稳、准、牢就可以了。

"稳"是指摄像者在拍摄照片时,手不能晃、不能抖,否则将会影响照片的清晰度。摄像者在拍摄横幅照片时,可以用右手按快门,同时左手稳稳地托住相机,用手指来进行调焦等细微的操作。同时,手肘部位应该向自己的身体方向夹紧,这样可以使相机更稳固。

如果是拍摄竖幅照片,只需将左手放到相机的下面,这种姿势可以使相机被稳稳地控制在摄像师的手心,不过时间不宜太久,否则手臂会非常疲劳。

"准"是指镜头要对准所拍商品,远近适宜,同时商品在图片中的位置最好在照片的"黄金分割"点上,这样的照片才会让人看着舒服,否则,图像过大、过小,或商品正好在图片正中间,都会影响照片的整体效果,给人一种不协调的感觉。

最后一点就是"牢"。很多时候,摄影者不喜欢把相机挂在自己的脖子上,觉得那样有些施展不开,总喜欢把相机直接拿在手上,这时就要全面顾及相机的安全问题,一定要把相机的挽带套在手腕上,避免由于拍照时精神过度集中而不慎将相机摔坏。

镜头光圈的调整

影响照片清晰度的因素有很多,只要抓住这些要素,并且逐个攻克,就一定能够拍出清楚的照片。

1. 拒绝抖动

手臂的抖动会造成照片中的图像模糊甚至重影,即使相机对焦十分准确,也会因此影响图片的清晰程度。要避免相机抖动,除了使用上面提到的办法,还可以使用三脚架或独脚架。这种固定相机的方法,可以彻底避免人手握持相机的抖动,从而拍出清晰的照片。

除此之外，还可以采用缩短快门时间的方法，这也可以有效避免照片产生影像抖动，从而拍出令人满意的清晰照片。

有很多摄影新手认为，使用小光圈可以增加背景深度，从而使照片清晰，于是他们就不分情况和场合，总是把光圈收得很小，尤其在对焦把握不大的时候，更是希望借助小光圈来拍出清晰的照片。

可是，这个举动常常会取得事与愿违的效果，因为小光圈的使用会令快门时间大大延长，从而产生不小的负面影响。

正确的做法应该是三脚架与短时快门配合使用，这样才能获得清晰的效果，有效避免拍照中的抖动问题。

2. 清楚了解镜头参数

很多新手，甚至老手都会认为使用较小的镜头光圈，图片会比较清晰，其实这是一个误区。镜头成像的最佳状态是在最大光圈缩小 2～3 挡之后。也就是说，如果你用的是一只最大光圈为 F2.8 的镜头，其光圈最佳状态应该是在 F5.6～F8 时，图片最为清楚。

拍照背景的选择

在拍照中，背景选择很重要，如果是在室内或摄影棚中拍照，就是指衬布的选择。在选择衬布时，要注意衬布与拍照主体的反差，主要是颜色和材质上的反差一定要鲜明。

如果衬布颜色与商品颜色近似，就容易使照片主体与背景相混淆。相信大家都有过身着浅色衣服与石头山的合影吧，在照片中很难分清楚哪里是人、哪里是山。

有的店主在为自己的浅色商品拍照时，还是喜欢用浅色背景，结果拍照之后，就出现了商品与背景合二为一的现象，如果不仔细辨认，整张照片简直就如同一张白纸。

背景选择要依照尽量简单的原则。如果背景太花哨，就会和商品抢镜头。

如果是在简易摄影棚中拍摄小件商品，那就要将选好的淡色的背景纸，由被摄物体的底面一直铺到物体后面,这就是所谓的自造无缝背景了。当然,这个无缝背景在需要镜头与被摄物体平行拍摄时才会用到,如果是俯拍,那么有缝、无缝就没有太大区别了。

  如果你对淡色背景的多种颜色搭配没有什么把握,就使用单色吧,用单色拍出的效果也是非常不错的。有些店主非常用心,费很大的力气把背景弄成五颜六色的。这样的背景,如果弄得很漂亮,就会抢走商品的风头;如果弄得不漂亮,又会让浏览者觉得很不舒服,所以最好不要做那些费力不讨好的事情。当然,如果你要拍摄的是浅色商品,还可以选择深色背景,和商品构成鲜明的色差,获到较好的效果。

拍摄灯光的调试

  灯光在摄影中的作用不可小视,一张照片的成败,很重要的一部分是由光线决定的。所以,在产品拍摄时,一定要用心选择灯光。如果想充分表现出产品的光泽,那就只有多求助于光线了。

  拍摄者要尽量选用无色灯光。无色灯光的好处就是可以最大限度地表现出拍摄主角的原本颜色,如果使用有色灯光,就可能在照片拍出之后,连拍摄者都认不出自己拍的是哪一件产品了。

  众所周知,在不同的光线条件下,物体的色彩是不同的。在自然光中,早晨、正午、黄昏、月夜、阴天、多云等光线下,物体颜色各不相同。

  在阳光的普照下,物体一般都会保持自己的固有色。装点大地的红花、绿叶,在阴天时就如同蒙上了一层厚厚的青灰色。而在晨光或者夕阳下,它们又像是披上了一层橙红色,绿叶、红花都失去了原来的鲜艳绚丽的本色。

  不过,人眼对于这些颜色变化,有自动调适的生理功能。尽管红花、绿叶受到光源的变化已经改变了原来的颜色,人眼也依然认同它们是红花、绿叶。不过,彩色胶片可没有这么聪明,没有如此智能化的功能。所以,如果光线选得不好,就会让照片中的事物彻底变样。当然,在人造光源下拍照,也是一样的道理。

业余卖家可以把白色的节能灯当作光源，不要使用闪光灯，否则容易出现很明显的色差。可以想象，如果买家收到一件与照片颜色相差很大的商品，一定不会轻易放过你。即使有些买家宽宏大量，不去深究，但是如果卖家经常卖出色差很大的商品，相信一定会影响卖家信誉度。

当然，可能有些商品的性质比较特殊，可以在逆光、反光的条件下，或是在有色灯光的照耀下进行拍摄，这样拍摄甚至反而显得更美，得到出乎意料的效果，那也不一定哦！

拍照距离的控制

拍摄距离是指拍摄点至拍摄对象的距离。在拍摄高度和拍摄方向不变的条件下，改变拍摄距离会产生画面所包容的景物范围大小的变化。

例如，眼前是学校的一角，从远距离上看到的是优美的学校大环境，三三两两的学生身背书包穿插其间，表现出一种幽静、安详、积极的氛围；从近距离上看到的则可能只是学生或教学楼一角，或是花草繁茂的优美小径。很显然，距离变化之后，拍照所表现的主题发生了变化。

即使是在主题确定的情况下进行拍照，远近距离的变化也会产生不同的结果。因为，距离的变化改变了镜头中的构图。按照这个标准，摄影构图中通常将包括的景物范围分为不同的景别，即远景、全景、中景、近景及特写等。

（1）远景：远景画面包括的景物范围广，它能提供宽阔的视野和广大的空间，拍摄城市、大江、山脉等自然风景时多使用远景。

远景可以展现出巍峨的山脉、大川及江河湖泊，树木或人物等在画面中所占比例很小，基本看不清这些景象的细节。远景的构图注重展现场景中整体的美，使用的都是大块面的影调、色彩与线条的结构，画面一般以表现景色的气势为主。

（2）全景：全景的范围小于远景，在人物照片中，通常以能展现人物全身画面为全景；在场景照片中，如教室、居室、会场等场景，只要能表现其场景全貌的都可以称作全景。

全景拍摄中，不但要有完整的某一事物或某一具体对象，还要有适当的空间环境。也就是说，全景拍摄不但要能在画面中完整地展示被摄物体，还要使周围环境也得到充分展示。简言之，就是展现特定环境中的某个具体对象或事物的特色。

（3）中景：中景拍摄范围小于全景，是指对某一事物或某一具体对象的局部范围进行拍摄的画面。在人物照片中，通常以表现人物膝盖以上的相貌的画面为中景；在场景照片中，以表现局部场景的画面为中景。

中景的特点是以某一事物或对象的主要部分为中心，环境范围较小，有时完全没有环境，在人物场面中主要表现人物的姿态、手势动作、面部表情、人物间的感情交流等。

（4）近景：近景是比中景取景范围还要小的拍摄方法，在人物照片中，通常以表现人体胸部以上的相貌的画面为近景。在场景照片中，以展现限定环境中景物的一个局部为主要目的，如客厅中一角的局部。

它的特点是：如同观者或摄影者面对物体观看或面对人物讲话时所看到的一定范围的景象。这种拍摄方式可以比较真切地展示出物体的细部特征，表现人物的面貌与表情。

（5）特写：特写是比近景的拍摄画面范围更小的构图。在人物照片中，通常以表现人物肩部以上相貌的画面为特写。实际上，用常规手段在最近距离上所看到的景物范围都属于特写的范畴。

在对小件商品进行拍摄时，一般应该使用特写来进行构图，特写的周围环境是很少的，往往只用简单的背景来衬底。

可是有很多卖家在拍照时，不知道如何使用特写构图，总喜欢离被拍物品距离很远，然后再截取局部用于展示商品，其实这样做很难拍出特别清晰的照片，除非你的相机像素非常高。

正确的小件物品拍照距离应该是10~20cm，然后使用微距按钮进行拍摄，这样拍出的照片就非常清晰，即使细小的花纹也不会错过。

用这种方法拍出效果真实的商品照片，是在真实地表现商品本身的美。有了这样的照片，卖家就不用在商品介绍栏里另外注明"实物比照片漂亮"这样的话了。与其让买家去想象它有多漂亮，还不如让买家"眼见为实"，卖家在照片边上标明"实物拍摄",能够给买家带来更真实的感觉,当然有助于促进买家下订单了。

柔光布的使用

对于一般拍摄者来说,单反相机内置闪光灯的使用频率往往不高,尤其在进行微距拍摄时,内置闪光灯往往根本没法使用。为了解决这个问题,市场上推出了各种专业的柔光屏,价格在百元左右。但对于兼职卖家来说,平时使用它的机会不是很多,所以完全没有必要置办那么多专业行头。

实际上,柔光屏的作用就是将直射的光的大部分通过柔光屏直接散射出去,以扩大光的照射面积,并将光线的亮度变得平均。根据这个原理,每一个拍摄者都可以准备几块厚度适中的白布来替代柔光屏,这就是人们常说的柔光布。只要根据光线的需要,选择薄厚适宜的白布罩在光源上面即可。例如,摄影者在拍摄金属饰物时,如果使用过亮的灯光,就会产生很强的反光效果,可是不使用灯光,又会拍得黯然无光,这个时候,柔光布就大有用处了。

在人工光源外面罩上一层薄白布,就可以使原本直射的光源变得均匀又分散,既可以拍出炫亮的照片,又不会由于反光而"亮"作一团,拍出的照片效果会非常好,尤其是在拍摄反光感强的商品时,柔光布是必不可少的。

除了人工光源以外,有时使用自然光也要注意白平衡,所以柔光也是不可或缺的。最简单的办法就是把柔光布放在被拍物体被阳光照射的地方;还可以找一根铁丝,弯成圈,然后在上面缝一层布;当然,还可以在窗户上拉上一层半透明的窗纱,问题一样可以轻松解决。

那些有条件的店主,还可以选择环形闪光灯。可别小看这种工具,它可是微距拍摄的利器,也是拍摄无影照片的好帮手。

只选对的不选贵的,只要是用方便、省钱、简单、易学的拍照方法拍出最漂亮、最真实、最吸引买家的照片,那就是成功了!

线上开店线下管店

如何拍出梦幻感觉的照片

在很多情况下，照片并不见得越清晰越好，有时候照片需要一种朦胧感。例如，在对人物进行拍摄时，被拍照的人由于脸上有些瑕疵，就希望照片的效果朦胧些，那样可以掩盖自身的一些瑕疵。

在对景物或静物进行拍摄时，有时摄影者为了给景物增添一些浪漫柔和的情调，或是将影像变得扑朔迷离、如梦如幻，就要将照片拍得朦胧感十足。

要拍出这种效果的照片，方法有很多，既可以在拍摄过程中完成，也可以在后期制作时实现。这里笔者只介绍几种简单、经济、实用的拍摄方法，相信一定能为你的商品增添很多美感。

1. 利用透明胶条拍出朦胧照片

拍摄者可以在相机的镜头框或遮光罩前根据需要粘贴透明胶条，不需要全粘，哪里需要朦胧效果就粘在哪里，还可以根据需要粘贴彩色玻璃纸。使用这种简单的办法，可以随心所欲地拍出多姿多彩的朦胧感极强的照片。

如果有些地方需要超强朦胧感，还可以重复粘贴；如果有特殊的色彩需要，可以配合彩色玻璃纸一起使用。

但是，使用这种办法时一定要注意，千万不要将胶带粘到镜头的镜片上，否则很有可能在清除胶条时损伤镜头的镀膜。如果一时找不到透明胶条，还可以用塑料袋来代替，效果也很好。

2. 利用纱网拍出朦胧照片

如果拍摄者不喜欢胶带黏黏的感觉，还可以将纱巾或丝袜套在镜头前，用细绳或皮筋固定住即可。

朦胧的程度可以根据纱网的疏密来调整，另外纱巾或丝袜的颜色将会影响到被拍物体的颜色，可以根据需要精心选择，一般肉色和白色的最常用。如果在拍摄人物照片时使用肉色纱网，可以让照片中的人物效果均匀柔和、润泽典雅。

在使用这种方法时要特别注意纱网的密度和透明度，避免纱网过厚，太厚将会影响照片效果，使照片过于模糊。

3. 利用凡士林拍出朦胧照片

摄影者只需在拍照前用手指或棉签将适量凡士林涂到UV镜或天光镜上就

可以拍出朦胧照片。由于油脂具有一定的透明性，并可以使光线产生漫反射，所以用这种方法可以拍出效果不错的朦胧感照片。

用这种办法拍朦胧的照片，还有很多独到的优势，如可以把油脂涂在镜片的某一区域来使局部物体朦胧化。另外，如果需要多种颜色，还可以把颜色调和在油脂中来获得彩色的效果。拍摄者还可以把凡士林涂成螺旋状、放射状等不规则形状，制作具有特殊效果的照片。

在UV镜或天光镜上涂抹凡士林时，可以根据摄影者的需要决定涂抹多少，油脂越多、密度越大，朦胧效果就越强；反之则越弱。

最难得的是，凡士林非常容易清理。涂抹了凡士林的镜片用完之后，只要用温水和棉布清洗擦拭，等干燥后再用干净的软布擦拭干净就可以了。

4. 利用多次曝光制造朦胧感

摄影者有时无法找到合适的工具来对所拍场景进行朦胧处理，这时，还可以使用多次曝光的方法来处理照片，具体步骤如下：

（1）将相机固定在三脚架上，在取景确定后将焦点对准画面主体进行第一次曝光。

（2）以背景为焦点进行第二次曝光。

（3）再将所有被摄体的焦点虚化，进行第三次曝光。

这样，一张朦胧感十足的照片就制作好了。

不过，值得注意的是，在拍摄时要尽量选用较大的光圈，这样可以获得较短的景深。另外，被拍摄物体必须是相对静止的，否则就会由于它的运动及机位的改变而导致拍摄的最终失败。由于多数数码相机没有此功能，所以这种办法只适用于胶片相机。

5. 利用数码相机自身的拍照模式制作朦胧照片

如今，数码相机的制造技术越来越完善，产品越来越人性化，效果越来越专业化，功能越来越多样化，很多相机内置的影像处理系统也越来越强大。有的数码相机自身带有许多场景拍摄模式，有的机型还带有软焦模式，或者叫柔光模式，使用这种模式就可以制作出朦胧效果的照片。

数码相机的这种模式是利用相机内置软件的特殊算法，使影像产生散焦现象，并伴随轻微的过度曝光，使影像产生朦胧的效果。这种功能从实际拍摄效果来看，不但可以拍出效果理想的朦胧感照片，还可以让拍摄者省去依靠附件来拍摄朦胧照片的麻烦。

随着市场上相机的智能化程度越来越高，相机的使用方法越来越简单，只要几分钟，就可以熟练使用这个功能，拍出效果很好的、朦胧而浪漫的照片了。

6. 使用软件制作朦胧感十足的好照片

如果恰巧你的数码相机没有这种柔光模式，而且在拍摄前也没有对镜头采用任何朦胧处理方法，可是你却偏偏钟爱这种效果，该怎么办呢？

不要着急，其实方法很简单，你可以用计算机软件对数码照片进行后期处理，如使用 Photoshop 软件一样可以做出朦胧感十足的照片。如果你不会使用这些软件，那还有最简单的一种办法：送到数码冲印店。可以把照片送到冲印店，让扩印员在数码冲印机上为你的照片添加朦胧效果。如果能说清楚对照片的处理要求，店员处理后的效果应该可以让你满意（不过凡事都有例外，要做好心理准备）。

如果觉得以上这些方法都太业余，那么就可以去选购一些专业的器材和配件。总之，照片尚未满意，摄像师仍需努力。

手机的拍照技巧

随着科技的发展，手机的功能越来越完善，手机拍照作为一种迅速崛起的新功能，正在以飞快的速度发展，大有与数码相机一较高下的架势。

现在百万像素以上的拍照手机比比皆是，越来越趋于专业化，所以现在的手机拍照已经不再是难登大雅之堂的小儿科游戏。不过，喜爱用手机拍照的卖家，要注意它与数码相机在使用上的一些差异。

1. 握稳手机

由于手机没有三脚架，也没有手带之类的配件，所以拍照之时要握稳手机，避免手臂抖动，这样拍出来的照片才会清晰，不会发虚。尤其要注意的是，手机拍照一般会有一个快门延迟的现象，因此要给手机几秒钟的反应、调整时间，不要拍完之后就立刻移动手机。用外置摄像头的手机拍照，更应该注意这点。

2. 选好光线

光线是拍照的灵魂,选好光线,照片就等于成功了一半。但是自然光有时不遂人意,因此,要学会根据光线调整角度。要注意观察光线的照射方向,顺光拍摄,千万不要逆光拍摄。一般来说,光线从侧面照射被拍摄物体,最能体现物体的质感,因此,尽量选择侧面光。如果非要在逆光时候拍摄,可以考虑制造一个拍摄小环境,即用遮光的物品遮挡阳光,这种方法还可以用于在强光下拍摄。

3. 选好画面

很多刚刚学习拍照的新手,常常喜欢将被拍物放在图像中间,然后按动快门拍照。这种方法拍出的照片虽然没什么大问题,但是看起来也不是很美。解决办法就是在拍照之前,先在镜框中取图,最好选用黄金分割法构图,因为这样拍出的照片会更生动、更协调,然后定格图像,按动快门。

同时,拍摄者还要注意主题与背景的层次设计,以及主题与其他道具之间的和谐设计和巧妙呼应。只有这样才能拍出漂亮的画面。

4. 数码变焦

数码变焦,用英文表述就是 Digital Zoom,意思是通过内置的处理器把图片内的每个像素面积放大,从而可以在手机上看到更大的图像。现在的拍照手机都有数码变焦功能,但是它与能提高照片清晰度的光学变焦有着本质区别。

如果在拍照中使用数码变焦,就会降低图像的清晰度。例如,一张使用数码变焦拍摄的照片,显示分辨率为 640×480,可实际分辨率可能只有 320×240。因此,在计算机上看照片时,不是图像变小就是图像变得很模糊,所以不要轻易使用数码变焦。

5. 照片尺寸

很多拍照手机都可以自由选择照片尺寸,这些选项一般都在手机拍摄界面中的"选项"菜单里。大多数用手机拍照的人都不知道这个选项有什么用,其实,这是让用户自定义照片尺寸及存储格式。如果日后需要打印照片,就需要在拍照之前选择大尺寸的格式。

6. 随拍随挑

一般手机的内存都比较小,容纳不了很多照片,所以最好一边拍一边挑选,把拍得不好的及时删除，把精品保存起来。不过，也可以选择使用大容量的闪存，或者及时利用数据线、红外线、蓝牙功能将照片传送到其他存储器中进行保存。

宝贝拍照中的误区

除了以上所说的技巧外，在宝贝图片拍摄过程中，还要避免以下的误区。

1. 相机像素越高就越好

有的人认为，相机的像素越高，拍照效果就会越好。其实这话不完全对，像素高的相机拍出的照片被放得很大之后，还依然很清楚。但是对于一般的拍摄者来说，如果对照片尺寸要求不是那么大，就没有必要购买像素很高的相机，几百万像素的相机其实就已经够用了。

2. 手动模式的相机就是比自动的效果好

手动模式的相机对拍摄者的要求比较高，如果你是一个新手，对摄影知识几乎没有什么了解，那还是应该选择自动模式的相机。自动调整总好于不会调整。

3. 好照片要靠后期处理

好的照片的确会经过大量的后期制作，但是一张拍摄不到位的照片，即使经过后期制作，也不可能成为一张好照片。真正的好照片应当是在拍摄时就已经有了很好的构图和明暗层次，后期制作只是为了修改一些极小的瑕疵。如果拍照的时候不用功，光想着后期修改，那样不但会浪费很多宝贵的时间，大量的修改还往往会令照片效果失真。

4. 只有专业摄像工具才能拍出好照片

相比于拍摄工具，外部环境对照片的影响更大些，相机的好坏并不能完全决定拍摄的好坏。相机的专业与否只会影响专业设置多一些还是少一些而已。再者说，相机再好也不过是机器，不能帮你把照片拍好，要想拍出好照片，关键还是自己的拍摄技巧。

5. 学好理论知识就能拍出好照片

理论知识只是介绍一些最基本的拍摄知识和相机使用知识。要想拍出好的照片还要不断在实践中摸索和练习。对于会使用相机的人来说，他们的技术没

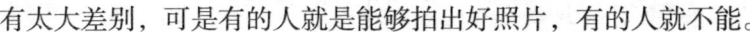

有太大差别，可是有的人就是能够拍出好照片，有的人就不能。

他们的差异不是在于技术层面，而是在于审美情趣和创意方面。只有多看、多想、多拍、多总结、多揣摩，才能在潜移默化中培养自己的审美观。因此，不要急于求成。聚沙成塔的道理每个人都懂，这里就不用再多说了。

6.只要有了好相机，其他都不重要

拍照时，光线、环境以及相机设置都是非常重要的因素。如果没有出色的光线，再高级的相机也拍不出好照片。所以，不要被夸大其词的相机广告宣传所欺骗，单凭着一部相机是不可能拍出最好的照片的，更不可能拍得像广告上说的那样好。在广告中的图片之外，肯定有无数的专业灯光照明、专业器材在随时伺候着呢！

要想拍出好照片，即使没有条件购买那些专业的设备，也要尽自己所能，全力改善拍摄环境，并且不断提升自己的摄影技术，只有这样才能拍出好照片。如果你不相信，偏要去花冤枉钱购买昂贵的专业相机，相信你很快就会后悔，因为那些重量级的专业器材，不是那么容易就会听从你的摆布，技术不好，一样拍不出好照片。其实，相机只是忠实的现实场景记录者，只有调整好场景和光线，才能拍出柔和又协调的好照片。

流程8 宝贝修饰——让宝贝漂亮再漂亮些

拍摄出来的宝贝图片,不是每张都合乎要求,有的需要经过修饰去除上面的瑕疵才能上传到网店上。网上店主修改图片的软件,常用的就是Photoshop,即使以前从来不会使用的人,只要按照下面介绍的步骤操作,也能制作出令你满意的图片出来。

为什么要用Photoshop对图片进行修改呢?因为平时我们拍摄完成的图片可能因为光线不好或其他原因,在传到网上后容易出现色差,或者在图片上有我们不想要的障碍物,如果不作处理直接上传就会影响商品的形象,这个时候Photoshop就能帮助你轻松修改图片了。

图形变形——拉伸技法

第一步:在Photoshop中打开一个图像文件,如图8.1所示。

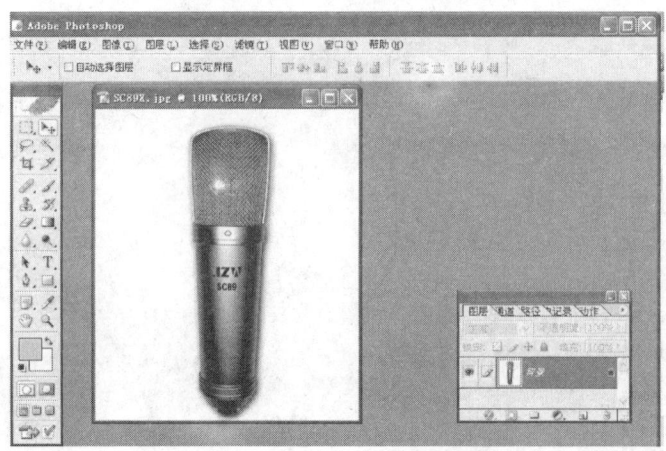

图8.1 在Photoshop中打开图片

第二步：把锁定的背景图层转换为一般图层，右击背景图层，出现一个复制图层，将新的图层命名为"图层1"，选择"编辑"菜单中的"自由变换"命令，如图8.2所示。

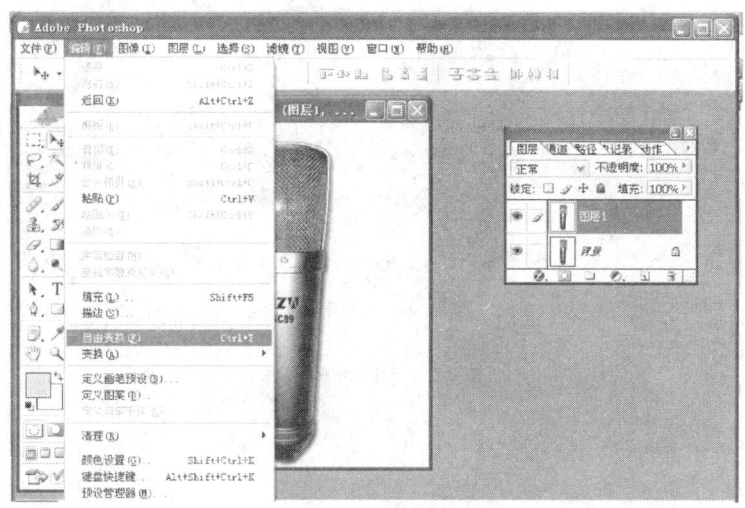

图8.2　"编辑"操作

第三步：选中图层，右击，选择"扭曲"命令，如图8.3所示。

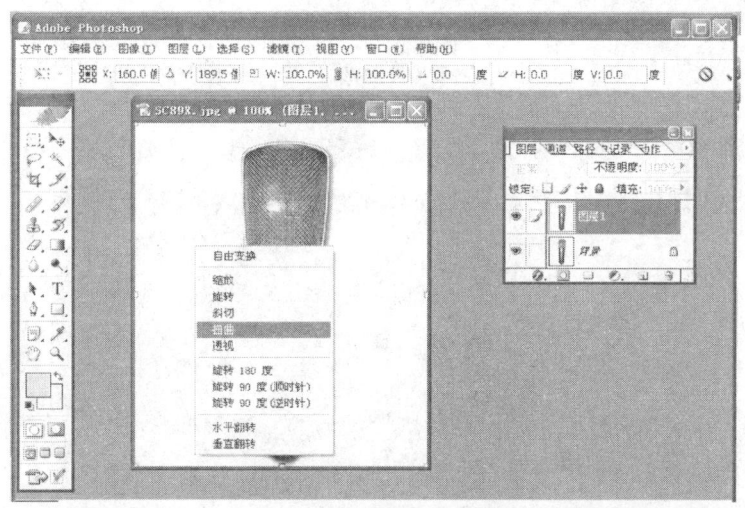

图8.3　"扭曲"命令

第四步：根据图像上出来的拉伸点，对图像进行任意角度的拉伸，如图8.4所示。

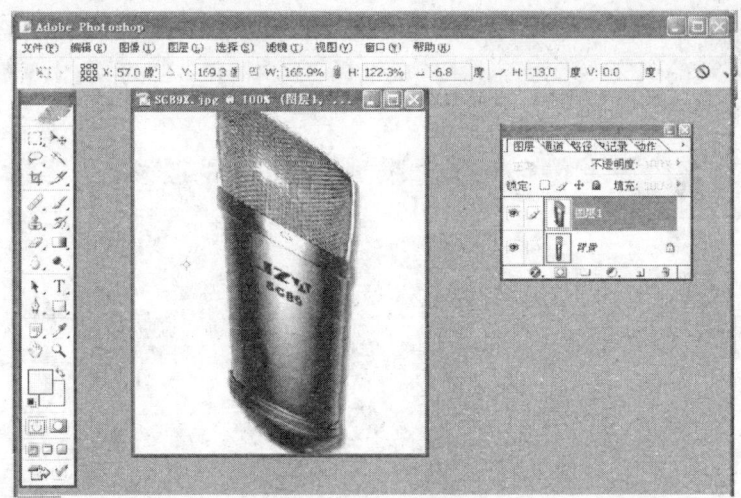

图 8.4 对图像的拉伸

提高图像清晰度的方法

第一步：打开一幅 RGB 图像，如图 8.5 所示。

图 8.5 打开 RGB 图像

第二步：选择"图像→调整→亮度/对比度"命令，如图 8.6 所示。

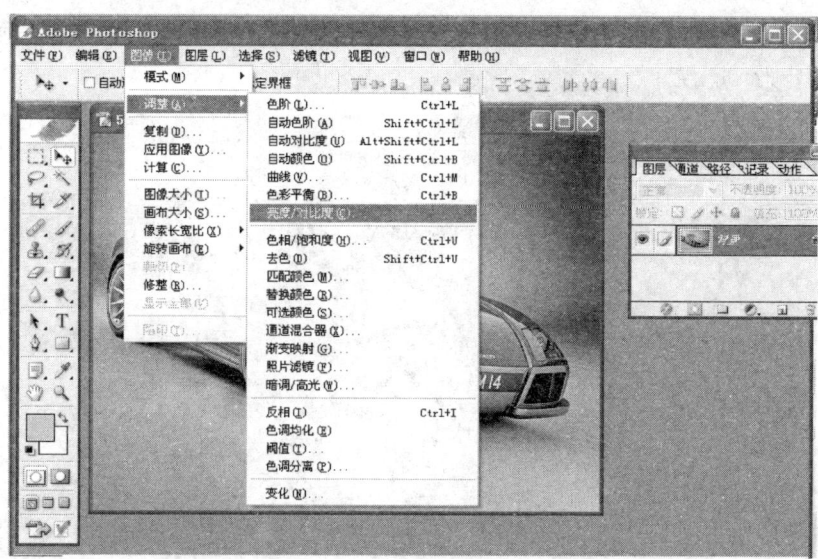

图 8.6 选择"图像→调整→亮度/对比度"命令

第三步：打开一个"亮度/对比度"小窗口，用窗口上面的小滑块进行调节，如图 8.7 所示。

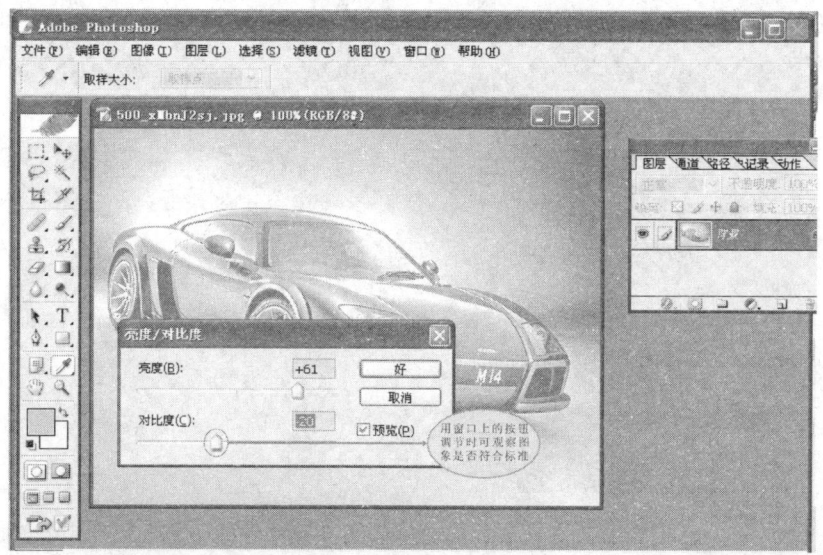

图 8.7 "亮度/对比度"窗口

此外，也可以用"色阶"功能对清晰度进行调整，这里的调整就更加细致了，具体操作如图 8.8 至图 8.10 所示。

（1）打开如图 8.8 所示的图像，右击背景图层，选择"复制图层"命令并将其命名为"图层1"。

图 8.8　打开图像

（2）选择"图像→调整→色阶"命令，弹出"色阶"对话框，如图 8.9 所示。

图 8.9　"色阶"对话框

（3）在"色阶"对话框中，选择最右端的滴管，再用鼠标单击图片的各个地方，等得到满意的效果之后,再单击"好"按钮,可以得到想要的效果,如图8.10所示。

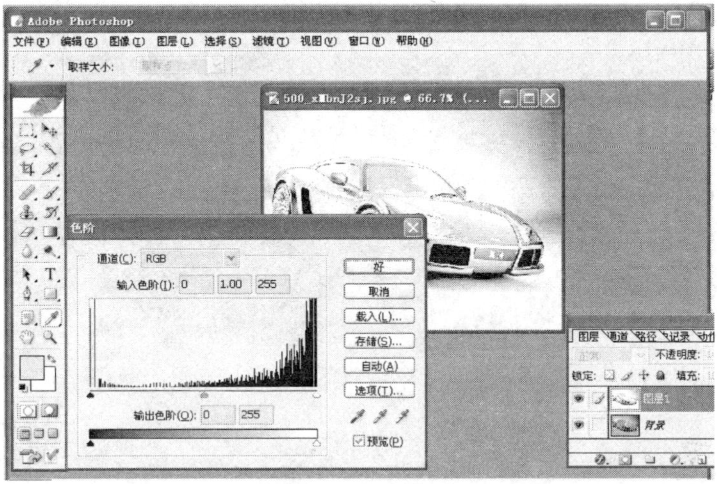

图 8.10 效果预览

学会自己做标题

第一步:打开一个图像文件,右击图层面板,复制图层,命名为"图层1",如图8.11所示。

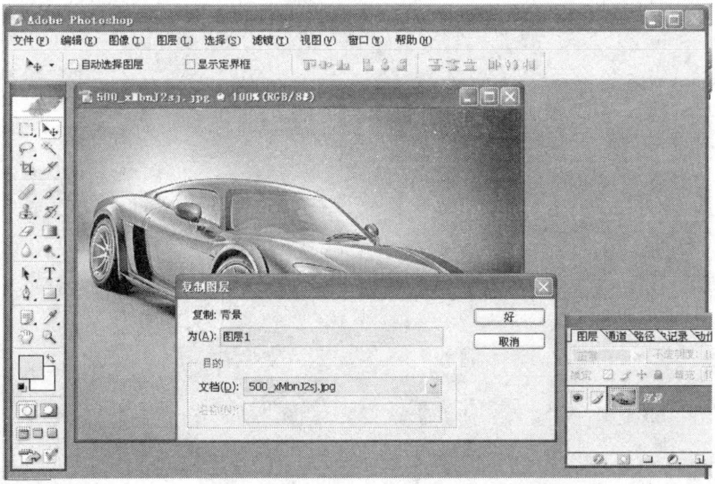

图 8.11 复制图层

第二步：选择图层工具框中的文字工具"T"，选择"横排文字"工具，如图 8.12 所示。

图 8.12 "横排文字"工具的选择

第三步：当鼠标指针变换后，在图上任意要插入文字的地方单击一下，可以对字体的大小、形状、颜色进行调整，然后输入文字，如图 8.13 所示。

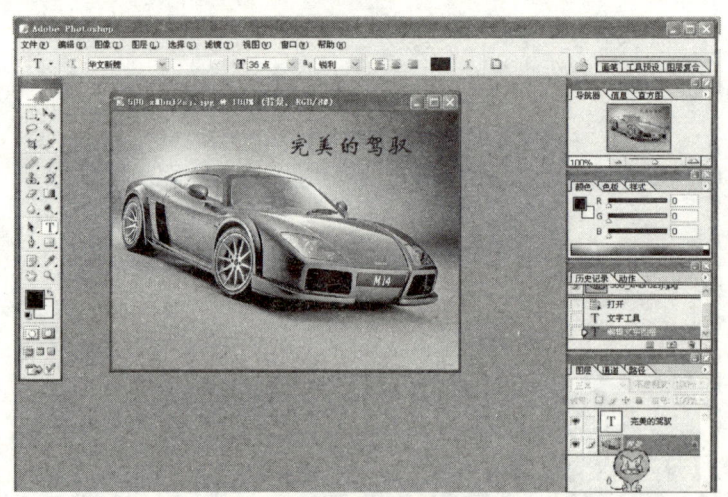

图 8.13 添加图片文字

第四步：如果想对输入的标题"完美的驾驭"进行文本形状的变换，先选中文字，在页面的上端有文本变形相关选择，如图 8.14 所示。

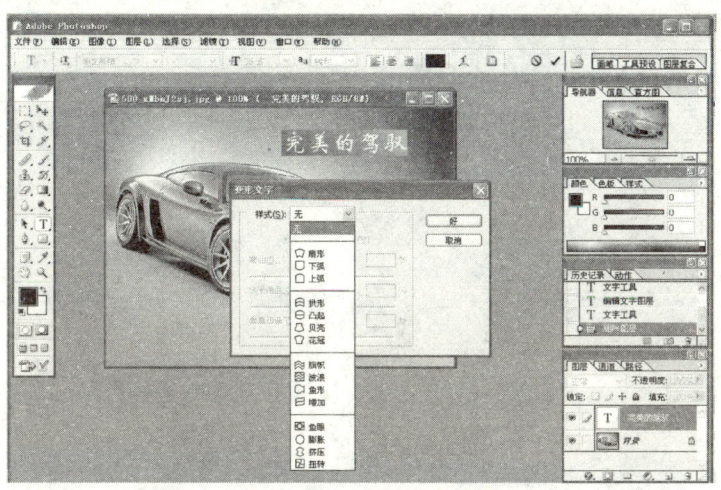

图 8.14　选择对标题文本形状的变换样式

第五步：选择完所需的样式后，单击"好"按钮，添加标题就完成了，如图 8.15 所示。

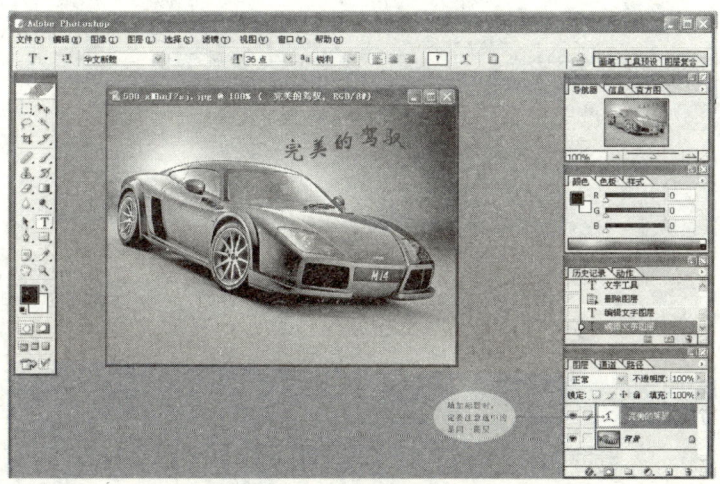

图 8.15　完成添加标题

如何去除图片中的文字

第一步：打开一个带有文字的 RGB 图像文件，右击图层面板，复制图层，命名为"图层1",如图8.16所示。

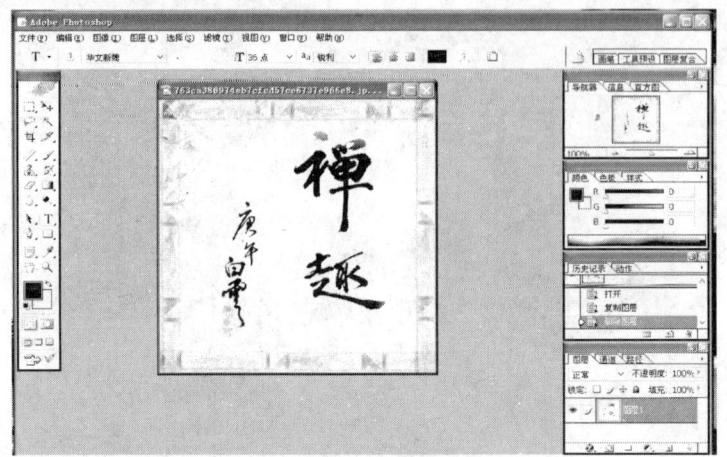

图 8.16　RGB 图像文件图层复制

第二步:用左边工具箱中的"矩形选框"工具选择要修改的区域,如图 8.17 所示。

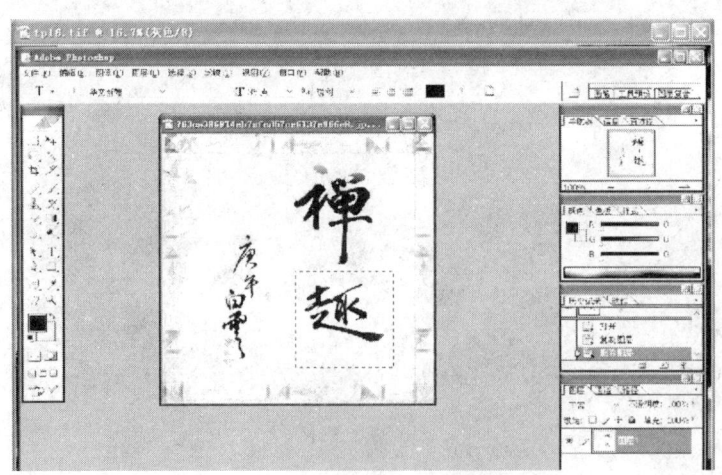

图 8.17　"矩形选框"工具的应用

第三步:单击工具箱里的"图章"工具,右击后选择"仿制图章工具",在图像的某个点按住"Alt"键定义想要接近的背景色。然后单击鼠标左键开始去除,如图 8.18 所示。

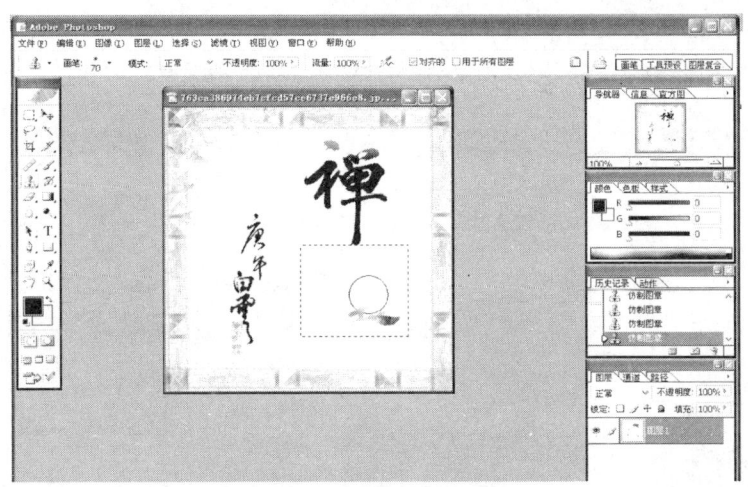

图 8.18 "图章"工具的应用

第四步：按照同样的方法去除其他不需要的字，之后按"Ctrl+D"组合键取消选区，就可以得到想要的效果，如图 8.19 所示。

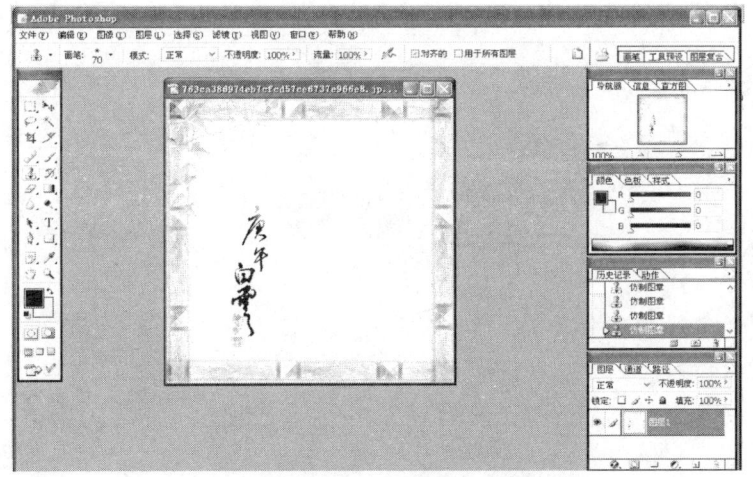

图 8.19 删除文字后的效果

金属字的制作方法

第一步：创建一个 Photoshop 文件，其大小应可以容纳下面要创建的整个徽标。选择"文件→新建"命令,然后在弹出的对话框中进行设置,如图8.20所示。

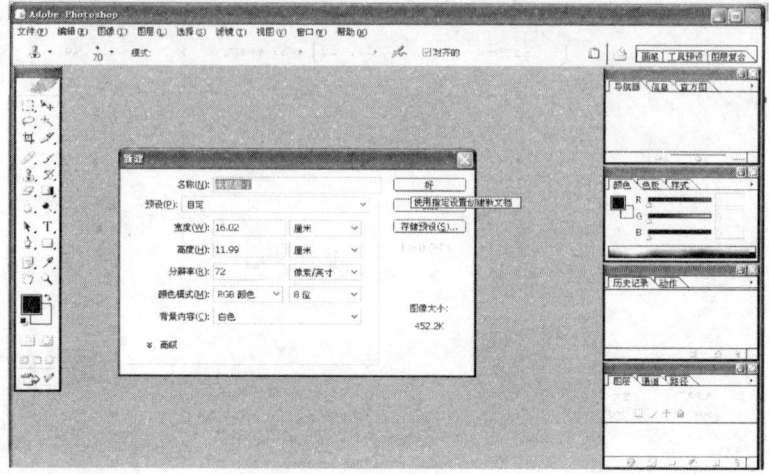

图 8.20 新建文件

第二步：添加渐变。根据需要设置好"背景色"和"前景色"后,单击工具箱中的"渐变"工具,在图的中间位置从上到下进行渐变,效果如图8.21所示。

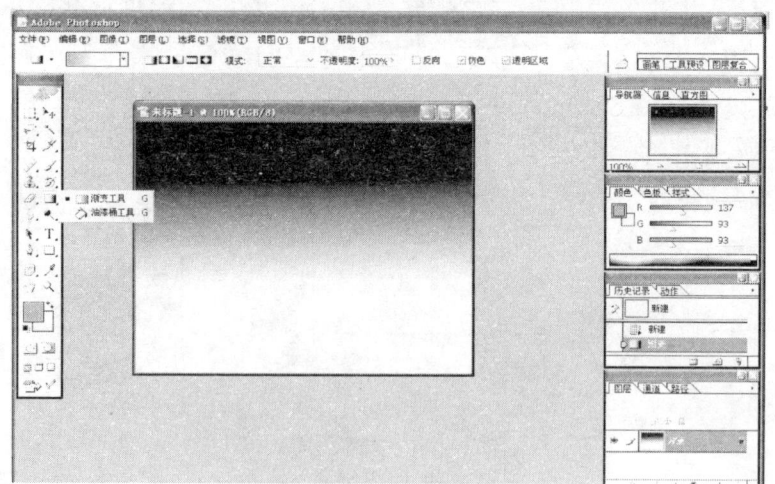

图 8.21 添加渐变

第三步：添加文字,如图8.22所示。可以对文字的字体、颜色进行调整。

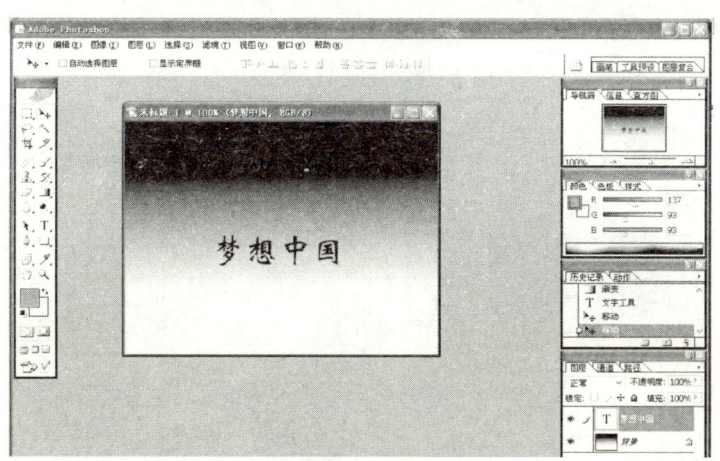

图 8.22 添加文字

第四步：变形文字，如图 8.23 所示。在"文字选项"栏中单击"创建变形文本"图标，弹出"变形文字"对话框。可在此选择所需的任何效果，然后单击"好"按钮。

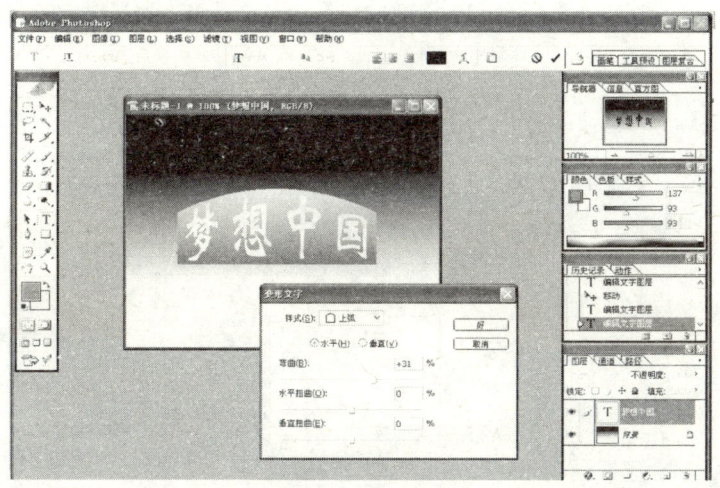

图 8.23 变形文字

第五步：创建路径，如图 8.24 所示。选择"图层→文字→创建工作路径"命令，基于文字创建一条路径。新的路径可在"路径"调板下找到。现在可以关闭原始的文本图层了。要使目标路径不可见，确保在"视图→显示"菜单中没有选中"目标路径"。使用"直接选择"工具可以将路径修改成所需的任意形状。

也可以添加其他点来创建扭曲或变异形状。

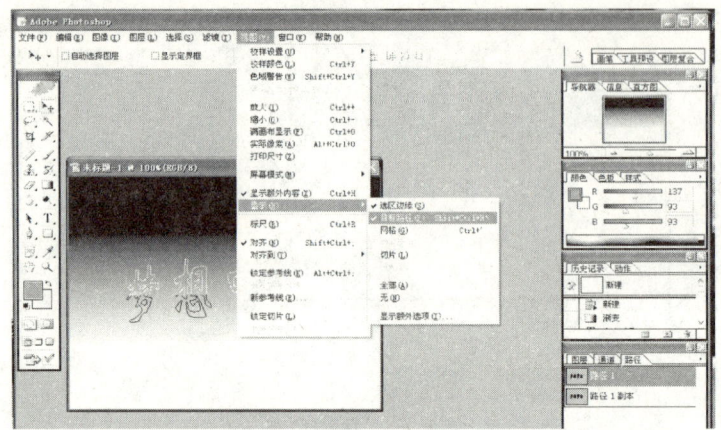

图 8.24　创建路径

第六步：填充路径，如图 8.25 所示。创建好路径后，可创建一个新图层并用一种颜色填充路径。这可以通过多种方法实现，这里介绍一种非常简单的方法，即单击"路径"调板底部的"填充路径"按钮。使用何种颜色无关紧要，稍后将会覆盖掉这种颜色。

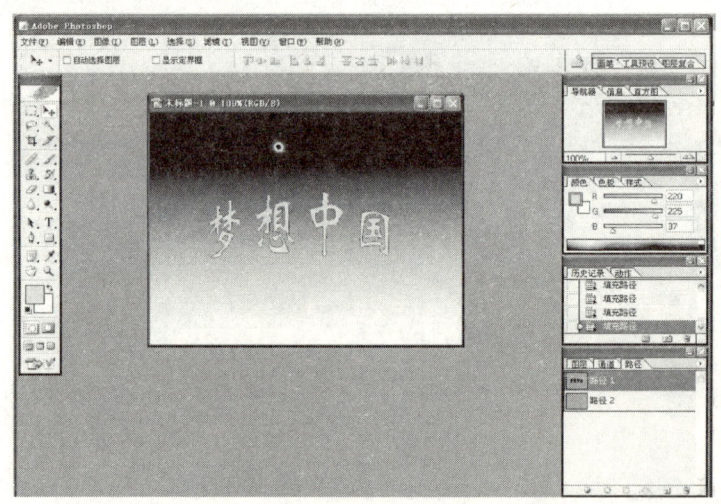

图 8.25　填充路径

第七步：添加投影效果。在"图层"调板中包含徽标的图层上双击（Mac）或按住"Alt"键双击（Win），将弹出"图层样式"对话框。在此对话框中选择"投影"项，并根据需要进行调整，如图8.26所示。

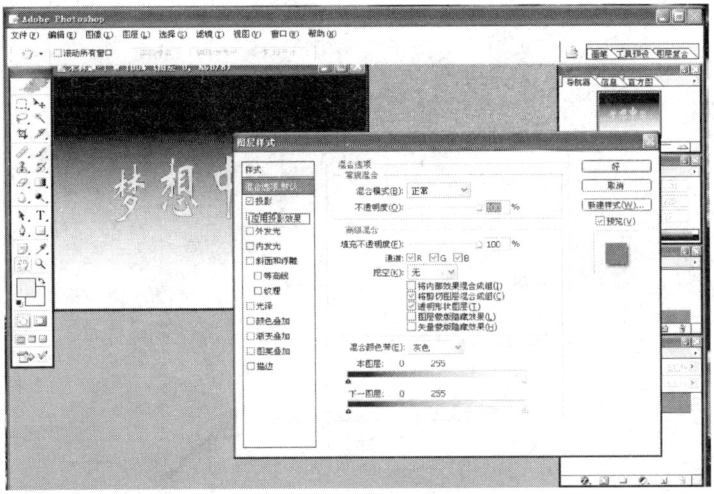

图8.26 添加投影效果

第八步：添加斜面和浮雕。如图8.27所示，在左侧选择"斜面和浮雕"项，在"方法"下拉列表中选择"雕刻清晰"，并增加"深度"值。

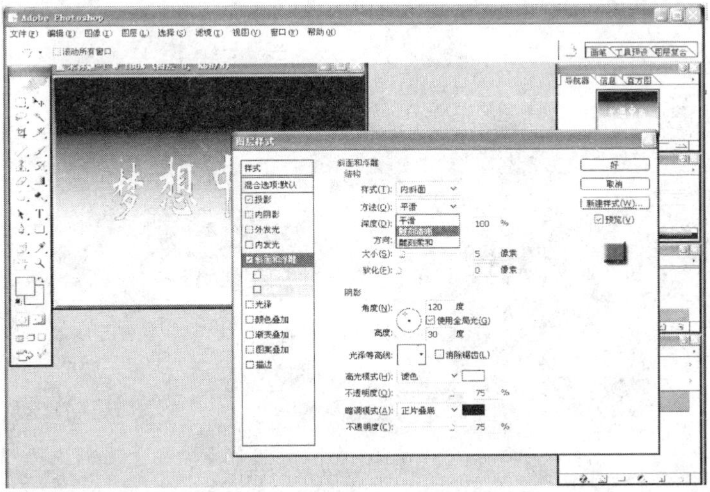

图8.27 添加斜面和浮雕

第九步：添加渐变叠加，如图8.28所示。在"图层样式"对话框左侧"样式"列表中选择"渐变叠加"项，单击"渐变"以显示渐变编辑器，选择类似于金属质感文字中使用的反光效果的渐变类型。

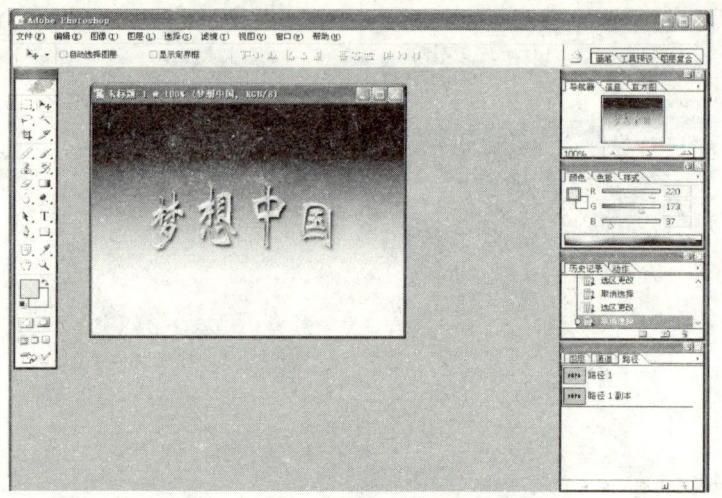

图 8.28 添加渐变叠加

选择某一渐变后,会显示在编辑器框中。现在可以随意调整渐变。单击渐变下的色标,即可移动其位置或在设置区域中更改其颜色。单击渐变下没有色标的地方会自动插入一个新色标。沿渐变顶部的色标用于控制不透明度。

第十步:调整角度,如图 8.29 所示。得到想要的渐变后,单击"好"按钮退出编辑器。返回"图层样式"对话框,调整"角度"值使渐变以适当的角度与徽标交叉,从而模拟金属反光效果。

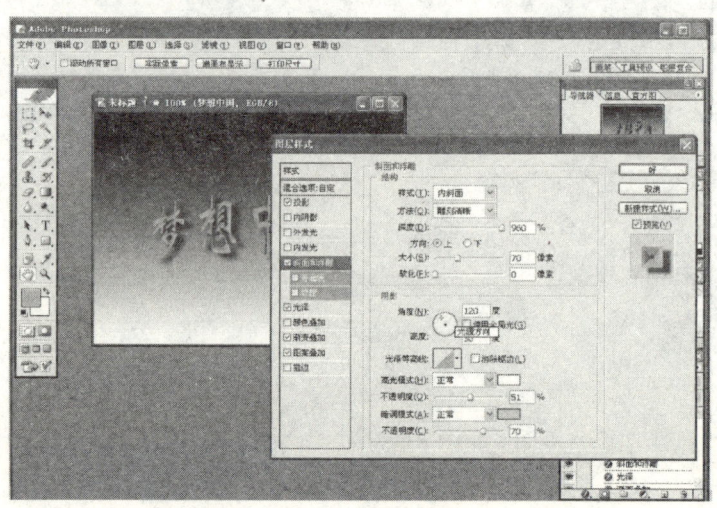

图 8.29 调整角度

第十一步：添加描边，如图 8.30 所示。在"图层样式"对话框左侧"样式"列表中选择"描边"为徽标添加边缘。设置完后单击"好"按钮，退出"图层样式"对话框。

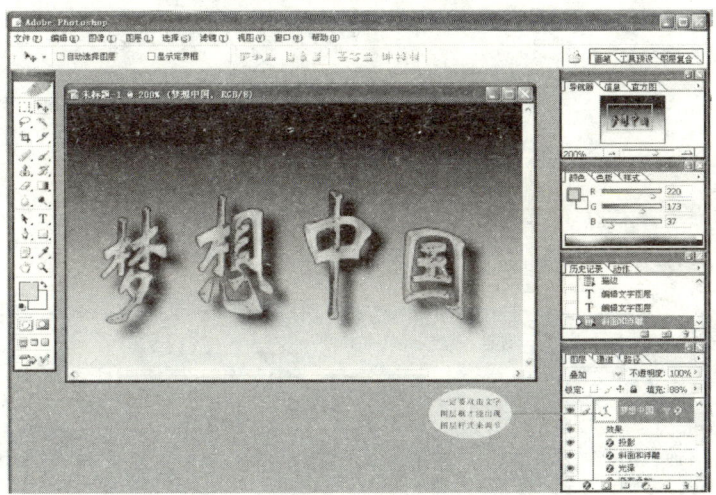

图 8.30　添加描边

流程9　宝贝定价——为宝贝卖个好价钱

商品定价是一门学问，不是店主拍拍脑袋就可以想出来的。现在线上经营竞争也很激烈，网店如云，同一种商品在无数个店里销售。如果你的价格定高了，就不会有人来买，可是如果定低了，就有可能会赔本，即使不赔本，也会由于利润太低，到头来白忙一场。

对于买家来说，没有什么能够比价格对他们来说更敏感的了，所以店主在定价时，要多进行同类商品的价格比较，还要多采用一些先进的定价理念和定价窍门。

网店商品定价七原则

网店商品定价要把握以下几点原则：

（1）销售价格要保证自己的基本利润点，不轻易降价，也不过高定价，不要轻易改动定好的价格。

（2）包括运费后的价格应低于市面上的价格。

（3）网下买不到的时尚类商品的价格可以适当高一些，低了反而影响买家对商品的印象。

（4）店内经营的商品可以拉开档次，有高价位的，也有低价位的，为了吸引眼球，促销时甚至可以将一两款商品按成本价出售，以增加人气。

（5）如果不确定某件商品的价格，可以在同类网站进行比较，然后确定自己的定价。

（6）如果自己愿意接受的价格远远低于市场售价，直接用一口价就可以了；

如果不确定市场定价或者想要吸引更多买家的眼球，可以采用竞价的方式。

（7）定价一定要清楚明白，是否包含运费，一定要交代清楚，否则可能引起麻烦，影响自己的信誉。

导向定价法

导向定价法是网店商品定价的一种重要方法，具体来说，又分以下三种。

1. 竞争导向定价法

竞争导向定价法即参考同类卖家的定价来确定定价。这种定价方法是根据市场环境衍生出来的定价方法，一般适合用于产品比较同质化的行业。比如，卖外贸尾单服装，卖家通过搜索发现相同款式的商品别人卖90～110元，那自己卖85元就相对具有竞争力。不过这里还要考虑到网店信用度、好评率，也就是个人品牌、售后服务以及运费等因素的影响。

网店商品竞价方式运用技巧如下：

（1）抓住亮点商品，如新款手机、DV、MP3等。

（2）抓住高利润的商品。

（3）集合竞价是一种批量销售的方式，是商品薄利多销在网络上的一种实现手段。

（4）集合竞价比起普通的网购来说，更具吸引力，它的购买过程充满人性化，价格也不是一成不变的，更加接近现实生活中的购买行为。

2. 成本导向定价法

成本导向定价法，即以进货成本为依据，加上卖家期望得到的利润，再确定所卖东西的价格。例如，进货的成本为40元，如果想赚20元，那价格就可以定为60元。当然，如果购买了网站的收费服务，那么这些费用也应考虑进去，对于专业人士来说，电脑的折旧、电费、宽带费都应该计入成本。该定价方法适合于创新类产品、地方性特产以及自己生产的商品或者服务。

3. 需求导向定价法

需求导向定价法，即按照买家的心理要求和承受能力来确定价格。一般来说，这样的产品可以不计成本，但必须比较独特、同质性不强、刚刚进入网店市场等。例如，你毫不费力地画了一幅画成本为5元钱，可买家们看了都很喜欢，觉得花200元也不冤，就会以200元的价格买去。

化整为零定价法

有些网店经营的是昂贵的商品，整套产品售价不菲，常常会因此吓走很多买家。对于这类商品，店主可以采用化整为零的办法来为这些商品定价，这样可以使价格显得便宜很多。

例如，有些品牌的化妆品、护肤品价格非常高，如果整套产品一起定价的话，就会在5 000元以上，这会吓跑很多工薪阶层。可是如果店主在定价的时候分开来定，单品的价格就可能是300元左右，这样的价格就会比较有亲和力。在知名品牌的感召下，适中的价格一定能够让商品大卖。

有些商品包装很大，就会显得很贵。这时候，店主可以采取以大化小、拆开来卖的方针，如茶叶、促销装的日用品、礼品等。

李玫在网上经营着一家化妆品店，短短几个月的时间就已经做了1 000多个订单。现在，她每个月的收入都已经超过了很多做了一两年的老店主。而且每个月的销售成绩还越来越好，真是羡煞旁人。

登录她的网店仔细瞧瞧，就可以发现其中的奥秘了。原来，李玫就是采取化整为零的销售办法，将本来大包装、价格昂贵的商品，变成人人买得起的小包装产品。就是这个简单的变化，让那些原本"望名牌却步"的工薪阶层成了她的忠实买家。

就拿面膜的销售来说，厂家的原包装是一盒12袋，定价240元，经李玫拆包之后，变为20元每袋。这样的价格可以让所有爱美的女士都有能力来尝试一下，还可以让那些想要试用一下效果的人，有机会花很少的钱就感受一下新产品的效果，不至于花了很多钱，买回去才知道自己根本不适合使用。

大瓶的香水，在网上一般也不是很好销售，因为买家无法闻到它的真实味道。买一大瓶回去，万一自己不喜欢，岂不是很麻烦。李玫就将香水分开装成小瓶，

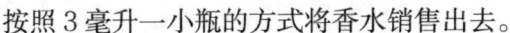

按照 3 毫升一小瓶的方式将香水销售出去。

这样，消费者不但可以花很少的钱就用到自己喜爱的商品，还可以将这些产品当成试用装来用。消费者如果觉得喜欢、效果好，就可以连续选购，如果不喜欢，损失也不大。并且，这些小包装的化妆品携带方便，非常适合那些爱美的女士放在自己的小包里随时使用。

适当提高价格

有些店主在进货途径上很有优势，总是能进到别人找不到的商品。这些受消费者欢迎的优势产品，就可以给它们定出比较高的价格。这样商家不但能在很短的时间内获取高额利润，还可以在那些头脑中有着"一分钱一分货"观念的消费者中树立品牌价值。

不过定高价的前提是"独此一家"，也就是说只有你一家特有的商品才可以这样卖，否则万万不可以使用这一招。

美丽是个富有活力的店主，热情、善于与人交往，因此好朋友很多，遍布全国各地，每年逢年过节她都能收到好朋友寄来的很多当地礼物。她的男朋友是个国际线路的导游，每次出国都会给她带回很多来自异国的礼物。

这样年复一年，这些东西就有了规模，美丽就有了把这些东西在网上卖出去的念头。当她跟男朋友商量之后，男朋友非常高兴地同意了，并且承诺以后每次出国都给她多带些商品回来。

有了这样的进货后盾，美丽的网店就开张了。定价的时候，美丽想：自己的商品别人家没有，如果价格定得太低，买家就会觉得自己的商品质量没有保障；而且价格太低，供货量又不是很大，利润就会太低。最后美丽给自己的商品定了比较高的价格。

泰国的那些纪念品，平均的价格都在 1 000 元左右；那些马来西亚的工艺品，售价更高一些……但是，由于美丽的商品颇具异国风格，市面上非常少见，再加上多是些颇具浪漫气质的商品，所以颇受年轻白领的青睐。

很多买家从美丽店里买来这些纪念品，都是为了送给结婚的朋友当礼物的。

由于这些纪念品做工精细，颇具个性，国内又见不到，所以，不论是购买者还是收礼物的人，都爱不释手。

现在，美丽的店里每个月都能做成三四单生意，虽然走单量不是很大，但是收入还是非常不错的，抵得上一个普通白领一个月的收入了。

低价攻略

可以说，价格永远是商家的软肋，只有价格降下来，才有做好长远生意的可能。那些大超市、大商场在招揽买家的时候，都会给你保证全市最低价的承诺。可是价格太低，不但利润低，还有可能赔本。

其实这里的低价攻略，并不是说每一件同类商品一定要比别人家便宜很多，但是一定要拿出几样比别家价格低的产品。

有的消费者看到你家里某样商品价格比别人家低，就会前来购买，并且有可能同时选购几件别的商品。

这样，买家在购买这些产品时，就可以有的商品价格高，有的价格低，平均下来，卖家就有得赚了。不过这种方法不适合进行高档商品的营销，会影响高档商品在消费者心目中的地位。

一分差价法

在为商品定价时，不要将价格定到一个整数，最好离那个整数要差一分钱、一角钱或是一元钱。例如，在给商品定价时，你的价格最好不是100元，而应该定为99元，或者99.9元。

这种定价方法还可用在与别的竞争对手比价的时候。给自己的商品定的价格可以永远都比竞争对手低一分、一角或者一元。

相信很多店主都在超市或者商场里见过这样的标价：39.9元、99元、19.9元等。其实，虽然价格上只是相差一角或是一元，但是这样的价格与整数价格相比，在销售的时候，效果却是大不一样。

整数定价法

店主如果在销售高档商品的时候，一定要采用整数定价法，如10 000元、100 000元、200 000元等。因为只有这样定价才能够凸显商品的品质。例如，某个国际品牌的整体橱柜定价为10万元，这样的价格能够显出买家的尊贵和品牌的实力。

对于高档消费品来说，价格高就意味着质量好，可以让消费者感到心里很踏实，"一分钱，一分货"。这些高档商品的消费者通常都是"只选贵的，不选对的"，所以高价对他们来说是一种炫耀的资本。

在这种情况下，店主就要为买家把好脉，千万不要企图低价讨好买家。因为对于讲求高档消费的买家来说，那样只会让你吃了亏还不讨好。

尾数定价法

网店经营者还要考虑价格数目产生的心理效应，运用好价格尾数定价策略。尾数定价策略是指在确定零售价格时，以零头数结尾，或是按照风俗习惯的要求，价格尾数取吉利数字，以扩大销售，会使买家产生便宜、吉利、安全的感觉，这属于心理定价策略的重要方式。

这种把商品零售价格定成带有零头结尾的非整数的做法，极能激发消费者的购买欲望。非整数价格虽与整数价格相近，但它给予消费者的心理信息是不一样的。

一家日用杂品店进了一批货，以每件1元的价格销售，但购买者并不踊跃。无奈商店只好决定降价，但考虑到进货成本，只降了2分钱，价格变成9角8分。想不到就是这2分钱之差竟使局面陡变，买者络绎不绝，货物很快销售一空。

目前这种定价策略已被商家广泛应用，网店卖主进行定价时不妨采用这种方法，可以获得不错的销售效果。

附加值定价法

不管在任何时候、任何环境，价格策略都要考虑周全，确信自己对价格的判断力，确定自己的产品或服务可以给买家带来多大的价值，然后才能给出合适的定价，使之与市场完美契合，并使我们得到尽可能多的利润。还有一个要点在于不一定只有降价才是出路。如果卖家能为买家提供更细致的服务，提供更漂亮、舒心的虚拟购物环境（即更独特、新颖的网上店铺和商品展示），能提供更迅速的购物及到货服务，那你可以把价格定得比别人稍高，因为你帮买家节约了精力和时间成本，并让买家享受到了精神上的愉悦。你为买家提供的是高附加值的商品，理应可以把商品价格定高一点，从这一点出发给卖家带来两个思考点：

第一，刚在网上开店，价格定得低只是促销方法之一，还要结合其他提高附加值的方法，才能使经营更快有起色。

第二，在你的网店经营上正轨后，如果继续提供相比其他网店更高品质更高附加值的商品，那你可以定价稍高仍不失去买家，创造高附加值的商品能让你得到更丰厚的利润。

在商品拥有高附加值时，你可以作两种选择：要么提高定价取得较稳定的收益；要么价格与其他出售较低附加值商品的网店持平，从可能获得的高营业额中得到高额收益。

调整定价法

有些产品季节性很强，有时候非常抢手，有时候又无人问津，如鲜花、情人节巧克力、圣诞节礼物等。对于这种产品，就要采取调整定价的方法。

每年到了情人节，玫瑰就会非常抢手，单枝价格往往能卖到几百元甚至上千元，可是情人节一过，这些鲜花就立刻遭到冷落。所以，店主要学会根据市场需求合理调整商品价格。

例如，有些礼品店，平时定价可以稍低，等到逢年过节送礼的人多了，再把价格调高。这样做不但可以让掌柜们获得更多利润，还可以促进平时淡季销售：促使那些会精打细算的人，在平时选购礼品，等到该送礼的时候，就可以不用花高价买商品了。

最好的定价方法是能够赚到钱且适合自己的方法。面对变化无常的市场环境，经营者可以采用多种定价方法和策略，从而适应需求的变化、市场的变化和网络销售的变化。

从古老的美索不达米亚的商人们开始记录交易状况以来，价格一直就是人类交流的中心话题。人们都喜欢不断地去猜测某件东西到底值多少钱，或和别人争论某件东西应该值多少钱，在购买的时候不断地讨价还价，所以卖家应该花些时间来给我们的产品和服务定价。在这个高度竞争的环境里，只有制定了合适的定价策略你才会成功。

流程10　宣传推广——360度提升网店知名度

现在电子商务蓬勃发展，网络店铺越来越多，竞争也越来越激烈，要想从众多的网上店铺中脱颖而出，给买家留下过目难忘的印象，店铺宣传推广就显得极其重要了。

网店的宣传推广与实体店的广告有很大区别。在网上做宣传，不仅需要技巧，还需要卖家全面深入地了解网络平台。只有这样，才能最大限度地利用网络平台提供的宣传工具，提高网店的知名度，让自己的网店脱颖而出。总之，网上推广的宗旨是花小钱、办大事。

店铺介绍要精彩

店铺介绍是买家了解网店的一个重要途径，制作得越精彩就越能获得访问量。因此，做店铺介绍，最好图文并茂，尽量避免大篇幅枯燥的文字攻势，那样会把买家吓跑。下面就简单介绍一下店铺介绍的制作过程。

大多数店主常用的方法是用Photoshop制作店铺介绍。将文字和图片在Photoshop中按照自己的设计做好之后，再合成，作为整个图片加入到Html编辑器中。

这种方法虽然制作起来很简单，但是有一个弊端，就是以后修改起来不太方便。因为店铺介绍经常要根据店铺中产品的增减作出相应的删减、添加等改动，而用Photoshop制作出的店铺介绍，改动起来就会非常麻烦。

为了避免上述方法修改时的麻烦，店主可以尝试使用FrontPage来制作店铺介绍，制作过程中有一些小窍门，可以使之更加简便。

1. 下载现成的免费模板来做店铺介绍

网络上有许多可以随意下载使用的免费现成的模板，你可以随心所欲地选择、下载、使用，甚至在一些 Blog 网站中相中的模板，也都可以随意使用。当然最好是选择下载模板文件，因为这类文件下载好之后，就可以在 FrontPage 中直接打开。你可以在看到喜欢的 Blog 模板之后，单击右键，然后查看源文件，并且复制下来，直接粘贴到 FrontPage 中就可以了。

2. 利用网站的 Html 编辑器和 FrontPage 软件来做店铺介绍

使用 FrontPage 来编辑店铺介绍，步骤也非常简单，只需将设计制作完工后的作品代码贴到 Html 编辑器中，就可以进行预览了。不过店主要注意：有时候 Html 中的预览效果与在 FrontPage 中的预览效果不同，这就需要店主进行仔细的微调。

可以说，这个步骤是最浪费时间和精力的。但是千万不要嫌麻烦，"只要功夫深，铁杵磨成针"，付出就一定会有回报，最终一定能得到满意的效果。而且精美的店铺介绍对于提高浏览量也有很好的效果。

3. 店铺介绍中的人情味

很多店主都认为，店铺介绍就是要生动详细地介绍商品的信息、服务信息等内容，因此，几乎所有店主都会把店铺介绍的重点指向这几个环节。其实，店铺介绍中的内容除了以上环节之外，还应该有其他一些紧密相关的环节。

店主可以添加很多人性化的吸引人的细节，如互动留言、甜蜜祝福、邻家店铺、笔架服务等。这样的店铺介绍让买家觉得充满人情味、不会很功利，所以能够让店铺更兴旺、生意更红火。

对于那些爱交朋友的店主来说，这些人性化的东西不但可以帮助店主获得更多订单，还可以收获更多友谊，丰富店主的生活和情感。因此，人情味对于你的店铺介绍来说是必不可少的。

4. 勤更新

网店中的商品介绍做好之后，通常就不需要经常更换了，可是店铺介绍就不一样了，需要店主经常更新，因为这样才能让买家感觉到店主是经常关注这个店铺的。

其实，店铺介绍不但是一个展示商品的平台，还是一个吸引买家的平台。

很多店家现在都很重视在销售中宣传自己，在售后中招揽回头客，而店铺介绍就是在买家购买你的商品之前，对他们所作的一种宣传。

在买家随意浏览众多店铺的时候，只有那些具有鲜明个性的店铺才可以抓住消费者，获得买家的订单。一个经常更新的店铺介绍能让人感受到店主的经营态度是积极而专业的，而不是消极怠工的，这一点尤其不容忽视。

当然，制作店铺介绍可用的软件还有很多种，店主可以根据自己的需要和擅长自由选择。但是不论使用什么工具，只有做到美轮美奂，才能吸引买家的眼睛，才能够算得上是装修到位了。

商品介绍文字的写作

在网店里面卖商品，不可能有营业员去亲自介绍商品，买家要想了解商品的详细情况，除了可以看图片以外，就只有查看商品文字介绍了。可以说，商品的文字介绍就起到了销售人员的作用。

大家都知道，同样一个实体店，销售人员不同，店内的营业额可能相差很大。同样的道理，一样的商品在网店里，配上不同的文字，销售额也可能相差几倍甚至十几倍。由此可见，商品的文字介绍是非常重要的。

有的店主知道商品的文字介绍很重要，就想尽办法将其美化，最终出炉的介绍文字简直如诗如画，可是却没有商品的基本描述，看过这种文字介绍的买家如同云里雾里，摸不着头脑。

好的商品介绍应该是简洁、真实、文字优美，让买家一目了然却又不肯离去。如果是在对一件毛绒玩具作介绍，首先要简单介绍一下这件玩具的长、宽、高以及内部填充物和外用材质和手感。

其次，要介绍这件玩具有哪些功能和特点，如果需要电池，还要介绍电池使用的情况和具体的用法，最后要注明该玩具适合哪个年龄段的人。介绍清楚这些以后，就可以为该玩具作一些生动的介绍了。

这段介绍，最好使用拟人的手法，或者以一个玩具主人的口气来进行描述，更能够激发消费者的购买欲望。当然，如果能攀上什么贵族血统或者明星效应就更好了。

对于店主来说，首先要把商品的基本信息说清楚，然后再附上本店商品优势所在。当然语言越平易近人越好，千万不要晦涩难懂，否则容易让买家感到一头雾水。

要知道，你的商品描述是为了留住买家、勾起消费者的购买欲望，所以，动动脑筋，借鉴一下同类店铺中成功店主的商品描述经验，一定会对你启发不小。但是切记，万万不可抄袭，否则会被人投诉的。

使用推荐位

使用推荐位来为自己的网店作宣传，听起来很不错哟！不过，这项服务是有成本的。就以淘宝网为例，社区首页广告要50个银币，站内广告要30个银币，论坛广告也要20个银币。

不过银币可以在淘宝网上通过发精华帖，或是参加淘宝社区的活动等方式来赚取，所以为了多赚取银币，就赶快多发精华帖、多参加社区活动吧！

例如，"淘宝商盟"就是淘宝网的一个颇有影响力的团体组织。店主们可以根据自己经营的产品类别或自己的经营地区，申请加入相应的商盟，与自己的同行进行切磋和交流；同时还可以扩大自己的社交面和知识面，可以在轻松的聊天气氛中学到很多经营中的小窍门。

商盟总是会定期、不定期地组织一些活动，最重要的是，这些商盟在淘宝社区中拥有一些特定的推荐位，经常参加商盟活动的话，浏览量就会得到大大的提升，商品成交量的提升自然也就指日可待了。

赚到足够多的银币之后，掌柜们就可以在广告位开放的时间抢订好的推荐位了。不过，推荐位的位置不同，开放预订的时间也不同，因此，要特别留意预订广告位的开放时间。

值得注意的是，有的掌柜深知获得银币的艰辛，恨不得把一个掰成两半花，每次都抢订最便宜的推荐位。事实上，"买得多不如买得精"，在广告位的定价上，充分体现出了"一分钱一分货"的道理。

好的推荐位（大流量的主页上面的"热门商品推荐"的位置等）相对来说价位较高，但是由于位置好，可以为卖家带来更多收益，钱就没有白花，所以，推荐众掌柜们使用好位置的推荐位。虽然犄角旮旯的位置价格较低，但是如果达不到做广告的效果和目的，钱就白花了，不客气地说，就是完全被浪费了。

除此之外，还有橱窗推荐位。顾名思义，橱窗推荐位就像店主们实体店中的橱窗一样，可以摆放一些商品，用来吸引买家进自己的店，可是又不可能摆下店里所有的商品。因此，要想看到更多店里的商品，就只能进到店里来。

例如，店主总共有500件商品，而橱窗里只能摆放下10件，所以店主就要在这些商品中挑出最能吸引买家的10件商品摆到橱窗里。买家受到橱窗里商品的诱惑，就会进到店里来看其他的490件商品。能吸引到买家，生意就成功了一半。因此，大家要充分利用自己的橱窗，这可是吸引生意的一个关键环节。

店主们在利用推荐位作商品宣传的时候，要充分了解其所在网络平台的搜索结果显示是按照什么顺序排列的，有的放矢，才能让自己的商品第一个出现在消费者眼前。

以淘宝网为例，如果买家用关键词，在淘宝网的首页搜索希望购买的宝贝，那么搜出来的结果将按照以下的顺序进行排列：

（1）被设为橱窗推荐位的商品。

（2）虽然是橱窗推荐，但是该商品已经有90天未被人购买了。

（3）未被橱窗推荐的一般商品。

（4）一般商品中90天未被购买的商品。

搜索结果只显示前100页商品，从第101页之后，就会被省略掉，所以掌柜们要想尽办法，使自己的宝贝出现在最前面，这样才能使成交机会最大化。

推荐位商品推荐11招

在推荐位推荐商品的时候可是有很多小窍门的，如一定要推荐商品剩余时间最少的产品。因为快下架的商品可以排在商品搜索最前面，更容易被买家浏览到，也更容易吸引更多的买家到你的店里来，可以起到事半功倍的效果。当该商品下架之后，要立刻换上在线商品，千万不要让推荐位空置。

第一，要注意选择能够吸引买家的商品。店主要珍惜推荐位，一定要选择最好的商品拿去推荐，商品的照片一定要主题明确，图像优美，并且尽量多方位，这样才可以更吸引眼球。

第二，要在价格上有优势。如果商品不错，可是价格却贵得离谱，只会给你带来负面影响。

第三，商品描述要清楚详尽。只有清楚地描述商品，才能让买家迅速了解该商品的优势。

第四，注意商品的关键字。中国幅员辽阔，各地区对许多东西的命名都不同。如果你为自己的商品标注的关键字很方言化，就会降低商品被买家搜索到的概率，因此，要注意使用大众化的商品名称关键字。

第五，错开商品上架日期。如果巧妙地将商品的上架日期错开，就可以每天都有到期下架的商品，每天又有新上架的商品，可以让买家感觉店铺很有生命力，店主很重视这个店。

第六，推荐的商品不要长期不变，要经常更换。店主还要根据不同的季节和节日推荐不同的畅销商品，这样可以吸引更多买家。

第七，商品名称要全面。店主们在设置商品名称时，要尽可能多地在名称里面包含商品信息，这样被选中关键词的机会就大大增加。

第八，在买家高峰时发布商品信息。每次都选择在人流高峰期发布商品信息，可以让更多的人看到自己的商品。如果觉得时间控制上很麻烦，可以求助"淘宝助理"帮助完成定时发布商品的任务。

第九，商店和商品名称要设置一些关键字，以便消费者很容易找到。而且商品上架期限最好设为七天，这样可以让商品排名更靠前。

第十，最好在推荐的商品中有少量的1元品。低价总是招揽买家的最好方法。

第十一，经常关注网站首页及相关分页面出现的被搜索的热门关键词语。一般情况下，这些词语每三天左右就会发生一些变化，店主要特别关注这些词语，并尽可能地把它们加入到商品的标题描述中，这样商品被搜索出来的几率会大大增加！

用了上面几招之后，你的店铺浏览量一定可以增加不少！

线上开店线下管店

使用搜索引擎

搜索引擎是进行信息检索和查询的专业网站，也是网络爱好者们进行网络冲浪的首选。因此，如果你在搜索引擎中注册自己的店铺，将能为店铺推广和宣传起到事半功倍的作用。

毫不夸张地说，店主注册的搜索引擎数目越多，店铺被访问的机会就越多，生意成功的机会就越多。

搜索引擎的基本形式可以分为网络蜘蛛型搜索引擎（就是我们所说的搜索引擎）和基于人工分类目录的搜索引擎（就是分类目录）。其内容和形式多种多样，包括搜索引擎优化、关键词广告、竞价排名、固定排名、登录免费分类目录广告、网页内容定位广告、在分类目录合适的类别中进行网站登录等。

随着现代网络技术的快速发展，又出现了其他形式的搜索引擎，但是，大多是以上述两类为基础的。

现在，越来越多的店主已经意识到使用搜索引擎来进行网店推广的重要性，并且很多实例已经证明了这种推广方式的效果。不过，使用搜索引擎进行注册和登记，也是有不少窍门的。

1.认真设置关键词

在各大搜索引擎进行自行注册和登记时，一定要注意搜索关键词的设置，以及关键词的排列顺序。

不要以为在搜索引擎中注册成功就大功告成了。关键词的设置不同，或者关键词的排列顺序不同，都会影响产品被搜索到的排名。

2.多在PR值高的网站论坛发信息

PR值，即PageRank，网页的级别技术，用来标识网页的等级/重要性。级别从1级到10级，PR值越高说明该网页越受欢迎。

提交搜索引擎注册申请之后，需要较长的一段时间才会被搜索引擎收录进去。为了取得立竿见影的效果，店主可以到一些PR值比较高，并且与自己经营范围相仿的网站论坛发布信息，并且不要忘记使用活动的签名，因为这样的签名可以很方便地链接到你的店铺。

当你的店铺被链接的频率高了，就可以让搜索引擎快速抓取店铺信息，从而被收录下来。

由于搜索引擎对 PR 值高的网站进行的信息抓取比较频繁，所以在这类网站论坛发布了信息之后，可以有效增加店铺点击率和商品成交率。

3. 使用免费的注册工具

在各大搜索引擎上进行手动注册，工作量非常大，因为现在有几千个搜索引擎，如果手动一一注册，那就要做大量重复的工作，非常容易使人感到乏味，从而失去耐心。

其实，只要从网上下载一个专门的免费注册软件，就可以让这项工作变得格外简单，它只需几分钟就可以帮助店主轻松完成庞杂的注册工作。

求助专业网络推广公司

店主如果对网络不太精通，还可以求助专业的网络推广优化公司，可以让这些专业公司为自己的店铺做出专业推广的方案，全力提高网店排名。只要网店排名靠前了，店铺被搜到的机会就会大大增加。

这样，无论买家或潜在买家，只要在搜到的店铺里找到自己心仪已久而又物美价廉的商品，就一定不会再吝惜钱袋，店铺的交易量自然就可以得到提升。

下面是一些大型门户网站免费搜索引擎登录入口，有兴趣的店主可以立刻行动起来。

（1）百度搜索引擎：http：//www.baidu.com/search/url_submit.html。

（2）雅虎搜索引擎：http：//search.help.cn.yahoo.com/h4_4.html。

（3）搜狐/搜狗搜索引擎：http：//www.sogou.com/。

（4）TOM 搜索引擎：http：//search.tom.com/tools/weblog/log.php。

（5）一搜：http：//www.yisou.com/search_submit.html？source=yisou_www_hp。

（6）中国搜索引擎：http：//ads.zhongsou.com/register/page.jsp。

（7）新浪搜索引擎：http：//bizsite.sina.com.cn/newbizsite/。

（8）网易搜索引擎：http：//search.163.com/。

（9）天网搜索引擎：http：//home.tianwang.com/denglu.htm。

加入网店联盟

网店联盟就是指某一个城市的网店卖家,或者由某一类商品的网店卖家自由组成的联盟。卖家一般需要先向网站提出申请,得到许可以后就可以成立联盟了。联盟的盟主会定期举行聚会或者经验交流活动,卖家从中不但可以认识很多有经验的卖家,还可以学到很多知识。因此,对于卖家来说,加入网店联盟是个不错的选择。

以淘宝网为例,在淘宝网的首页,还有网店联盟的专门页面,能够让参加联盟的网店增加很多被展示的机会。

所以,加入网店联盟就等于加入了一个店主互助联盟,尤其对于经验不足的店主来说,加入网店联盟可以迅速获得大量有用信息和经验,从而给自己的店铺注入大量新鲜的血液和活力。

互换友情链接

在开办自己的网店之前,店主就要为开店以后的人气提升做准备了。首先,有心计的店主在开店之前,也就是在做网店市场考察时,就要开始留意并收藏那些与自己经营品种相关的店铺了,尤其要注意收录那些人气旺、流量大的相关商店。

接下来,在自己的小店建成之后,就可以与这些网店商议建立友情链接的事情了。不过,由于小店新建成,点击率很低,可能很多颇具规模的成熟网店都不屑于与你建立友情链接。

即使在一开始就遭到冷遇,也千万不要气馁。"精诚所至,金石为开",只要你抱着一颗诚心,用友善的态度与这些成功的店主虚心沟通,甚至可以简单地跟对方描述一下自己对于小店的未来规划,让对方感觉到你的真诚与努力,相信用不了多久,你的店铺链接就会出现在越来越多的站点上,宣传范围一定可以一增再增。

如果有些大型网站还是不肯跟一个新店建立链接,那你就可以使用缓兵之计。先把自己的小店好好经营一段时间，等到有了一定的点击率之后，再跟他们洽谈建立友情链接的事，成功的可能性就会增加不少。

通常每个网店都有几十个友情链接，店主们一定要静下心来，认真做好每一个链接，千万不要轻视它们，只有珍惜每一次机会，才能将成交量最大化。

当所有的友情链接都做好之后，你的网店就跟那些链接的网店形成一个不小的商铺网络，既可以相互增加点击率，又可以形成商品互补，极大地增加成交量。值得注意的是，店主们要尽量和商品互补类店铺建立链接，其原因有两点：第一，不会形成恶性竞争；第二，可以成为对方有益的必要补充，使消费者进行"全面、一站式"购物成为可能。

这些建立友情链接的店铺，还可以联手搞一些促销活动，如卖童装的店铺可以和卖玩具的店铺一起联手，买够60元就可以购买5元超值玩具一个，或者买够100元，赠送玩具一个，然后店主再进行利润重分。当然，这些是要建立在彼此信任的基础之上的。上面只是举例而已，经营者可以根据各种具体情况，采用各种方式进行联手营销，只要能相互促进销售，并且得到消费者的认可，目的就达到了。

对于新开店的人来说，要想寻求自己满意的友情链接，可能会有一定难度，但是这个时候千万不要心浮气躁，一定要找浏览量大的店铺去链接。如果匆匆忙忙、滥竽充数，搞了很多点击率很小的网店作为链接，就无法达到友情链接的真正目的，对于增加浏览量作用就不会很大。

店主们千万不要认为，只要自己给大的网站做了单向链接就可以达到目的了，事实上，那样做根本没有一点作用，只有大的网站添加了你的店铺，才可以给你增添点击率。

到各大论坛发帖

要想宣传自己的店铺，其实有很多种办法，到论坛发帖是一种不错的选择。有些店主可能认为，做生意不好好研究店铺，跑去泡论坛，简直就是不务正业。而事实上，几乎每个论坛都有个人签名栏。店主们如果肯将标有自己联系方式的网店地址设计上去,不论是以文字的形式,还是图片的形式,它都可以在你发帖子或者给别人回复帖子时自动显示在下面。用这种方式既可以免除因为做广告而被删除帖子的厄运,又能以个性方式展示自己的店铺,宣传自己的网店。事实证明,在各种论坛中发言或回帖,并且同时留下带有自己店铺链接的签名,可以有效提高店铺点击率。但是注意要抢占回帖的好位置,也就是要抢占最靠前或尽量靠前的位置,而且要注意提高回帖的质量。只有高质量的回帖,才能引起别人的关注和好感。

店主们如果经常到所在网站的论坛去发文章,并且在帖子中巧妙安插自己商店的广告,千万注意不要太过于功利,一旦帖子被广为转载,那掌柜店铺的浏览量就一定会节节攀升。

如果发的帖子被评为精华帖,还可以获得宝贵的银币,然后用银币去购买位置很好的推荐位,为自己的店铺进行广告宣传。而且精华帖还可以有效提升掌柜店铺的形象,为店铺打造优秀的品牌形象,在宏观层面上,对店铺的发展是很有好处的。

当然,店主还可以到其他大的论坛去串串门,那些地方的点击率也是很高的,如果论坛话题跟你的店铺很搭调,就可以起到很不错的效果。

下面推荐一些点击率比较高的论坛:

(1)西陆论坛:http：//club.xilu.com/。

(2)新浪论坛:http：//people.sina.com.cn/forum/。

(3)网易论坛:http：//bbs.163.com/。

(4)搜狐论坛:http：//club.sohu.com/。

(5)雅虎口碑论坛:http：//bbs.koubei.com/。

(6)TOM海云天:http：//club.tom.com/。

(7)21CN论坛:http：//free.21cn.com/。

(8)百度网站排行榜:http：//up.baidu.com/top10.html。

在百度网站上,可以搜到日访问量巨大的网站,在这些每天同时在线人数成千上万的网站发布广告或帖子,就可以让很多人浏览自己的店铺。买家多了,自然就不用再为生意发愁了。

借助主题讨论区、聊天室、求购市场

店主也可以将自己宣传网店的帖子发到主题讨论区,如"×××店铺最新款裙装到货了"。只要你发的帖子跟别人的主题讨论帖话题相关,就可以受到有购物需要买家的关注,不过帖子语言一定注意要言简意赅。

这些地方的发帖量很大,所以要经常去维护和更新,否则几天之后,你的帖子就被淹没得再也找不到了。

除了发帖子被动等待买家光临,还可以到聊天室上发出邀请。很多店主都喜欢到聊天室去聊天,因为那样可以交到更多的朋友。

其实,在聊天的时候,店主还可以对朋友们发出邀请,请他们到自己的店铺来访问,并且用店铺特色来吸引广大买家,然后虚心请这些朋友多提宝贵建议。这样做既可以交朋友,又可能提升店铺点击率和成交量,可谓一举两得。

但是,如果店主为了做广告而到处去发广告帖,那就不好了。因为那样非常容易引起别人的反感,甚至有可能被踢出聊天室,所以一定要把握好度。

店主还可以到求购市场去主动寻找买家,因为那里有不少买家在发帖,求购各种物美价廉的商品,颇有一种在求购市场招标的味道。如果你的商品非常有实力、物美价廉而又有个性,就可以前去投标了。

在互联网发展的早期,网上信息相对来说比较少,用这种方式来做宣传,效果非常不错。近几年,由于网络信息大有呈爆炸式增长的趋势,所以用这种方法进行宣传的效果明显下降,不过那些设计有个性、有新意的网络留言式宣传仍然可以得到不少浏览者的关注。

借助电子邮件广告

用电子邮件做店铺推广是一种非常有效的广告方式,因为电子邮件是现代"网虫"常用的互联网工具。据统计,每天有超过70%的网民使用电子邮件,而浏览网页的网民却只占30%,这个数据也许并不是很准确,但是却清楚地表明使用电子邮件的人比浏览网页的网民要多得多。

但是这里所指的电子邮件广告推广,是指基于用户许可的 E-mail 营销,与滥发邮件(Spam)是完全不同的。

被许可的电子邮件营销不但比未被许可的电子邮件推广方式有很多优势,就是与传统的推广方式相比也有很多优势。

这种推广方式可以增加广告发送的准确度,从而有效避免因为盲目散发广告而对买家造成骚扰;并且能够及时为真正需要这种信息的买家提供帮助,增进与买家的关系;还能提高买家信任度等。

用电子邮件做广告推广,不但具有针对性强的优势,还颇具价格优势。如果使用专业软件进行邮件群发,则可以大大提高发送速度。而且使用这种方法,还可以根据每个买家的不同情况,发送特制模式的广告邮件。

做电子邮件宣传,最重要的就是你手中要有大量朋友或者准买家的邮件地址,你收集到的准买家的邮件地址越多,网店宣传范围就越广。也就是说店主可以用电子邮件来通知这些人访问自己的网店。所以,发送的推广邮件越多,蕴藏着的主页访问量就会越大。

但这并不是说,只要发了电子邮件广告,就一定会获得好的效果。其实,效果再好的广告方式也不能乱用,否则,不但起不了好的作用,还会起到反面作用。因为广告本身很容易让接收者感到反感,所以在使用这个方法进行广告推广的时候,千万不要夸大其词,也不要用欺诈性的言语进行宣传。店主们一定要把广告的内容和语言都做得很吸引人,而且一定要简明扼要,最重要的是一定要真实。

例如,有的人在做广告邮件推广的时候,为了吸引更多的买家,常常使用大量虚假托词。有的店主在广告中说,某某东西免费赠送,可是当买家去查看这件商品的时候,才发现原来免费商品的邮资竟然要 100 元,这样就给人一种上当的感觉。相信遭遇到这种骗局的买家都会对你的店铺非常反感,他们肯定不会购买店里的任何商品。

有的时候,如果你不想将这种广告邮件发给自己的朋友,还可以采取为邮件加上签名的方式,当然,你的签名中一定要有自己的店铺地址和联系方式。为了避免时间久了朋友们对这种签名感到厌倦,掌柜们要经常更新签名。用新颖的设计来吸引买家,比狂轰滥炸的方法要好得多。

除此之外,还可以使用博客进行推广宣传,现在有很多店主使用博客进行宣传都很成功。总之，只要肯动脑，就会有收获，成功的店主一定都是肯用心的店主。

借助 QQ、淘宝旺旺

现在网络上有很多非常好用的通信工具，如 QQ、淘宝旺旺等。很多店主的生意之所以做得非常成功，除了商品好以外，还与 QQ、淘宝旺旺等即时通信工具的使用有很大关系。

如果你登录的是 QQ，你可以把个人资料设置为自己的店铺介绍，因为所有想跟你聊天的朋友，都会通过查看你的个人资料来了解你，无意之中就为自己做宣传了。如果你使用的是淘宝旺旺，那就大有讲究了。很多店主总是习惯将自己的淘宝旺旺状态设置为"我很忙"或是"我有空"，其实这里面是大有学问的。例如，卖家可以将自己的状态设置为网店宣传信息，说不定就可以起到很好的广告作用。

不过令人遗憾的是，很多店主都没有这样设置。当然，有些人可能是没有想到可以这样做，也有些人可能是不屑于这样做。不过，在一个广告无处不在的年代，忽视任何一个细节都可能让你与好运擦肩而过。

事实上，这种方法使用起来非常简单，店主只需先在菜单中单击"登录"，然后单击"更改我的状况"，最后在"设置状态信息"中添加需要的推广信息就可以了，如"好消息，本店五一促销，全部商品五折优惠"，或者"新品上架，来看看吧"等。设置好之后，以后不论卖家是忙还是闲，都可以给买家一个效果不错的信息传递。

店主如果很忙不在线，还可以把状态设置为自动回复，这样不但可以避免买家受到冷遇，还可以暂时安抚并且留住买家的脚步，甚至有可能会引起买家的兴致，让买家在你的小店里流连忘返。

但是，店主不管在哪里添加店铺信息或广告信息，都一定要记住使用简明扼要、设计优美、一目了然的广告语言，千万不要使用冗长拖沓、表达不清甚至低俗不堪的话语，因为那样会让买家非常反感。广告如果做得不好，还不如不做。不成功的广告非但不能起到好的宣传作用，甚至会适得其反，给人留下很糟糕的印象。

当然，卖家还可以采取主动出击的营销方式，也就是主动使用QQ或淘宝旺旺等，向买家发送广告。不过，使用这一招，店主一定要把握好分寸，因为这样做是比较讨人嫌的。如果一不小心被人投诉，就不太好了。所以，使用这招一定要慎之又慎，不然就会"偷鸡不成反蚀一把米"。

如果你认为自己的众多好友或者买家们肯定都能很高兴地接受自己的广告信息，那就可以对他们采取信息群发功能，这样就可以在几分钟之内轻松发送大量的广告信息给你的准买家们。不过，用淘宝旺旺群发信息是有条件的，只有两颗心及两颗心以上的店主才可以使用。

店主们可以动动脑筋，除了上面这些通信工具以外，还有哪些可以用来宣传自己的店铺呢？还有电视和广播！你可不要认为在这里做广告很贵，其实你只花几角钱就可以在电视或广播中为自己的店铺进行一番宣传。

这不是什么胡乱吹嘘，其实方法很简单，掌柜们只要以自己店铺的名义在电视或是广播中为买家或朋友点播节目就可以了。打个电话，或者写封信都只要几角钱，却能为自己进行很好的宣传，实在是物超所值。而且用这种方法还可以将祝福、问候和友情一并带给大家，比单纯打广告的效果要好很多。

借助网络实名和通用网址

如果店主嫌在别人的网站开小店不过瘾，还可以自己注册一个独立的网店，大干一番。如果店主希望让更多买家很容易就找到并且记住自己的店，可以使用网络实名的方法进行店铺推广。

所谓网络实名，其实就是指买家只需在浏览器的地址栏直接输入店铺的中文、英文、拼音或缩写，甚至是几个相关字符，就可以直达搜索目标，无须再输入难记又复杂的域名、网址及http：//、www、com、net等前后缀，是一种快捷、方便的网络访问方式。

中国网络实名的发起者和倡导者是3721公司（已被雅虎收购）。目前，网络实名已经覆盖到几千万网民，几乎占全国网民的 90% 以上。

除此之外，美国硅谷的 RealNames 公司也在推行用实名快速、方便地访问网页。在中国，该公司通过与新网、万网、中国频道三个注册商合作进行中国市场的开拓与运作。RealNames 公司还与微软签订了三年合作协议，与 IE 浏览器进行捆绑，只要在用户浏览器的地址栏键入实名就可以到达目标网页。有了微软的帮助，RealNames 公司可谓占尽先机。但是，该公司在中国的业务成绩并不太好，因为存在着技术、市场、用户等多方面壁垒。而且，使用 RealNames 进行实名查询，虽然可以不必输入 com.cn 等前后缀，但还需要输入非常精确的实名。

相比之下，3721 更人性化，也更有优势。使用 3721 进行实名查询，只需要输入实名、简称、拼音、英文、数字等随便哪一项都可以，它在技术上采用的是模糊概念，所以即使输入拼错的实名都没有关系，它可通过智能推测帮助用户到达所需网页。

除了网络实名以外，店主还可以使用通用网址作为店铺推广的辅助手段。有的店主不太清楚什么是通用网址，以及通用网址有什么作用。其实，通用网址与网络实名没有太大的区别，只是二者在身份上不同，网络实名是个民间性的管理机构，而通用网址则是一个官方性的实名团体。

通用网址是通过建立与网络资源地址（URL）的对应关系，从而实现对网站或网页进行便捷访问的一种应用服务。使用通用网址可以快速提升网站点击率，提高网站访问流量；可以使自己的品牌宣传在互联网上得到最大的延伸；同时它还是店主主推产品或服务的最佳网络宣传方式。买家只需用恰当的关键词，就可以轻松找到想要找的产品或服务的网络品牌。

通用网址的注册用户，一经注册即相当于在全国的主要搜索引擎中进行了登记，并且可以使访问者借助这些网站提供的通用网址直达功能直接访问用户网站。

近几年来，美国、韩国以及我国纷纷推出了各自的通用网址技术方案。这些方案的解决思路不尽相同，各有优劣。很快，互联网用户无论是通过下载买家端软件，还是通过 ISP 服务商，甚至直接通过 IE 浏览器，都可以实现通用网址的访问，从而真正实现各种优势技术的融合与互补。

总之，不论是网络实名还是通用网址，只要店主注册一个好记的网页地址，就可以轻松获得大量的回头客。并且店主们还可以把这个网址加入到各大搜索引擎中,获得大量的有效流量。

"病毒式"推广策略

当店主们看到这个方法时,千万不要惊讶。"病毒式"的推广方法并非让店主们去传播病毒,而是利用人们的主动传播,让自己的广告信息能够像病毒一样迅速扩散,从而达到有效推广的目的。

从本质上说,"病毒式"推广是在为买家提供有价值的免费服务的同时,附加一定的推广信息,常用的工具包括免费的电子书、软件、Flash作品、贺卡、邮箱、即时聊天工具等,可以为用户获取信息、使用网络服务、娱乐等带来方便。

之所以称它为"病毒",是因为这种宣传方式就像病毒一样,有着顽强的生命力,它的传播广度和深度就如同病毒的传播性能,是任何东西都无法比拟的。

一般说来,这种方法与传统的干扰式推广策略是相对的。传统的推广方式通常是那些财大气粗的商家,采用狂轰滥炸的方式进行广告推广,也就是往广告上大量砸钱的方式。

干扰式推广是很容易引起买家反感的。多年来,人们已经听惯、看惯了各种传统广告,因此,任何随意"创新"的广告都不会再引起他们的特别关注。甚至由于上当受骗的次数多了,他们的头脑里已经有了很强的抵抗意识,任你再华丽感人的宣传都不再有效。

相反,网络上病毒式的推广方式讲究的是悄悄改变商家和买家的关系,最后大家都在没有任何感觉的情况下被感染,已然分不清楚谁是商家谁是买家了。

这种推广方法如果使用得当,往往可以用非常低廉的代价获得非常显著的效果。可是如何才能恰当地使用这种方法,并且将其发挥到极致呢?

美国一个专家提出了"病毒式"推广的六个基本要素:

(1)提供有价值的产品或服务。

(2)提供无须努力地向他人传递信息的方式。

（3）信息传递范围很容易从小规模向很大规模扩散。

（4）利用公共的积极性和行为。

（5）利用现有的通信网络。

（6）利用别人的资源。

一般来说，如果店主做到了上面六点，就基本上可以达到宣传的目的了。而如果能够巧妙运用上面六点，使之与你的商品推广合而为一、不露丝毫破绽，就可以称得上是大功告成了。

现在使用"病毒式"推广的商家越来越多了，方式也是不断出奇、出新。例如，使用搞笑的 Flash 短片，或是搞怪图片以及创意文字等。买家们常常会在不知不觉中很自然地被一些免费信息吸引，如免费获取的优惠券、打折券、免费邮箱等。

这种推广方法的前提就是要店主拿出有价值的东西供买家免费使用。也就是说，商家如果想要使用这种方法进行广告宣传，就一定要把那些有价值并且打算进行大规模宣传、销售的产品用潜移默化的方式展现到买家的面前。

如果有买家中意此款产品，不但会自己购买这种商品，还会积极地向身边所有的人传播商品信息。就如同病毒传播一样，让旁人来不及躲藏。

没有人可以阻止这种信息的传播，这种有着"滚雪球"般效应的宣传方式是任何广告推广方式都无法比拟的。不过，有时候这种传播会招来不满，但这并不影响你对商品或店铺的宣传。

由于现代人都是生活在广告之中，对于广告的识别能力特别强，所以普通的"病毒"很容易就会被人识破并且扼杀。只有创意非凡、制作精良的"病毒"才不容易被人识破。想要成功的店主们，一定要积极动脑、激活每一个创意细胞，打造精良的"病毒"。

如果你发现有的商家创意非常奇妙，甚至已经将各种元素发挥到了极致，你也不要去模仿。

一味盲目模仿、生搬硬套地抄袭别人成功的创意，是非常不可取的。正确的做法应该是从成功的例子中汲取精华，细细消化，为己所用。

可是，有些居心不良的商家常常采用带有一定强迫性的方式来达到推广的目的，如修改用户浏览器默认首页设置、自动加入收藏夹，甚至在用户电脑上安装病毒程序等，这些都是不道德的推广方式，店主们要坚决予以抵制。

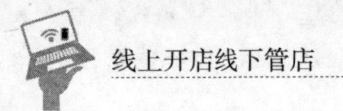
线上开店线下管店

印制并发放广告

印制并发放广告也是一种网店推广方式。可以说，这是一种很典型的传统广告方式，卖家可以大量印刷自己店铺的宣传纸，然后自己或者雇人到各处去分发。

用这个办法对店铺进行推广，所涉及的范围有限，影响力不是很大，针对性也比较差，而且印刷精美的广告纸是有成本的。

这种宣传方式只适合那些针对当地买家进行销售的商品或服务，如销售房子、提供便民服务等。

不过，有些聪明的商家正在巧妙地利用这一传统推销方式。例如，有的店主把广告信息印刷在精美的日历、地图、红包、常用电话号码上，或者是精美的纪念品上。

有的店主可能会大呼不平，因为他们也送出去过很多店里的宣传品。例如，有的店会赠给买家一枝鲜花，里面放进一张卡片，写上自己的店名和地址以及联系方式（这些店主们的花销可不少）。可是，这些店主们有没有想过，一枝鲜花最长能保鲜几天呢？相信没有一个买家在扔掉枯萎的鲜花之后，会好好保存送花人的一张广告纸。

赚银币抢广告位

社区广告位的效果是很明显的。每天论坛里的人不知有多少万，能在这里做广告，效果不是一般的好。不过抢广告位也不容易，抢的人太多不说，还要好多银币呢，新手赚银币不容易，想写精华帖吧，不知道写啥；想回答问题赚银币吧，好像那些问题自己都不知道；只能靠参加活动来赚取银币。不过话又说回来，为了能上社区的广告，辛苦点也值得。不经一番寒彻骨，哪得梅花扑鼻香？

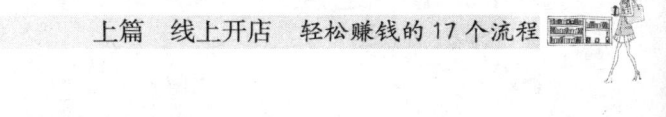

个人空间要充分利用

个人空间也是你店铺的一部分,不要只装修店面而不装修空间。你有注意过你的空间有多少人访问吗?当有人进到你空间的时候,就好像走到了你的店门口,进不进你的店,那就看你的大门口有没有装修好。你自己的空间是可以随便发广告的,把你的宝贝图片做得漂漂亮亮的,再写一些比较让人感兴趣的描述,等有人到你空间来看的时候,就好像是在店里看宝贝一样,等于把逛空间的朋友变成了逛店铺的买家。当然,空间里不能全是让人索然无味的广告,要给宣传词语加一些内容,让你的空间丰富多彩,让别人来了一次还想来第二次,就更完美了。

利用店铺留言进行宣传

你在自己的店里是可以随便留言的,在这里把你的优势和促销信息写出来,买家到你店里之后就有可能看到这些信息,会增加购买的几率。另外,还可以跑到别人的店里去留言哦,不管认不认识,进去先看一下人家卖的产品,然后留言夸一下掌柜人好、东西漂亮等,紧接着就是你的广告信息了,这家店有客人来的时候就可能看到你的留言信息,说不定被吸引到你店里来呢!

到其他论坛发软广告

除了淘宝社区,禁用词语论坛也应该多去逛逛,顺便发几个小广告,也能提高一下小店的知名度,为你的小店带来一定的流量。不过发广告可要注意了,现在许多论坛都反感广告,直接去发广告的话,会被删帖的,那你的辛苦就白费了。你可以采用比较含蓄的办法发广告,如写个帖子,内容丰富一些,然后在其中透露出广告信息,这样就大大避免了被删帖的可能了。

线上开店线下管店

积累口碑

店铺宣传最有效果的一招,要算口碑宣传了。但是这一招可不是有钱就能用的,它需要店主用心去做生意,用物美价廉和优质服务与买家建立起良好的关系,不但使这位买家成为回头客,还要让他自愿成为店铺的义务宣传员。

对于一个新店,店主要从自己身边的每一个人做起。先在自己的家人朋友中进行宣传。因为假如你告诉了100个人,这些人又会去告诉他们的亲戚朋友,一传十,十传百,过不了多久,就会有很多人知道你的店铺了。

作为店主,要全力为自己的店铺做口碑宣传创造条件。

第一,要真心对待买家,想买家所想,急买家所急。

第二,店铺的名字不要太长、太拗口,也不要使用生僻字。因为买家在向别人推荐一个品牌或店铺时,经常会说:"我就是在××店铺买的,你也去看看吧,那儿不错。"这时如果店铺名称中有生僻字,不但会影响双方的沟通,还会影响别人对你店铺的关注。

第三,店铺的经营类型一定要正确,如果在口碑宣传中买家没能记全你的店铺名称,还可通过搜索的方式找到你的店。

第四,店名要用与自己的经营主题相关的名字,这样也可以增加被买家找到的可能性。

扩大交际面,多派发名片

很多店主可能认为,在网上做生意,大家都没机会见到对方,怎么发放名片?再者,就算发放成功,作用也不大,简直就是浪费。

可是店主们有没有想过,店虽然是开在网上,但是大家还是可以通过邮递方式进行联系。因此,在邮寄商品的时候,把自己设计精美、个性十足的名片夹在商品中,说不定能起到很大的宣传作用。

如果你的名片在设计上有什么独特之处,买家可能不但会舍不得扔掉,还会拿给别人看,这样不就等于替你做了店铺推广吗?如果看到名片的人恰好看中你的产品,那你不就赚到了吗?"细节决定成败",这话还是很有道理的。

印刷了名片之后,店主们还可以在日常生活中,在与人交往时递送出去,以此来宣传自己的店铺。甚至在同学录里面发出宣传和邀请,在同学聚会时发出自己的宣传名片。这样既可以让同学朋友分享自己的开店乐趣,又可以为小店增添人气,说不定还可以做成几单生意,何乐而不为呢?

如果店主同时还有实体店,也可以将名片放在实体店里,供买家随便拿取,这些买家就可以在离开实体店之后,在网上继续浏览你的商店,使买家的消费得到最大延伸。

名片的形式可以是多种多样的,不一定非要印在卡片上。店主可以灵活设计自己的名片,可以印在纸杯上、手绢上、毛巾上、圆珠笔上、钥匙链上、包包上、雨伞上、记事本上甚至T恤衫上等。具体可以根据你所经营的商品价格来定,如果商品利润很低,可以选择一些价廉的名片载体;如果商品利润很高,就可以选择一些精美的名片载体。但是不论价格高与低,千万不要选择做工粗糙的东西。因为那样不但起不到好的作用,还会影响店铺形象。不客气地说,如果赠送粗制滥造的东西,还不如不送。

在给买家寄送商品的时候,添加上这些有使用价值的"名片",一定会给买家带来不小的惊喜,买家可能就会因此而记住你。这些赠品其实不会花掉店主很多钱,可是带来的正面效果却无法估计。

如果店主是个颇有文采的人,还可以将自己从萌生开店到建店,再到采购、销售的酸甜苦辣都写在小小的名片上,分发出去。有内容和真情的文字,一般会很有煽动性,能够引起买家的共鸣。

说不定,店主还能因此交上很多志同道合的朋友。朋友多了,店铺就有了人气,店主们就不用再为拉订单而发愁了。

微博是推广的好工具

随着微经济的到来,微博开始火起来了。微博营销如今已经渐渐发挥出其所向披靡的功力。一个拥有几万固定粉丝的微博,其力量往往超过淘宝网店全部的网店推广工作。因此，网店卖家需要重视并利用微博这一工具来推广网店。

微博本身具有天然的社交性，这是网店利用微博进行宣传营销的基础。微博能够在即时沟通的基础上，告诉消费者自己的产品好在哪里、怎么获得折扣。通过微博即时宣传推广网店信息，信息不仅仅出现在用户的微博空间，同时也可通过短信的方式发送到用户的手机上，用户收到短信后回复反馈完成一次完整的对话。这对网店知名度的提高是有很大的推动作用的。

微博宣传营销最主要的还在于活动。下面介绍几种常见的微博活动的方法，我们可以参考一下。

方法一：有奖竞猜。有奖竞猜是揭晓谜底或答案，最后抽奖。这个一定要前期策划好。

方法二：有奖转发。有奖转发也是目前采用的最多的活动形式，只要粉丝们转发+评论或+@好友就有机会中奖，这也是最简单的，粉丝们几乎不用动什么脑筋，互动性比较强。

方法三：有奖调查。有奖调查目前应用得也不多，主要用于收集用户的反馈意见。

方法四：有奖征集。有奖征集就是通过征集某一问题的解决方法吸引消费者参与，常见的有奖征集主题有广告语、段子、祝福语、创意点子等，并通过获得奖品可能性的系列性"诱导"，调动用户兴趣来参与。

需要注意的是，活动一定要能激起参与者的欲望，这就要满足他们的需求。活动奖品的设置上要有讲究，一要有新意，二要有吸引力，三成本不能太高。

微信宣传效果显著

利用微信进行营销，能够获得数量巨大的粉丝数。截至2014年，国内及海外的微信用户数量已经突破6亿，而且依然处于源源不断地增长过程中。据腾讯统计，这6亿微信用户中，活跃用户已超过50%，60%以上是20~30岁的年轻用户，而且在年轻人群中又有80%是白领人士。这就说明，微信是一个潜力巨大的营销市场。网店也可以利用微信进行营销宣传,以此来轻松撬动店铺财源。

利用微信进行营销推广的方式有很多,具体可以根据微信的不同功能来进行,以此来达到扩大店铺的人气和客户群、销售更多商品的目的。利用微信进行店铺推广包括以下几种方式。

1. 漂流瓶

微信漂流瓶主要包括两方面:第一个是"扔一个",在这个方面用户可以选择发布语音或者文字,然后投入大海中,如果有其他用户"捞"到则可以展开对话;第二个是"捡一个",用户通过"捡一个"可以"捞"瓶子,"捞"到瓶子后就可以和对方展开对话。利用微信漂流瓶进行宣传营销是有很大好处的,内容可以随意组织,而且由于微信是中国使用人数最多的聊天软件之一,并且各行各业的人都在使用,这无疑能够对网店的营销推广起到很大的推动作用。

2. 摇一摇

微信摇一摇是微信推出的一个随机交友应用,通过摇手机或点击按钮模拟摇一摇,可以匹配到同一时段触发该功能的微信用户,从而增加用户间的互动和微信黏度。对于网店来说,通过摇一摇功能可以摇出新客户,同时通过微信摇一摇功能还可以增加店铺的曝光率。

3. 扫一扫

微信中有一项特殊的功能——扫一扫,可以扫二维码、条码、封面、街景及翻译。对于网店来说,买家通过扫一扫功能就能发现店铺,并且成为网店的潜在客户。对于店主来说,扫一扫可以扫出新商机。所以,网店经营者要充分利用好这一功能来做好网店推广营销。

4. 朋友圈

微信朋友圈是一个由熟人、半熟人组成的关系圈,是现实社交在网络世界的延伸,也是个人获取信息的重要渠道。在朋友圈中,有同学、家人、亲戚、同事,大家共同组成一个规模不等的圈子。微信朋友圈在当下已经成为网店营销的利器,因为朋友圈的信息曝光率是非常高的,在朋友圈发一条消息,基本上会被80%以上的人看到。

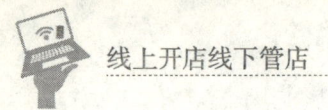

5. 微信好友添加

你可以通过微博、博客、论坛、手机短信等任何形式告知别人你的微信号，别人可以加你，你也可以加别人的微信。不要因为是陌生人你就拒绝加他们。因为他们很可能就会在不经意间成为你的客户。

6. 查找附近的人

"查找附近的人"是微信推出的 LBS 社交功能，通过这个功能，用户可以查找附近使用微信的用户。通过"查找附近的人"这项功能，可以得知查找到的消费者的姓名等基本信息，以及消费者签名档的内容。而此项功能中的签名档则能成为网店免费投放广告的地方，在这个地方投放广告，不但可以增加店铺的曝光率和知名度，还可以挖掘众多的潜在客户。

7. 消息推送

微信宣传营销的一大利器就是消息推送，消息推送是建立在公众账号的基础上的，公众账号可以经过后台的用户分组和地域操控完成精准的消息推送。一般的公众账号可以群发文字、图片、语音。如果是认证的账号，能够推送的内容会更多，不仅能推送单条图文信息，还能推送专题信息。正是因为有如此强大的信息推送能力，所以网店要充分利用这一功能来进行店铺推广。

8. 微信头像的设置

头像设置分为微信头像设置和漂流瓶头像设置。可以用真实头像、也可以不用。唯一的要求是要美观。当然也可以选择你的主打产品做头像，增强记忆力。

9. 自定义菜单

在微信底部的对话栏中提供菜单选项，用户通过单击菜单中的选项，可以看到相应的回复信息或者是网页链接。自定义菜单这种功能的升级为网店营销提供了更多可能性。

流程11　在线沟通——千里财缘一线牵

沟通是人类行为的基础，良好的沟通是一个双向的过程，任何一门生意的成功，都离不开沟通。一个人和一个企业的成功与否，沟通是非常重要的因素，不仅仅取决于沟通的内容，更取决于沟通的技巧。线上开店更是如此，有句广告语说得好：沟通无限，商机无限！

沟通体现在交易中的每一个细节中。线上开店做生意的人很多，如何巧妙地与买家沟通从而留住买家让生意成交，这是网店店主需要用心思考领会的一些技巧。

线上沟通"八项注意"

网店店主与买家沟通是每天都要做的事情，沟通的效果直接影响着店铺的成交率。线上沟通需要把握"八项注意"。

1. 充满热情

说话过程中，总是奉送一个又一个笑脸表情，让买家倍感亲切。在交流过程中，你无法看到对方的表情，所以非常容易引起误会。加了表情图片，就可以让对方知道自己的心情和当时说话的语气，能够避免误会的发生。

2. 说话之前问声好

在与买家正式交流之前，先要向对方主动问声好，一句"您好"再加上个笑脸图片，会让消费者心里觉得暖暖的。相反，如果一上来就直奔主题，会让买家觉得店主太势利了，哪位买家愿意与一个功利性很强的店主打交道呢？

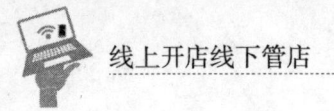
线上开店线下管店

3. 不卑不亢

做生意和做人一样,一定要不卑不亢。有的卖家在与买家的交流过程中过度热情地夸赞买家的眼光,或是赞扬自己的商品与买家有多匹配,其实这样只会令买家非常反感。

4. 推荐适度

如果店主能够很好地把握买家心理,可以在适当的时候作出其他产品的推荐。但是如果过度推荐,也许会弄巧成拙、吓跑买家。

5. 耐心介绍

对买家的疑问,应耐心介绍,从外观细节到使用保养及其维护,只要买家有疑问,就应认真详细地介绍。有的店主对买家总是很不耐烦。其实每个人的理解能力不同,多体谅对方,让对方感到店主的诚心之后,就没有做不成的生意。

6. 不要夸大其词

店主在对买家介绍商品功能时,千万不要夸大其词,因为如果买家看到买回商品与你所描述的商品不同,也会要求退货。即使买家不退货,自认倒霉,那店主也会给买家留下一个不诚信的印象。没有一个买家愿意再次光临自己曾经上过当的商店。

7. 反馈服务,定期问候

店主在将商品发出之后,一定要多听取买家的反馈意见,这样才能让自己的服务水平快速提高。对于买家的按时反馈、定期服务,换来的是买家的好评如潮和大量、长期的VIP买家。

8. 生意结束道声谢

每次做完生意,千万不要忘记向惠顾自己商店的买家衷心地道声谢谢,这不但能传达店主的心声,还能够显示自己的素质,拉近与买家的距离。

在线沟通,礼貌先行

线上生意是一种服务的行为,是推销东西给别人,尊重别人很重要,不管买家要不要买商品,都要给买家留下好的形象,有可能这次不买,下次就会买。

因此，在交流的时候，应该多使用一些征求的话语，尊重买家的想法和意见，比如使用"您觉得这样行吗？""您觉得这样合适吗？"等话语，对方会觉得你很有礼貌，有素质，愿意聊下去和交往下去，这样你在买家面前就树立了良好的形象。

礼貌是留住买家的第一把杀手锏，任何人都无法拒绝礼貌的语言。礼貌用语，给买家上帝的感觉，把"你好"改成"您好"，把所有的"你"都改成"您"。这是第一步。用词方面一定要注意，对于女性买家，不管你的年龄多小，都不要妄自猜测人家的年龄，这是不礼貌的，女性的年龄都是秘密！男士们可能不知道这个问题。

一位善于聆听的卖家能听买家的倾诉，不去打断买家，而对于买家的问题，要认真及时地答复，这样的交流才有很好的效果。买家觉得你在听，自己得到了尊重，那么买家就会对商品有兴趣。在交流的过程中，我们会遇到各种各样的买家，有时会很难缠，这时我们需要理性，不能感性用事，因为感性只能带来争吵，事情得不到解决。

店主一言，驷马难追

"微笑打先锋，倾听第一招；赞美价连城，人品做后盾"，这是不少商家信奉的一句箴言。

卖家不管卖什么，赚多少钱，诚信都要放在第一位。同样的商品，同样的价格，同样的买家，沟通方式不同，买家便会选择能够与他交流的一方，虽然有些时候另一方的商品估计更好。

无论从销售的过程来看，还是从长远的销售利益来看，诚信都是立足之本，是买卖的第一步。卖家应该时刻从买家的角度去看待买家问的每一个问题，考虑买家想了解什么东西，需要什么样的东西，沟通环节流畅，你的观点才会得到买家的认同，同时采用真诚的态度对待买家，不要隐瞒任何问题，认真地回答买家。

店主千万不能在说服买家购买商品时随意乱许诺言，要记住，"店主一言，驷马难追"的道理。如果店主在售前许下很多承诺，一旦买家买走商品就翻脸

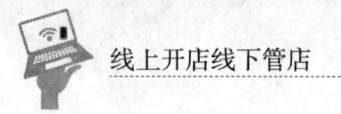

线上开店线下管店

不认人，或者商品出现问题之后，推三阻四，不讲信用，这样的店主一定会名声扫地。

做生意就是推销商品，而一个成功的推销员会怎么做呢？他会首先推销自己，先把自己推销出去让人信任、了解，那么买他的东西也放心。

商道，一诺千金。说了一定做到，不要让买家觉得你是一个没有信誉的店主。

不内行，不沟通

网店店主要做好与买家的沟通，就需要掌握一定的专业知识，包括商品、物流、网络语言等方面，这样在沟通时就能够面对买家的疑问，作出针对性的解答，打消买家的疑虑，提高沟通效率。

1.具有专业的产品知识，给出专业的意见

买家总是希望自己买的东西是最好的，店主就要做到对自己产品的特性了如指掌，善于介绍产品的优点，冷静对待产品的缺点，面对买家的问题对答如流，准确到位，能给其专业的意见，切忌含糊其辞，答非所问。了解自己的产品自己才会有最基本的信心。

2.物流说清楚，买家更放心

网上创业，买家来自全国各地，甚至全世界，卖家不可能对买家的地点和物流送货点情况都熟悉。确认地址后，不妨和买家一起确认一下哪家快递能到，这样的物流方式行不行，多做一点点，可省去不少不必要的麻烦。

3.尽量少用网络语言

很多网商爱用网络语言，其实最好少用网络语言，中国的文字表达的方式是很好的，卖家要充分利用文字的优势去挖掘买家心灵深处的情感，让买家感觉到你的真诚与实在。要知道，每一个人都愿意与真诚的人交朋友。大家一定要记住，网络贸易不但是网络贸易，而且是一项伟大的网络营销事业。

30秒内一定回复

在与买家沟通的时候,最重要的是要做到回复及时。现在是讲究极速的时代,没有人喜欢在不必要的事情上浪费时间,特别是在网上与卖家沟通,买家的耐心是很有限的,如果店主不能做到及时回复,则很可能导致买家弃单,即使不弃单,也会给中差评。如果能够在第一时间作出回复,则能提高店铺获得好评的概率。所以,店主要能够做到及时回复买家的信息,而时间最好控制在30秒内。

1. 设置好自动回复

没有人能够在第一时间内回复买家的信息,为了能够让买家不会感到被冷落,可以先设置好自动回复,以为自己回复提供时间上的缓冲。设置快捷回复,要选择好语句。比如,"欢迎光临小店,请问有什么可以帮到您的呢?""感谢您的光临,××为您服务,祝您购物愉快",等等。

2. 30秒内要回复

实践证明,如果一个买家进来后在30秒内没有回复,买家就可能会走人,因为客户没有那么多的时间去等你。如果买家发了问题后30秒内不见回复,他可能会看店里面其他的宝贝,或者跳到别的店铺去。所以,一定要在最短的时间内回复买家,最好能把时间控制在30秒之内。

与买家沟通要热情

买家就是上帝,对于店主来说,买家就是上帝,要想让上帝高兴,就要用热情去打动他们。如果在与买家沟通的过程中不能满腔热情地为买家服务,则很可能因为服务态度不好而让买家给予中差评。不管是在交易前,还是在交易后,店主都应该拿出热情的态度,只有这样才能赢得买家的信赖,促成成交。

1. 沟通过程中多使用能够表达热情的词语

与买家进行沟通,网上很难用语音、动作、微笑来表达自己的热情。这就需要卖家在与买家沟通的时候多使用能够表达热情的词语,比如,"亲""好滴哦""您太有眼光了""哟""么么哒",等等。买家可以通过这些词语感

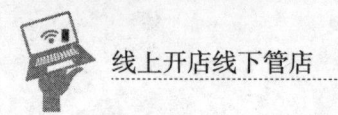

受到你的热情,这种热情能给买家带来好感,并让他们给店铺好评。

2.多用交流表情

买家购买之前,店主对买家热情,购买之后,还要保持原有的热情。而要保持这种热情,就要有热情的表达方式,可以在你的网店交流工具中设置最美的表情,多用微笑、握手、憨笑、大笑、干杯、飞吻、拥抱等表情来表达自己的热情。这样做的好处是能给买家带来亲切的感觉,能让买家感受到你的热情,从而赢来订单和好评。

不好回答的问题婉转表达

每个人都有好奇心,在买东西的时候肯定希望了解得全面一点才会下决心购买。买家的问题有时会很细致的,有时是很难回答的,这就会导致店主回答时不能给予买家确定的答案。面对不确定的答案,要善于婉转表达,采取婉转表达的方式,既圆满解决了买家的疑问,又让买家心里感到舒服,从而让沟通顺利地进行。

在与买家沟通的过程中,会有不同的语境,要想让婉转表达达到良好的效果,关键是要做到根据语境选择语言文字。而选择语言文字的原则是用一种不明说的、能使人感到愉快的含糊说法,代替具有令人不悦的、含义不够尊重的表达方法。

面对买家很多难以回答的问题,要做到婉转表达,就要在态度上做到平缓尊重,切忌直言不讳,但太急功近利是不行的。这样就能避免买家的自尊受到伤害,同时还能让买家心情愉快,心甘情愿接受你的建议。

耐心回答买家每一个问题

在与买家沟通的时候,要做到耐心回答买家的每一个问题。唯有有足够的耐心,才能让买家感受到你的真诚,这种真诚可以促使买家下订单,并给你好评。

所以，不管是在交易发生之前，还是在交易发生之后，当买家提出问题的时候，一定要做到耐心回答。要想为店铺赢得100%的好评，就要做到在回答买家问题的时候要耐心。

1. 交易之前耐心回答买家问题

有的买家特别能聊，不仅问和宝贝有关的问题，还可能问一些无关的问题。对于这种买家一定要有耐心，要能够耐心解答他提出的每一个问题。如果你表现得很不耐烦，很可能就错失一单，或者给店铺带来差评。

2. 交易之后耐心回答买家问题

有些买家在交易完成之后，也会询问买家和宝贝有关的问题，比如宝贝的使用情况等问题，回答买家的任何问题，都要表现出自己的耐心，要用良好的心态和百分百的耐性对待每一位前来咨询的买家，真正做到让买家没有疑问，这样才能给买家带来好评。

了解并满足买家的需求

现在是一个快节奏、高效率的时代，时间很宝贵。商家在为买家服务的时候，首先要考虑如何节省买家的时间，为买家提供便利快捷的服务。设身处地为买家着想，以买家的观点来看待商品的陈列、商品采购、商品种类、各项服务、信息回馈等。让买家感到方便满意，为买家考虑周详。

尽量满足买家的需求，但不是一味地满足买家。对于提出无理要求的买家可以不予理睬，但是过程中不要恶语伤人。和气生财，做生意讲的就是和气，即使别人提出的要求不合理，也不要和买家争辩。

要赢得买家满意，不仅是被动式解决买家的问题，更要对买家的需要、期望和态度有充分的了解，把对买家的关怀纳入到自己的工作和生活中，发挥主动性，提供量身定做的服务，真正满足买家的受尊重感和自我价值感，不只要让买家满意，还要让买家超乎预期地满意。

网店经营中，卖家与买家不是直接面对面交流，所以与买家打交道时，对于买家的问题及要求，卖家应积极努力去解决，尽力满足满足买家的需求。不

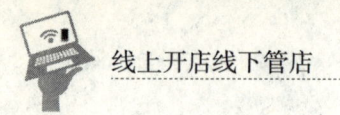

要拖拖拉拉，市场上不可能只有你才有这个产品，也不是你的产品价格最低，所以，不要让客人等待，要取得他们的信任。

在线沟通要善始善终

有些卖家觉得买家把商品拍了，把款付了，自己发了货就完事了。殊不知，发货前一定要与买家沟通，在买家确认付款以后，经相互评价后再给买家发一两句简单的话或是一两个愉快的表情，虽然花了一些时间，可全程周到的服务一定会让买家对你有较深的印象，也许下次有需要时还会光顾你的店铺。

有些卖家在买家付款后就忙别的去了，对买家再也不闻不问，这种方式不可取。物品成交后，卖家应主动和买家联系，避免成交的买家由于没有及时联系而流失掉。你可以发送自己制作的成交邮件模版或者旺旺信息，可以包括银行账号、应付金额、汇款方式等。

也许，你的旺旺总是在线，但是你可能不知道当一个买家向在线的你发送交易信息得不到回复的时候会很不高兴。因为买家不总是在线的，他们没有足够多的时间等待你的回答。所以当离开计算机的时候，要么下线、要么使用自动回复。如果真的有事情，难以经常上网查看，也应该留下别的联系方式以及相关说明，以免让买家感到受到冷落。

如何与不了解型买家沟通

网上购物的买家如同我们现实中遇到的一样，都是形形色色的。对于不同的买家，网上开店卖家不可能用千篇一律的方法，有什么样的买家就得用什么样的方法来和他沟通，这样才能促进沟通效果，达到沟通目的，实现交易。

大多数买家属于不了解型买家这一类型。这种类型的买家对产品缺乏真正的了解，也可以说根本就不懂。一般这种类型的买家疑问很多，而且依赖性强。

对于这一类买家，应该耐心地去解答他们提出的问题，掌握商品的大部分信息，可以全程辅导买家，让他知道产品的优越性在哪里，也能了解产品。让他做到心里有数，建立更好的沟通途径，加大成交的几率。

如何与一知半解型买家沟通

这样的买家是最难伺候的，他们往往比较主观，认为自己已经对产品很清楚了，包括进价、原料、货源等。这种类型的买家往往会在你面前显弄自己是内行，表现出你是骗不了我的，你在我面前说话就得老实一点，不要来欺骗我，忽悠我等状态。

对于这种买家，卖家首先得控制自己的情绪，不要与他争辩，让他自己说自己的。你只要在一边有理有节地把产品的详细情况解释给他听，并耐心听他讲，然后耐心地解答他所提到的问题，也不要说得太重让他难堪，这样他会认为你是他的知音，交流起来就更容易，成交的希望也就更大。

如何与专家型买家沟通

这种类型的买家知识面很广，对产品相当熟悉，了如指掌。一般这种类型的买家，自主性很强，对自己要买的东西心里有数。

对于这种类型的买家，我们在和他沟通、交流的时候，对自己的产品介绍要一语中的，不要夸大，讲点实际的东西更重要。要点到为止，全程介绍关于产品一些容易出现的问题，产品的款式等一些基本的问题，这样他会容易和你沟通的，而且觉得你这人实在，以提高成交的机会。

如何与挑剔型买家沟通

开网店难免遇到一些特别挑剔的买家。这类买家总是会抱怨款式不好，或者颜色不对，或者物流太慢，总之，没有不抱怨的地方。他们还会反复问产品有没有瑕疵，有问题怎么办，怎么找你们，等等。想从这类买家身上赢得好评，并不是一件简单的事情。要想最大限度地保证从这些人身上获得好评，就要在成交之前先沟通。

在面对挑剔的买家的时候，要耐心回答问题，并告诉对方产品缺陷所在，并且告诉买家如果坚持十全十美可以去实体店购买。这种把所有问题都考虑在内的沟通方式，能够最大限度促成他们下订单，降低他们给中差评的概率。

1. 真诚有耐心

挑剔型买家是非常挑剔的，在沟通的时候他们会问很多问题，并且一个问题会反复问。对这类买家要付出更多的真诚、耐性与细心。当买家开始询问产品的相关信息时，一定要好好把握住这个机会。为其解决一切疑问，让其对自己以及店铺产生好感。

2. 过分热情不可取

面对挑剔型买家不可热情过度，因为他们本身对店铺存在警惕性，一旦热情过度就会让他们产生厌烦心理，好评就很难得到了。所以，在与这类买家沟通的时候，要拿出自己的热情，但是不要让自己的热情给买家带来购买压力，要给他们更多的自己选择的机会。

如何与吝啬型买家沟通

网络的世界是很大的，网上的买家也是各种各样的，有这么一类买家，他们喜欢讲价，尽一切努力为自己争取最大的实惠，这类就是我们经常说的吝啬型买家。这类买家是很难应对的，让他们拍单就不容易，想让他们给予好评则更是困难。主要是因为这类买家的要求一旦达不到，就很容易带来差评。在与这类卖家沟通的过程中，要时刻把握着自己的原则，对不合理的要求予以拒绝，对合理的要求给予满足。如此做，能够赢得买家下订单、给好评的概率是非常大的。

1. 满足合理要求，拒绝不合理要求

吝啬型买家最喜欢做的是讨价还价，这类买家讨价还价有时会一两元地进

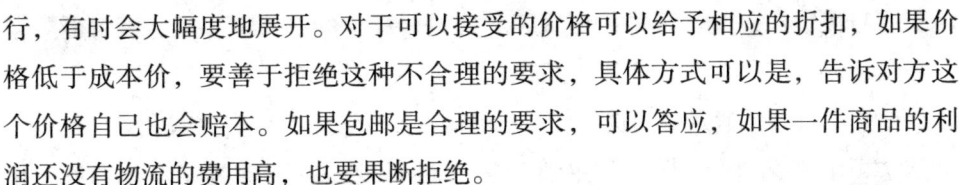

行，有时会大幅度地展开。对于可以接受的价格可以给予相应的折扣，如果价格低于成本价，要善于拒绝这种不合理的要求，具体方式可以是，告诉对方这个价格自己也会赔本。如果包邮是合理的要求，可以答应，如果一件商品的利润还没有物流的费用高，也要果断拒绝。

2.告诉买家自己已尽力

要在吝啬型买家身上获得好评，除了要满足他们的合理要求外，还要在拒绝他们不合理的要求时，告诉他们自己已经尽了力，并请求他们谅解，如此就能最大限度获得买家的好感，从而为赢得好评准备条件。

留住每一个买家

网店要想成功从买家的身上获得利润，就要掌握一定的留住买家的沟通艺术，以贴心到位的沟通来留住买家。

要想通过沟通留住买家，首先要做的是做好开场白。

在与买家沟通的时候，可以从对方的资料里和头像上，发现一点和买家相关的信息，比如说对方是哪里人，在开场白方面就可以从这方面入手，赞美对方的所在地。人都有浓厚的家乡情结，都会为家乡出色的风景、小吃等感到自豪。客服人员可以以这个为切入点，赞美买家的家乡，激起他们的自豪感，从而让成交可以更好地实现；如果买家的头像是一个孩子，就可以夸夸孩子长得多么可爱；如果买家是美女，就可以夸她长得和某位明星很像，夸她的皮肤很好，问她是如何保养的之类的话；等等。诸如此类的开场白能够吸引买家，甚至是促进买家下单。

其次，还要主动介绍商品。

有时候买家会告诉卖家对什么宝贝感兴趣，一位负责的卖家应该熟悉自己的每件宝贝，对买家提出的问题有问必答。最好还能主动解答一些买家比较关心的常见问题。了解买家的需求以后，卖家不妨介绍一些相关产品。比如买家在购买一款美白的产品后，还可以给买家介绍一款保湿的产品。

再次，要激发买家下单的欲望。

在与买家沟通的过程中，要善于利用机会压迫的方式。卖家可以告诉买家"数量有限"，因为数量有限，所以消费者心里就会有怕错失机会的感觉。为了抓住这个机会，消费者会选择成交；利用"二选一"的成交方式，"二选一"成交法可以使卖家一直掌握着主动权，使买家回避"要不要购买"的问题，让买家没有拒绝的机会，只是让买家在局限的范围内进行选择，最后促成交易；利用从众说服法，卖家要善于抓住消费者的从众心理，来说服买家拍单。而这一技巧的典型做法之一是告诉买家这款商品全国销量领先，"全国销量领先"是一记重磅炸弹，能击溃买家的抵御心理，成功让买家拍单。

另外，卖家还要提高客服的亲和力。

比如买家去淘宝，大部分的客服都会这样问："亲，有什么可以帮您的？"如果换成为："亲，上次买的东西满意吗，有什么需要帮助您的？"这种感觉就不一样了，让买家觉得在你这里受到了重视，下次还会再光临的。亲和力对于买家来说，具有很大的杀伤力，能够让他们感到温馨，并以此来激发他们下单的欲望。要想达到亲切的效果，就要在与买家沟通的时候多运用"亲""美女"等之类的代表亲切性的词语。

同时，在整个沟通过程中，卖家应和潜在买家互为信任并坦诚相待。当买家知道卖家随时等着给他们服务，就没理由不信任卖家而拒绝接受这种服务。另外，在交易完成后，应该尽可能多地与买家联系。在交易过程中，尽量获得买家的联系方式，如手机号码或者QQ号，获得联系方式后可以有规律地与其短信联系，以拉近彼此之间的距离。

流程12　打包包装——欲要卖得好，还要包装好

细心的店主可能注意过，自己到大商场或大超市去买东西的时候，每个商家都有自己固定的包装，包装上印着自家的商店名称、地址、电话等。商家之所以这样做，第一，是为买家提供方便；第二，在买家使用包装袋的同时，可以为商家做免费宣传；第三，正规的包装也可以让买家觉得这家商店很正规，很有实力。

网上开店也是如此，正规的包装不但可以让买家觉得店铺经营很正规，还可以在买家心中提升店铺的品质。最重要的是，在邮寄的过程中，如果碰到小人想要偷梁换柱，正规的包装被破坏之后，很容易被发现，不容易在消费者那里蒙混过关。

好包装是网店流动的广告

用心的网店店主会在自己的商品包装盒设计上下足工夫，盒子的外面以防伪图案的形式印上自己店铺的名称，然后用印有自己店铺名称的胶带封住纸箱。

在纸箱内，用印有自己店铺名称的塑料袋装好商品，用店铺防伪胶布封住袋口。这样，当消费者收到商品后，如果发现封口有被打开，并且有重新封装的痕迹，就可以拒绝接收。这样就可以让消费者和商家的利益都能得到很好的保护。

如果商品包装盒或者包装袋设计得非常结实而且精美，消费者就会舍不得立刻丢弃，而是用它们去装别的东西。无意之中，这些包装袋或包装盒就会成为流动广告牌。

包装如果做好了，商品卖到了哪里，哪里就会有人免费为你做流动广告，

有这样的好机会，错过了实在太可惜。

除此之外，店主还可大量印制精美的店铺名片，卡片的一面印上自己的广告，另一面印上一些日历之类的对消费者有用的内容（这样消费者就会长期保存这张卡片），并且卡片上要印上自己的店铺地址、联系方式和买家服务电话、QQ、MSN等。这样可以让消费者在需要你服务的时候，第一时间找到你。

商品的包装不只是为了保护商品的安全，精美的商品包装还是商品的服装、店铺的宣传画。包装做得好、设计得精美，就可以用很低的成本为店铺做意想不到的宣传；做得不好，就可能在细微之处失去很多宝贵的机会。

自己动手，自做纸箱

店主都希望自己的商品能够完完整整地送到买家的手里，要想达到这个目的，一个牢固的纸箱是必不可少的。

纸箱一般可以分成瓦楞纸箱和无瓦楞纸箱，通常邮局里和网店里卖的都是瓦楞纸箱。瓦楞纸箱又分为三层、五层、七层甚至更多层，纸类分为K纸、A纸、B纸、C纸。通常，无瓦楞纸箱不如瓦楞纸箱结实。

如果店主图省事，从邮局购买"天价"纸箱，就会令商品的成本大大增加。现在网店的利润很薄，如果再给商品加上这么昂贵的纸箱包装，店主的竞争力就会降低。

要想把包装的成本降下来，店主可以想尽各种方法亲手制作美观、结实的纸箱。如果店主经营的是尺寸很小、怕挤压的装饰品，大可不必去邮局或网站购买那些结实又昂贵的大箱子，因为那样不成比例的包装，不但会显得滑稽可笑，而且非常浪费，"革命尚未成功，投资能省就省"。

其实，邮寄这种小件商品，店主可以自制结实、美观的小包装箱，它的成本可能只要还不到一角钱。具体方法如下：

找一个大的瓦楞纸箱，可以是装牛奶或饮料的，也可以是装打印纸的，或者是装饼干的（千万不能有油哦）。总之，只要材料很结实就可以了。

把找到的大纸箱按照装合的痕迹仔细拆开，然后根据自己商品尺寸的需要，在大纸箱上合理规划小纸箱。也就是说，把大纸箱按照自己的需要，改成尽可能多的小纸箱。

规划好之后，就要开始裁剪了，裁剪的时候一定要小心，要尽可能地裁剪整齐。然后把裁剪好的纸卡翻过来，花面朝里，里面朝外。这样可以把纸箱外的广告折叠在里面，外面只露出白色，或是卡纸本身的颜色。

接下来，就用大的透明胶带粘住接缝，一定要粘结实。粘好接缝之后，如果还觉得不结实，就可以在纸箱周身绕上几圈透明胶带，这样就万无一失了。

纸箱尺寸不宜过大，尽量以合适装下商品又稍有空间为宜。因为邮寄怕挤压的商品时，要在箱子里面加入一些能够起到缓冲效果的填充物，如报纸或泡沫之类，把填充物塞满箱子，用力摇晃几下，直到听不见声音为止，这就表示商品已经被填充物挤得很牢靠了，这样的包装才能够有效保护商品的运输安全。

如果纸箱中装的是化妆水、精华液、乳霜等外包装容易拆开的液体产品，可以先检查一下商品的封口是否严密。如果可以的话，还可以用密封材质对瓶口进行再次包扎，以防液体漏出。最好用棉花、胶带等把瓶口再密封一次，防止液体泄漏。

如果店主经营的是图书之类的纸质商品，在邮寄的时候，最好把书的四个角以及书脊的两头都用硬纸小心地包一下，这样可以防止书的四角和书脊被磕坏，并且把整本书用结实的塑料袋套好，以防被水泡坏。

店主如果邮寄的是电脑、手机、鞋等原本就带结实包装的商品，就可以只使用原包装，不用再添加其他不必要的东西。因为这些商品自带的包装都是非常结实的，都能达到抗震、防水等较高的要求，但是这类商品要防止被调包。

在邮寄服装之类物品的时候，对包装的要求就不太相同。服装本身抗压性很好，所以只要做好防水、防油和防调包基本上就算可以了。在邮寄服装的时候，店主用不用纸箱倒不是那么重要，最重要的是为服装套上结实又不透明的塑料袋，并且尽可能做好防褶皱工作，如叠平衣服、适当增加衬纸等。

有的卖家偷懒，总是习惯使用未经改造过的废旧纸箱，如邮寄礼物的时候，使用未经改造过的鞋盒；邮寄服装的时候，使用未经改造的牛奶箱；甚至邮寄床上用品的时候，使用沾满油渍的食品箱等，这些都是不好的习惯。俗话说："货卖一张皮。"也许你的商品质量和做工都非常好，可是，买家收到带有这样包装的商品时，心情可想而知。所以，动动手吧，只要经过你的巧手改造，这些自制纸箱就可以立刻带给买家一种全新的感受。

说了那么多，其实自制纸箱很简单，只要店主以结实、美观为原则，选择合适的材料稍稍进行加工、改造就可以了。不过，如果自制的纸箱不结实，就可能会通不过邮局的检查，从而不得不使用邮局的高价纸箱；即使侥幸通过了，也可能会影响商品的安全送抵，最终会影响商家的信誉和服务。

购买和定制纸箱

如果卖家没有耐心去亲手制作纸箱，或者由于业务量太大等原因，没有时间亲手制作纸箱，还可以购买纸箱对商品进行邮寄包装。

购买纸箱也要选择购买途径，千万不要图省事，每次都到邮局去买那些"天价"的"官箱"。如果店主平时纸箱用量不大，就可以通过网上店铺购买，这里的纸箱价格通常是邮局的十分之一。

纸箱纸质主要分为四种：K纸、A纸、B纸、C纸（K纸为最好、C纸为最差）。通常网上卖的都是B纸纸箱，适合普通的包装，即纸质比较中等，价格也比较合理。但是包装物体比较重的话，就不是很适合，如重量大于40千克的物体。这时就应该考虑用A纸或K纸的箱子，当然价格也相对贵一点。大家在选购纸箱的时候要多留意一下。

如果店主的生意红火，纸箱需求量非常大，还可以选择在当地找生产厂家特别定制纸箱，这样不但价格便宜，而且为你的商品量身定做的纸箱，尺寸也会非常合适。店主还可以根据个人需要在纸箱上打上合适的宣传字样，如商品的商标或者店铺的名称，以及联系电话、QQ号码等，可以让买家感觉到你的店铺专业性很强。

不过在网店中购买纸箱虽然便宜，但是邮资却很高，整体算下来，还是省不了太多钱，这里推荐几种更省钱的好办法。

1. 购买同城可以自取的纸箱

店主们做的是小本生意，利润不高，如果每个包装盒再多花几元，就让人觉得太郁闷了。其实，店主们可以搜索同城纸箱店，然后采取自取的方式，就可以省下一大笔钱。

2.同城店铺团购纸箱

如果店主每个月所用的纸箱数量比较少，还可以采用同城团购的方式进行纸箱采购。这样，由于购买纸箱的数量巨大，商家可以将价格降到最低。

改造纸袋，邮寄首饰

一般首饰都装在厂家自带的小首饰盒里，所以在邮寄这些首饰时，没有必要再去购买尺寸比首饰大好几倍的纸箱，可以使用改造过的纸袋。改造方法如下：

首先，将纸袋沿粘贴痕迹拆开，然后比照产品尺寸进行裁剪，注意裁剪的尺寸一定要比商品的实际尺寸略大。

接着，就按照做纸箱的方法裁剪纸袋。裁剪好之后，先不要着急把几个接缝粘上，用双面胶在即将做成的盒子内侧衬上一层硬纸，然后把盒子粘起来。

最后，把带有首饰盒的首饰装进这个小盒子里，周围塞满泡沫或者报纸，直到摇动盒子的时候听不到响声为止，再在纸袋改造成的盒子外面用透明胶带牢牢捆绑，就可以完工了。

这样的盒子有以下优点：第一，尺寸非常合适，而且看起来比较专业；第二，价格低廉，做工简单；第三，抗摔能力比较强。

改造纸袋，邮寄书本

有的店主看到这个小标题可能会很奇怪，认为邮寄书本、文件时，只要把东西直接装到袋子中不就可以了吗？没错，在邮寄薄的文件时，的确是这样。可是，如果要把厚厚一沓文件或一本页数很多的厚书装进纸袋，就会感觉东西怎么也放不平，皱皱巴巴的，这时就可以用下面的方法了：

首先，准备好一个快递的免费信封；然后，比照信封的高度剪出两条硬纸板（从普通的纸箱上剪下两条就可以了），接着再剪一条与纸袋同宽的硬纸条。

这里要注意的是，硬纸条的宽度要与文件或书本的厚度相近，不宜太窄也不宜太宽。然后，用透明胶带将三条硬纸板粘连起来，放入纸袋，并在纸袋上折出痕迹。

接下来，将硬纸板掏出，将纸袋按照刚才折出的痕迹进行裁剪，剪除多余的边角，然后用透明胶带将袋子恢复完整。这时，就可以在硬纸卡的一面粘上双面胶，并将其放入纸袋，用手指轻轻按压，使其牢牢与纸袋黏合。

这样，一个改造好的纸袋就诞生了。现在就可以将厚厚的书或文件等小件商品平平整整地装入袋中了，只要封好口，就可以放心地交给快递公司了。

改造纸袋，邮寄服装

邮寄小件服装，应该如何包装？这个问题一直困扰着很多经营服装的店主，其实只要把邮政快递的纸袋稍加改造就可以了。

有的店主可能认为，把服装直接装在快递的纸袋中或者自己缝制的布袋中不就可以了吗，还改造什么？事实上，服装都是害怕挤压和液体侵袭的。如果包装服装时不加以注意，好好的衣服，就会在邮寄过程中由于过度挤压而变形，甚至还可能粘上不明液体，让买家对你的印象大打折扣。

其实解决这个问题很容易，只需要两样东西：一样是硬纸板，另一样是保鲜膜或塑料袋。

首先，取出一个快递用的免费纸袋，然后比照纸袋用硬纸裁剪两个比纸袋略小的硬纸板，接着用保鲜膜分别包住这两块纸板。

最后，用胶带将这两块硬纸板分别固定在纸袋的两个内壁上。这样，改造纸袋的工作就大功告成了。

卖家只要将服装小心、平整地装进这个镶了两块防水硬板的纸袋中，并稍加固定，就如同给服装穿了一件防弹衣。不论快递公司在旅途中如何"虐待"你的商品，你都可以高枕无忧了。

改造纸袋，邮寄软体玩具

很多店主在邮寄小件软体玩具时，也喜欢使用纸箱，其实这样做是很浪费的，会大大提高邮寄成本。

店主们其实只要稍稍开动脑筋，根据自己的商品尺寸和特点巧妙改造一下免费纸袋，包装成本就会大大下降。

在邮寄小件软体玩具时，只需按照袋子的大小，剪出一块硬纸板衬入纸袋中即可，这就可以在很大程度上提高纸袋的抗褶皱能力，有效地保护电动软体玩具中的线路完好，然后把用塑料袋严严实实包装好的玩具装进纸袋就可以了。

这样改造的好处是：既可以增加纸袋的硬度，又可以防水，还可以降低邮寄包装成本，而且改造方法简便易做。

改造纸袋，邮寄光盘

光盘是很娇贵的易碎商品，在邮寄过程中，既要避免被压碎，又要避免被划伤，所以对它的包装是不能马虎的。

卖家首先需要准备一些硬泡沫板和用塑料袋或保鲜膜包好的瓦楞纸板。硬泡沫板不宜太厚，否则将无法装入纸袋，但是也不能太薄，否则起不到保护作用。最好的泡沫厚度应该是在保证能装进纸袋的前提之下，越厚越好。

然后，将泡沫裁成比光盘大一些的尺寸，并且在泡沫中央挖一个刚好能装进光盘的凹槽，将光盘镶嵌进去，并固定好；然后，在上面盖上一层包好塑料的瓦楞纸板，并且将瓦楞纸固定好。

这样，光盘放在这个既柔软平滑又坚硬挺括的"家"里，非常安全。接下来将它们整个装进纸袋中，就可以放心了。这个特殊的包装，不但可以保证光盘不被折断、划伤，还可以防水、防震。总之，在运输过程中的一般性灾难都是可以成功规避的。

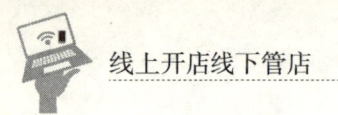

打包辅料——透明胶带

在邮寄不同的商品时,常常需要不同的打包辅料。这些辅料如果到邮局去买,价格会很昂贵,但如果在日常生活中注意积累,其实成本是很低的,甚至可以忽略不计。

在打包中,透明胶带是必不可少的东西。

其实透明胶带价格非常低廉,如果去批发市场或者在网店购买,最多也就四五元钱,甚至还会更便宜。可是如果到了邮局里它就摇身一变成了"一尺千金"的贵族,封个箱口大约也就一尺多长,就会收你一元钱(不过也有些地方的胶带是免费的)。

有些店主就在家提前封好,可是到了邮局,因为营业员对包裹里的东西要进行安全检查,所以店主不得不拆开,等检查完之后,再重新封上。这些对于那些胶带不收费的地方倒是无所谓了,不过,在胶带收费的地方,就意味着店主还要为此多付出一元钱。

对此,店主们可以采取的办法就是:随身携带透明胶带。在营业员要为你粘贴的时候迅速说:"我自己有"。

如果他说封口的地方必须使用印有邮政的专用胶带,那你就可以在邮政局花上5元钱,买上一整圈胶带,以后在为包裹封口的时候,使用自己的专用胶带,这样也可以便宜不少。

易碎商品打包必备——硬泡沫

店主在邮寄易碎物品时,需要在箱子中填充一些减震的填充物,如硬泡沫、报纸、稻草等。

可千万不要小瞧这些东西,它们在为易碎物品保驾护航中的作用是很大的。例如在邮寄玻璃饰品时,如果直接将这些饰品装进纸箱,然后邮寄,最后安全到达买家手中的概率几乎为零。因为不论是快递还是平邮,装卸工人几乎对所有包裹都是采用"扔、踏、拍、挤"等野蛮装卸手段。

因此，卖家在邮寄商品之前，一定要为自己的商品做好特别细致的包装，这时，填充物就是必不可少的。而且如果你的防震措施做得不好，邮局也不会答应，他会强行要求你购买他的硬泡沫板，否则会拒绝为包装不安全的商品进行邮寄。不过邮局的填充物会很贵，如果恰好你的箱子中空地方很多的话，那你购买填充物的钱很可能会超过你商品的价格。

如果你不幸遇到这种情况，就不如从邮局出来到报刊亭花五角钱买一份广告多多的报纸用。当然这两种方法都不在推荐之列，偶尔应急还可以，毕竟太不实惠了。

真正实惠的办法应该是平时多积累。自己平时如果购买了带有硬泡沫的商品，不要将其中的填充物扔掉，要留作必要时用。如果自己的积累无法赶上日新月异的销量，店家可以到电器城或电脑城去找找看，那里肯定有大量你要的硬泡沫，价格自然便宜。

如果你在这些地方都找不到这种硬泡沫，就直接去建材城吧，那里有各种各样的泡沫板，软硬随你挑，并且这些东西还可以很容易就被裁剪整齐，最重要的是价钱很便宜。

不过，有的店主可能比较喜欢使用废报纸，认为废报纸既便宜又好找，可是你有没有想过，这些报纸是很沉的，你可能要为它们付出不少邮资呢。而且报纸用少了，减震作用肯定不如硬泡沫好，用多了是会超重的。

表面带有气泡的塑料膜有很不错的减震效果，如果店主要邮寄的是易碎的玻璃瓶装商品，如香水、化妆品等，这种气泡膜就是必不可少的。店主可以用这种减震效果极好的气泡膜牢牢裹住怕碎的商品，然后捆绑结实，再往包裹里放入一些其他填充物，商品就可以被安全送达了。

还有一种防震防碎物品是网状泡沫套。这里所说的网状泡沫套，就是指包水果用的那种网状泡沫。店主如果注意积累，必要的时候把这种泡沫网与其他减震填充物结合使用，效果一定很不错；而且成本很低，简直就是废物利用。

除了上述填充物之外，店主还可以使用海绵来减震，从而有效保护邮寄的商品。

 线上开店线下管店

易碎品打包小窍门

店主在为商品打包的时候,一定要采取"里应外合"的方法,不要将全部希望都寄托于外在包装,因为那样的话会很不保险。

店主应该首先对商品进行全方位包装,尤其是易碎品,要包装到扔在地上也不会摔坏的程度,这样才能让商品有效地躲避搬运工的野蛮装运,从而安全抵达消费者手中。

下面以最容易破碎的鸡蛋为例,介绍一下包装要领,希望能有所帮助。

首先,拿出一个鸡蛋,用气泡膜反复紧紧缠绕,直到缠得看不到也看不出包裹的是鸡蛋为止;然后,用黄色的胶带或者透明胶带再次反复缠绕,缠到看不见气泡膜为止。

接下来,在邮寄纸箱中铺上一层厚厚的硬泡沫或海绵等;再将鸡蛋放在泡沫中间,用手按住鸡蛋,在鸡蛋四周添加填充物,在最上面再盖上一层填充物;然后,将箱口盖好(但不要封上)。用力摇动箱体,如果听不到任何声音,说明鸡蛋很安全;反之,如果能听到里面有晃动的声音,说明填充得还不是很结实,还要继续填充,直到听不见动静为止。

一般的易碎品,如果使用上面的方法进行包装,即便邮寄得再远,也不会出现什么问题。但是,如果图省事,或者舍不得用那么多包裹物,万一商品碎了,估计损失的肯定比这些包裹物要贵重得多了,况且给消费者造成的影响也不好。

怕压、怕挤物品打包小窍门

如果要对不怕碎但是怕压、怕挤的商品进行包装,如草编饰品、高级服装等,包装方法就截然不同了。下面就以打包草编包为例,让大家看一下怕挤压的商品应该如何打包。

首先,在草编包里面放上平整的填充物,如折叠平整的报纸或者平整并且数量适中的泡沫等,注意不要把不平的东西填充进去,否则受到挤压,草编包会由于受力不均而损坏。

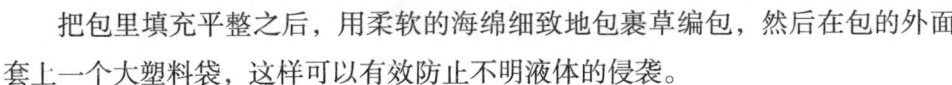

把包里填充平整之后,用柔软的海绵细致地包裹草编包,然后在包的外面套上一个大塑料袋,这样可以有效防止不明液体的侵袭。

然后,在塑料袋和海绵之间再衬入一张或两张硬纸板,这时,就可以封上塑料袋了。注意,塑料袋一定要封得松紧适宜,如果太松,包就会到处滑动;如果太紧,商品可能会损坏。

做完这些之后,就可以将草编包放进结实的纸箱里了。纸箱最好选择那种扁平式的,并且在纸箱里放些硬泡沫等。然后,就可以封箱子了。

经过这种"里应外合"的处理之后,再脆弱的草编包应该都不会有什么问题了。

如果要邮寄的是怕出褶的服装,又不愿意使用昂贵的硬纸盒,可以采用一个小窍门,具体方法如下:

将怕出褶子的服装细致地叠好,并且用大头针将叠好的服装固定在硬纸板上,就像我们通常买回来的盒装衬衣一样。固定好之后,将它装进一个厚厚的塑料袋中,然后用两块硬纸板夹住装在塑料袋中的服装,并用胶带将服装与这两块纸板牢牢固定住,最后装进自制的布袋中即可。

用这种方法邮寄服装不但能保持服装的平整,还能防止衣服被液体浸泡,而且成本也很低,内衬硬纸和塑料袋大约只要几分钱。

线上开店线下管店

流程13　物流发货——好网店离不开好物流

对于网店的店主来说,邮寄商品是很重要的一个环节。有很多店主都说:"成也物流,败也物流"。此话虽有一些片面,但还是有一定道理的。

只要在线上做网店生意,就离不开寄送商品。选择物流发货要把握一点,就是做到既能快速发货,又能节省费用。虽说每次花费不多,但是聚沙成塔的力量一定不要小觑。"动动脑子,省省银子",每次省一点,日复一日,年复一年,时间久了,就能省出一笔不小的财富。

如何做送货上门业务

如果店主能为买家提供送货上门的服务,就可以充分显示店主的服务是多么到位。一般来说,能为买家提供送货上门服务的卖家更能吸引买家订单。要知道,从网上订货的买家并不只是看中商品的物美价廉,他们还为了图方便。

买家与店主如果在同一城市,店主就可以亲自去送货,这样不但可以省下快递费用,而且保证商品的绝对安全,还可以顺便认识一下买家,亲自做一下沟通,甚至可以多交一个朋友。

不过凡事有利就有弊。店主亲自送货上门,如果遇到好说话又热情的买家,自然皆大欢喜;可是如果遇到爱挑剔而且素质差一些的买家,可能会借此机会,当着店主的面挑剔商品,甚至让你白跑一趟,交易不成;甚至还有些店主在为买家送货时遭遇不测,财物被抢或者人身受到侵害的情况时有发生,所以店主们要高度注意。

送货上门对于女店主们来说，还要注意保障人身安全，因为毕竟是形单影只地进入别人家中。

店主凡凡就差点误入狼穴。有一次，一个买家在网上下了订单，并对凡凡说自己白天不在，要在晚上9点至10点半之间送货，而且这名买家说自己是个女孩子，为了确保安全，必须要女的去送货。

凡凡是个很能为对方着想的店主，就答应下来。晚上，她按照送货地址将商品送到买家门口，谁知刚敲开门，就被一个男的拽进屋中。幸好遇上了查暂住证的民警，凡凡才得以脱身，否则后果不堪设想。

从那以后，凡凡就不再为买家提供送货上门服务，而是将这件工作交给了快递公司去做，货款直接在网上支付。这样做虽然可能失去一些喜欢送货上门、当面支付的买家，但是几张订单和保证自己人身安全相比，还是后者更重要。

如何选择邮政业务发货

几乎每个卖家都有使用邮局平邮的发货经历，可是有的卖家认为邮局平邮价格一点也不低，甚至比快递花的钱还多；有的卖家就认为邮局平邮真的是非常便宜，而且商品的安全指数也比较高。

事实上，在邮局进行平邮有很多小窍门，如果你掌握了，就可以省下不少钱；如果没有学会，可能真的会比特快专递还贵。

去邮局进行平邮商品，必须要自带一些东西，如包装袋或包装箱、打折邮票、包裹单、填充物（如果需要的话）、封口胶袋（如果邮局收费的话）等。

要知道，在网上购买上面这些东西，价格是相当便宜的，可是到了邮局，这些东西就被标上了高价。网上一个箱子也就几毛钱，可是邮局要几块钱，价格相差10倍；填充物在网上或建材城都是非常便宜的，平均每件也就不到1角钱成本，可是到了邮局，动辄一两元，虽说不多，但对于利润不高的店主来说，还是应该把钱用在刀刃上；包裹单在网上一般卖0.25元左右，比邮局便宜一半；至于邮票，在网上可以买到4~7折不等的打折邮票，比邮局便宜多少，就不用再说了吧。

拿着这些东西去邮局，一般情况下就不必再花钱了。只要填好自带的包裹单，贴在箱子上，等邮局的工作人员检查完毕后，自己将箱口封上，等他称好重量，打出单子之后，按照邮资贴上邮票就可以了。

如果邮寄的商品非常昂贵，还可以选择保价，不过这可不是免费的午餐，店主要为此付出代价，所以在邮寄一般商品的时候，没有必要选择保价。

用平邮邮递商品，到达时间一般会在 15 天以上，特别偏僻的地区可能时间还会更长些，所以食品或紧急物品最好不要使用平邮。不过平邮也有很多优点，如覆盖面大，几乎没有送不到的地方，而且价格相对便宜很多，还可以使用打折邮票。

如果要邮寄图书，还可以按照印刷品来邮寄，印刷品的邮资比包裹便宜不少，而且可以使用打折邮票。

还有一种带有邮资的挂号信封，可用来邮寄重量不大的小件东西，如内衣、贺卡、小件首饰等。这种带邮资的挂号信封在网上卖得非常便宜，标价 6.4 元的信封，打折后只卖 1.4 元，真是非常实惠。

不过如果邮寄的东西太重，增加的价钱不会比包裹低。店主可以查阅目前国内邮寄资费标准，选择合适的价格邮寄商品。

表 13.1　国内邮政包裹资费表（2015 年 12 月 1 日调整后）

编号	业务种类	计费单位	资费标准（单位：元）	
			本埠（县）资费	外埠资费
1	信函	首重 100 克内，每重 20 克（不足 20 克按 20 克计算）	0.80	1.20
		续重 101~2000 克，每重 100 克（不足 100 克按 100 克计算）	1.20	2.00
2	明信片	每件	0.80	
3	印刷品	首重 100 克（不足 100 克按 100 克计算）	0.40	0.70
		续重 101~5000 克，每重 100 克（不足 100 克按 100 克计算）	0.20	0.40
4	邮简	每件	0.80	1.20
5	回音卡	每件	0.80	
6	挂号费	每件	3.00	

续表

			首重 1000 克	5000 克以内续重每 500 克	5001 克以上续重 500 克
7	回执	每件	3.00		
8	盲人读物	按水陆路平常邮件寄递	免费		
9	普通包裹	每 500 克为一个计费单位	按照寄递里程分区核定，具体标准详见现行《国内包裹资费表》		
		每件挂号费	3.00		
10	快递包裹（仅供参考。具体标准参见《国内快递包裹资例表》）	运距	首重 1000 克	5000 克以内续重每 500 克	5001 克以上续重 500 克
		500 千米及 500 千米以内	5.00	2.00	1.00
		500 千米以上至 1000 千米	6.00	2.50	1.30
		1000 千米以上至 1500 千米	7.00	3.00	1.60
		1500 千米以上至 2000 千米	8.00	3.50	1.90
		2000 千米以上至 2500 千米	9.00	4.00	2.20
		2500 千米以上至 3000 千米	10.00	4.50	2.50
		3000 千米以上至 4000 千米	12.00	5.50	3.10
		4000 千米以上至 5000 千米	14.00	6.50	3.70
		5000 千米以上至 6000 千米	16.00	7.50	4.30
		6000 千米以上	20.00	9.00	6.00
		每件挂号费	3.00		
11	保价费	每保一元（不足一元按一元计算）	0.01		
		每件最低保价费	1.00		
12	存局候领手续费	函件每件	1.00		
		包裹每件	3.00		
13	撤回邮件或更改收件人名址手续费	每件	3.00		
14	使用电报（传真）办理查询、撤回、更改收件人名址电报费	每件加收	2.00		

说明：本埠以市属区（不含市辖县和飞地）为范围，本县以县境为范围。

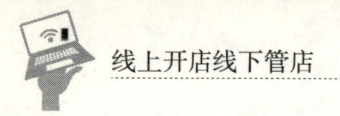
线上开店线下管店

如何选择快递业务发货

在网上做生意,商品递送速度可以成为竞争优势,尤其有些商品必须要进行快递,如食品、正当季的服装、花卉、动物等。

假如用平邮方式给买家邮递食品,15天之后,就算食品准时递送给买家,估计也已经过了保质期。如果是在炎热的夏天,买家打开包装后,看到的一定是已经腐败、变质的食品。

估计用这种方法邮寄食品的店主,肯定会遭到所有买家不满意的退货和坏评,生意肯定做不长。真可谓是"千里之堤,溃于蚁穴"。

为了避免上述情况的发生,这些特殊商品的店主要选择使用快递业务,这样就可以安全、及时地将商品递送到买家手里。

在选择快递公司的时候,也有很多小窍门。

1.选择经过注册的、规模较大的正规快递公司

现在由于快递业务利润丰厚,很多没有经过注册的公司也开始招揽业务。但是,如果将快递业务交给这些"游击队"去做,就可能在递送时间和商品安全上得不到保障,甚至在发生商品损坏或是丢失之后,无法获得赔偿。

相反,正规的快递公司就比较有保障了。不但收件、送件比较及时,而且在出现意外之后,也比较容易获得赔偿,因为这些大公司是很注重自己的信誉的。

对于如何判断快递公司的规模,最简单的办法就是看一下手中的递送单编号。一般来说,公司使用的快递单越多,说明每个月的递送业务量越大,像北京的"宅急送"每月的递送数量会高达几百万。

如果有时间,还可以亲自去考察一下快递公司的办公地点和仓库的正规程度。一般说来,快递公司的办公地点和仓库越大、越正规,公司就越有实力。而那些在临时房间中进行办公的快递公司,估计根本没有实力对价格稍高的商品进行赔付。

2.选择使用评价好的快递公司

现在寻找用户对一个公司的评价是很容易的,只要在相关网站上查询,就可以查找到大家对于各个快递公司的评价。

没有实践就没有发言权,只有那些跟快递公司"亲密接触"过的用户才有

发言权。如果只有个别人说某个快递公司差，可能只是偶然的，但如果很多人都说某个快递公司差的话，那肯定是有原因的，不是公司送达商品有问题，就是公司的收件员有问题，要不就是公司在解决问题的时候出现了问题。总之，不管哪里有问题，这种激起民愤的公司，最好不要和它打交道。

3.要注意观察收件人的着装和交通工具

俗话说，细节决定成败，店主要注意观察收件人的着装，如果快递公司的收件人员每次都能身着整洁、正规的服装，那么就可以从侧面反映出公司很正规；如果工作人员衣冠不整，估计这个公司管理也不会很严格。

注意观察收件人的交通工具，可以大概判断出该公司的送件速度。假如收件人骑的是自行车，估计该公司的快递速度会很慢，甚至会非常慢；如果骑的是摩托车，那么在堵车严重的城市，近途送递速度会很快；假如是汽车，就可以说明该公司实力比较雄厚、管理比较规范，而且用汽车载物，不容易使商品丢失或变形，尤其是在多雨的夏天，使用汽车送递邮件可以有效避免雨淋损坏。

4.结合快递公司的特点，按需选择

市场经济下，竞争激烈，那些信誉好、操作规范的快递公司必然收费高；有一些起步时间不是很长的公司，运作方面有些不正规，但是信誉还可以，全国的网点也比较多，价格相对来说比较便宜；有一些快递公司网点不够多、服务不够好，但价格极低；还有一些是价格奇高、服务奇好、送抵速度极快的快递公司。

店主可以根据自己运送的需要，把不同的商品交给不同的快递公司。例如，可以把贵重物品交给收费高、操作正规、送抵速度快的大公司；把特别着急的商品交给收费高但是递送速度特别快的公司（注意：不是越大、越正规的公司送抵速度越快）；如果是一般商品，也不是很着急，就可以选择价位最低的快递公司了。

总之，如果要递送的宝贝重量在500克左右，使用快递是比较划算的，甚至比平邮还要便宜。例如，从北京运送一个重量在500克以内的书包到上海，用快递只约需6元钱，还包括包装盒和包裹单；如果用平邮的话，加上包裹单费用和包装盒费用，价格反倒更高。

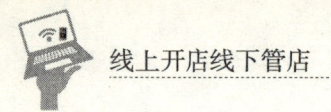 线上开店线下管店

如何选择货运业务发货

如果要发出的商品数量比较多、重量比较大,例如,有些店主在网店里经营的是大件商品,如家具、家电、健身器材、生产设备等;有些店主在网店里经营批发业务,每次发货量都很大;有些店主偶尔碰到大买家,需要大量邮递商品等,这些需要大量发货的店主,不可能使用平邮、快递等按照克数来称重的邮寄方式,只能选用专业物流公司的货运方式。根据运输工具的不同,货运方式可以分为汽车运输、铁路运输、飞机运输和船舶运输等方式。

大件商品使用上面提到的货运方式,要记住一点,托运物品中禁止夹带金银珠宝、文物字画与贵重物品、有价证券、货币凭证和危险货物。

个人托运的物品除按规定拴挂货签、涂写与货签相同的标记外,还需在有包装的货件内放入写有与货物运单记载一致的到站、收货人名称地址的字条。

货件上原有的与本批货物无关的旧货签旧标志,托运人必须将其拆除或抹消。危险零担货物还需使用危险货物包装标志。

买家如果离卖家不远,可以使用短途客车托运货物,但是这种客车一般会要求寄送方先付运费,没关系,反正早晚都要付费的。店主一定要注意及时通知收货方去接货,并且在货物上写好电话和姓名。最重要的是,一定要记住这辆车的车牌号,可能的话,最好向他们索要一张车票。

买家如果离卖家很远,就要用长途客车来托运货物了。用这种方法托运货物,一定要货到付款,也就是收货方付款,否则某些低素质的乘务人员会两头收费。而关于运费多少,运送之前一定要谈好,不然什么事情都有可能发生。

流程14 资金流转——划账转账轻松搞定

当买家确认下单购买店主的商品之后,店主就可以向买家发货了,至于是要发货前先付款还是货到付款,以及采取何种方式付款,要由店主与买家事先商量好。

目前网店钱款支付方式主要有:支付宝、银行转账、邮政汇款、微信支付和货到付款等。需要提醒的是,店主在选择一种支付方式时,一定要注意其安全可靠性,确保买家支付的钱款到账。

支付宝方式

支付宝是支付宝公司针对网上交易而特别推出的安全付款服务,其运作的实质是以支付宝为信用中介,在买家确认收到商品前,由支付宝替买卖双方暂时保管货款的一种增值服务。

作为国内领先的独立第三方支付平台,支付宝从诞生之日起一直秉承着"建立信任,化繁为简,以技术的创新带动信用体系完善"的理念,在五年不到的时间内,用户覆盖了整个C2C、B2C以及B2B领域。

目前,除淘宝和阿里巴巴外,支持使用支付宝交易服务的商家已经超过46万家,涵盖虚拟游戏、数码通信、商业服务、机票等行业。这些商家在享受支付宝服务的同时,更拥有了一个极具潜力的消费市场。

支付宝的注册方式有两种:一种是登录支付宝网站注册,另一种是登录淘宝网进行注册。

前一种注册方式需要进入支付宝网站 https://www.alipay.com/,单击"免费注册"按钮进入注册页面,之后按个人情况选择用手机还是 E-mail 注册。为了保证支付宝账户正常使用,所有注册信息都要如实填写。还要提醒大家的是,注册完成后要记得去你的 E-mail 中点击支付宝自动发送激活邮件,完成激活后支付宝才算注册成功,然后你就可以体验网上安全交易的乐趣了。

第二种方式是登录淘宝网站进行注册。这种支付宝账户是在注册淘宝账户过程中自动生成的。当你完成淘宝网注册流程并激活之后,系统会自动生成一个支付宝账户,单击"登录支付宝"按钮,激活注册的支付宝账户。进入支付宝网站页面,输入注册淘宝账户时设置的登录密码即可登录。输入注册信息,系统会出现提示页面,这时你已成为支付宝会员。

支付宝的付款方式灵活多样,大致可分为以下几种:

(1)网上银行。可以选择和支付宝公司合作的银行中的任意一张银行卡,去柜台或在网上开通"网上银行"服务,即可进行支付。

(2)快捷支付。无须登录网上银行,直接输入所持银行卡卡面信息及持卡人身份信息,通过银行预留的手机接收校验码完成验证即可进行支付。

(3)余额支付。可通过网上银行、快捷支付、网汇 e、网点充值等多种方法给支付宝账户充值,使用账户中的余额付款。

(4)支付宝卡。支付宝卡是由支付宝发行的预付卡,目前只支持天猫商城和淘宝购物使用。

(5)信用卡与国际信用卡。要在卖家开通了信用卡支付服务之后才能使用,前者付款时无须支付手续费,后者则必须支付手续费。

(6)蚂蚁花呗。需自己开通,只能在购买支持蚂蚁花呗的商品时使用,可以本月花,下月还,不逾期不收费。

(7)指纹支付。需要在支付宝手机客户端点击"我的"中的"设置",在"安全设置"下的"指纹"中开通指纹支付流程方可使用。

(8)手表支付。这种支付方式仅限于智能手表使用。

此外,支付宝的提现功能也为卖家收取货款提供了方便。当买家确认收货后,货款便被转至卖家的支付宝中,如果卖家想将钱转入银行卡中,可登录 https://www.alipay.com/,单击"我的支付宝"页面的"提现"按钮,完成操作。注意,这是电脑客户端的操作方法,而手机客户端则需点击"我的"中"余额下的"提现"完成操作。手机客户端支持普通提现、实时提现和 2 小时内到账三种服务，而电脑客户端是不支持 2 小时内到账服务的。

银行转账方式

对于买家和卖家来说，使用银行转账功能，尤其是个人网上银行进行转账，可以足不出户地完成账户间的金钱划转，是比较方便的。

以招商银行为例，买家在银行柜台申请自助转账服务功能后，可以直接使用电话银行、自动柜员机、查询终端及个人网上银行实现你的一卡通、存折、信用卡之间资金的相互划转。它具有以下优点：

（1）自主性强：你可随时自己操作。

（2）方便快捷：通过招商银行提供的各种服务渠道，可实现本人同城招商银行账户之间的转账。

（3）账户资金灵活调度：你可以通过开户地银行提供的各种非柜面方式，进行同一身份证明标志下的"一卡通"活期账户与活期存折间人民币或外币同一币种同一钞汇类型账户的相互转账，也可以通过 ATM 进行不同身份证明标识下"一卡通"向他人"一卡通"人民币活期转账。

但是，使用者必须在使用该功能之前亲自持本人身份证明、同城开户的同身份证明的卡 / 折，到同城银行任一网点填写"银行自助转账服务申请表"，办理自助转账申请手续。

办理之后，买家就可以通过电话银行、ATM 机、自助查询终端、网上银行等完成转账服务。

不过，使用这种方式划转资金还是有一定风险的：对于买家来说，可能转了账却收不到货；而对于卖家来说，轻信对方转账成功的证明，发货之后才发现，钱根本没有到账。所以，在此提醒大家，在选择这种方式时必须慎之又慎。

邮局汇款方式

邮局汇款分为普通汇款和电子汇款两种。

普通汇款要去邮政门店办理,速度比较慢,到达时间一般为3~7天,手续比较繁琐。电子汇款前提是要开通网上银行,然后只需登录中国邮政储蓄官网http://www.psbc.com/cn,进入首页后点击页面左边的邮政网上汇款登录,即可进行操作。比较贴心的是,当鼠标滑到邮政网上汇款登录这一项时,下面会出现"演示"选项,为初次使用这一业务方式的人答疑解惑。

电子汇款既保留了传统的现金交易方式,又增加了账户交易方式,将服务方式延伸到了账户,可以提供现金与账户任意组合形式的电子汇款服务。并且汇款人汇款时,还可以预留附言信息,如对收款人的祝福或要求等,连同汇款一起发送给对方,不受节假日的限制,快捷安全。此外,邮政电子汇款率先实现全省通兑,自行通知汇款的收款人可凭身份证件和取款密码,在全省任意一个联网网点办理取款,使得买家对邮局的选择更为灵活方便。

不过,大家不要忘记,电子汇款同样也是需要汇费的,汇款方式不同,汇费也不同。所以,建议卖家在与买家进行交易时,提前就汇款方式和汇费问题跟买家达成一致。

微信支付方式

微信支付是集成在微信客户端的支付功能,用户可以通过手机完成快速的支付流程。微信支付以绑定银行卡的快捷支付为基础,向用户提供安全、快捷、高效的支付服务。

2014年9月26日,腾讯公司发布的腾讯手机管家5.1版本为微信支付打造了"手机管家软件锁",在安全入口上独创了"微信支付加密"功能,大大提高了微信支付的安全性。

用户只需在微信中关联一张银行卡,并完成身份认证,装有微信app的智能手机就摇身一变成了一个全能钱包,之后在支付时只需在手机的支付界面上输入密码即可完成支付,整个过程简便流畅。

如果想让自己的网店支持微信支付,也很简单,方法如下:

(1)首先要注册一个自己店铺已经被认证的微信公众号,而且是服务号(如果没被认证,需要先去申请微信认证)。

(2)在申请页面的微信公众平台申请微信支付。

(3)需要填写"商户基本资料""业务审核资料"和"财务审核资料"三项,审核通过后,即可直接在线签署支付协议。

PS:在线支付协议是不需要邮寄文字版的,所以申请流程也很简单。

网店店主也可以把商品网页生成二维码,张贴在线下,如小区、车站和广告海报等场所,买家扫描后可打开商品详情,在微信中直接购买。

货到付款方式

货到付款即我们常说的"一手交钱,一手交货",通常是指卖家给买家发货,快递公司按照买家指定的地址送货上门并收取货款,然后再将货款转入卖家账户,也称为"快递代收款"。

不可否认,货到付款能提供的先验货再决定是付钱还是拒收的方式给一些买家吃了定心丸,但是对于卖家来说,却存在着巨大的风险。

(1)遭遇恶意拒收甚至"查无此人",卖家就只能白白承担快递和包装商品的费用。而且,如果商品是诸如水果等不耐久存的东西,那卖家损失的可就不只是快递费和包装费了。

(2)快递公司诚信问题。因为大多数卖家会选择按照月结的方式,所以快递公司手里压着很多商家的货款,而一旦快递公司带着货款人间蒸发,卖家的损失就会相当惨重。或者,因为运输途中遭遇了"快递暴力",商品因被损坏而退回,卖家也要承担损失。

(3)成本增加。提供这种付款方式的卖家需要向快递公司支付一定比例的服务费,这就等于增加了商品成本。

此外,即使对于买家来说,这种付款方式带来的也不全都是好处。例如,因商品成本提高，买家势必也要承担一部分服务费。还有，因为一旦付款就意味着售后结束了，之后再发现商品出现问题联系商家时就极易引起纠纷。近几年来，这类事件也常常见诸报端。

当然，有风险不意味着货到付款的支付方式不能选择，要知道很多买家在购买比较贵重的或是易碎产品时是很希望卖家能提供这种服务的，这也是留住客源的方法之一。下面，我们就以淘宝网开店为例，介绍几种降低风险的方法。

（1）查询买家所留电话号码归属地，看与所留收货地址是否一致。也可发短信或打电话向买家核实订单内容、联系电话、地址等方面信息，并请买家予以回复，如果未接到回复或电话反复拨打不通甚至是空号，就要慎重发货。

（2）如果邮费设置不合理，要及时作出调整。因为快递公司是由淘宝提供的，所以当买家下单后，卖家可点击"发货"查询可使用的快递公司，并通过"交易管理"下的"物流工具"查看物流价格，然后将具体资费和时效截图给买家，与买家沟通看能否调整邮资，尽量降低成本。

（3）因为淘宝上有支付宝作中间保障，所以卖家与快递公司结算上的风险已基本不存在。但是，因为这种付款方式下单号是由快递方面填写的，加之到款周期较长，所以，一旦漏填导致交易关闭，钱款就可能无法到账，给卖家造成损失。所以，建议卖家要保留好自己的交易凭证，记得发货时向承运方索要回执，并定期查看"已卖出的宝贝"中，已成功或已关闭的交易是否存在问题，及时解决。

而对于买家来说，现在淘宝上很多支持货到付款的卖家也支持七天无理由退换货，这在一定程度上减轻了买家对于验货付款后出现的售后问题无法解决的担心。

另外，还要补充一句。2016年5月20日，京东为使用京东配送货到付款服务的商家，推出了"货到付款拒收险"。具体开通流程为：商家后台→店铺→保险服务→货到付款拒收险→详情了解/申请签约，为卖家因买家拒收行为而导致的运费损失提供补偿。这在一定程度上降低了卖家使用货到付款方式的风险，保障了卖家的权益。

流程15　线上促销——如何让销量直线上升

开店不代表一成不变的守店，就如同在开店之初需要做足各项准备工作一样，开了店也不代表着可以不再操心，要想有好的生意，促销活动是必不可少的经营手段之一。

网店的促销也是一门学问。促销，简单点讲，就是将商品成功销售出去所采用的一切可行手段。那么，在网络上，有哪些促销手段？如何通过促销手段来吸引人气、提升自己的成交额呢？

网店促销好处多

买家在消费的过程中，不光是在买产品，更多的是在了解商家的品牌、服务、价格等。消费者在购买过程中具有很强的联想性和极高的敏感度，他们在了解一个品牌产品的同时，会在内心对同类产品和竞争品牌的相关信息展开一系列的综合比较，从而在自己心中对商品形成一种定位。

促销实质上是一种沟通活动，即营销者发出作为刺激物的各种信息，把信息传递到一个或更多的目标对象，以影响其态度和行为。

例如，在"五一"黄金周的时候，各大商场、超市为了让消费者到本店来买东西，都会给消费者以各种优惠措施，并且将这些优惠措施刊登在各大媒体上，以至于报纸、电视、广播里到处都是"全场1折起""买一赠三"等促销的信息。

对于网店来说，促销活动也是必不可少的，除了在各大商家积极争夺消费者的时候搞促销，还可以在销售淡季大搞促销，这样可以有效拉动淡季消费。

一般来说，促销有直接降价、返券和馈送赠品等多种形式，这些促销形式各有各的特点，各有各的优势和劣势。

直接降价促销法

这种促销方式是商家常用的一种，但是，其所涉及商品的面都不是很大，而且降价幅度有限。

就网店来说，现在竞争非常激烈，日常销售中不可能利润非常丰厚。对于利薄的网店店主来说，采用降价促销的方法就不是很合适，因此在降价的时候，要谨慎小心，稍有不慎就会赔本。

如果店主要采取降价促销的手段，那就要提前进行精密的计算，把各项可能出现的成本都要算进去，不然等促销告示贴出去以后，再想反悔就来不及了，因为反悔会非常影响自己的信誉度。

返券促销法

这种促销方式是现在很多商家都喜欢使用的手段。之所以备受欢迎，是因为这种方法不但可以显得优惠幅度很高，还可以让消费者循环购买商品，大大增加了商店的销售额。

举个例子来说，商家可以实行"买300送300"的促销策略。首先，买家就会在你的店里攒足劲，一气凑足300元的商品，这样就可以获得300元的返券，然后再去消费返券。

而买家在使用返券的过程中，不可能刚好一次花完，这就又可能获得几百元的返券，买家就又会去购买商品。在购买商品的时候，买家又会再次补钱，再次获券，循环反复，没有休止。而商家就可以在买家没有休止的购买中赚得腰包鼓鼓。

赠品促销法

网店的店主还可以使用赠品促销这个经典的促销手段，可以说这是个提高销售额的好办法。

店主可以拿出一些平时不太好销、成本又不高的东西作为赠品。然后，规定买够多少钱就可以赠送什么赠品，买得多送得多。

要注意，商品的定价和赠送赠品的购买额之间要拉开距离。假如你的店里商品单件定价一般都是30多元，那么赠送赠品的购买额度可以定在45元。这样的情况下，消费者就会觉得只购买一件，只差那么一点就能获得赠品，不如购买两件合适，这时她就会购买两件商品。

你还可以设定阶梯式赠品，如设定购足45元送一款小赠品，购足60元送一款中号赠品，购足90元可以获得大礼包的办法。

在鼓励购物的促销规则下，你会发现自己的营业额将得到大幅提升。如果想要永远这么热，还可以使用积分的办法，这样买家就会为了积分，每次都买你的商品，永远不会离你而去。他们甚至为了多得积分，还会给你带来很多意想不到的买家。

不过，店主们要想生意兴隆，就要与消费者共赢，不要使用欺骗的手段来获取利润，欺诈性的生意肯定不会做得长远。

应季商品促销法

要想生意好，就要学会换位思考，要明白消费者真正需要的是什么，并且提早为消费者考虑周到，准备周全。只有想买家所想、急买家所急、心细又周到的店主才能做好生意。

应季商品销量大、价格高，如果经营得当，利润会很丰厚。不过，有很多店主发现，应季商品在进货的时候，价格也很高，而且很多时候还会货源不全，供货不及时。为了克服这些问题，很多店主都会适量压货。

也就是说，每个季节都会有适量的上半年或者去年的商品存货，这样就可以在别的店还没有拿到新货的时候，自己却有应季商品可卖。

对于有些特殊商品，提前进货可以拿到非常低的折扣。例如，情人节临近的时候，巧克力等商品进货价极高，可是如果提前两三个月，价格就会非常合适。

不过，对于适当压货来说，店主要注意商品的流行趋势以及保质期等各种因素。如果考虑不周，盲目压货，不但起不到与应季商品巧妙衔接的作用，还有可能出现滞销或者赔本的情况。

要想销得快，还需更新快

商品的更新速度可以让消费者感觉到店主对于商店的用心程度。毫不夸张地说，店主对于店铺的更新频率有多高，买家光临该店的频率就会有多高，这两者呈正比关系。

对于网店来说，在一个月没有新品的情况下，就可能会流失一批买家，几个月之后，经营状况可想而知。这时就算店主再进新货，也只有很少恰巧碰到的买家能够发现，大量的买家群还要重新培养。

相反，如果进货频率高，就可以增加买家光顾商店的频率。甚至通过口碑传播，越来越多的买家会加入到你的行列之中。这样一传十，十传百，几个月下来销量就能翻几番。

销量大，进货自然价格低，这样长期下来，就会形成良性循环：供货商给你最低的价格、最新的货源；买家看好你，不光自己购买，还会经常带别的买家来买东西。最终就会形成店内商品物美价廉、店中买家熙熙攘攘的局面。当然，受益最大的还是店主本人，挣到了人气，又挣到了钱。

这种快速更新的好处还有一个：新品上市赚得多，供货商给的价低。而一旦商品过了季，店主就可以大打折扣进行销售，这样不但可以迅速回收资金，还可以吸引来大批喜欢购买折扣商品的买家。

事实上，做生意本身就是在冒险，如果总怕赔本，不敢进货，最后生意就会越做越小，越做越冷清；相反，如果店中商品种类繁多，经常更新，总能给买家一种耳目一新的感觉，买家就会经常来光顾，在新品中搜寻自己喜爱的商品。

买家是上帝，经营中只有让"上帝"爱上你的店，对你的店满意，才能够在激烈的竞争中获得生气与活力。

一分投入，一分收获，店主重视买家，买家才会回报你，所以不要吝惜你的力气，经常给自己的网店打扫一下陈货，补充一些新品，买家肯定不会辜负你。不信，你可以试一试。

线上开店线下管店

流程 16　售后服务——下一次交易的开始

有的网店店主认为，将店中商品卖出去后就算成功了，而没有注意到买家的感受和反应。这种想法是不正确的。售后服务也是整个网店销售过程的重点之一。很多买家即使对店里的商品非常满意，但是也会由于店主态度不佳，而给出很坏的店铺评价。因此，店主的良好态度和热情的买家服务在网店经营中是很重要的。

好的售后服务会给买家带来非常好的购物体验，可能使这些买家成为你的忠实用户，以后经常购买你店铺内的商品。做好售后服务将会取得双赢，赢得了消费者的心，你就赢得了市场。

感动上帝的买家服务

成功的店主都是懂得倾听买家声音的，他们会将买家的需要当作自己最重要的事情。尽管有时候买家不一定是对的，但成功的店主一定会站在买家的立场来考虑问题，尽自己所能让买家满意。

但是，满意的买家并不一定会成为店铺的忠实买家，往往别的店铺一打价格战，这些买家就会立刻转移。只有内心受到感动的买家，才可能真正成为店铺的忠实买家。

有一个在网络上小有名气的店主，因为经营有方，店里常常出现大量买家同时选购商品的局面。买家多了，店主一个人就会招呼不过来，有些买家就会受到冷遇。但是，这个店主每次都能令所有买家满意，从来没有买家因为受到怠慢而离店远去。

原来，这个店主每次都会按照排号的方式，让接受服务的买家排队。对于排在后面的买家，他都会深深地进行道歉，并且向这些买家赠送小礼品。

每次他都会对排着队的买家真诚地说："对不起，你的前面还有×位买家，为了表示让你久等的歉意，请接受我店免费的购物赠品。谢谢。"

有的急脾气买家可能正要发火，但是，当他看到店主这么真诚而用心的道歉，还有哪位买家不能理解繁忙的店主呢？

不少店主认为自己可以操纵买家，制造出人为的感动效果，骗取消费者的情感。这些表演可能在短时间内能够获得消费者的真心，但是表面文章是经不起时间考验的。那些行为，并不能让消费者真正感动，甚至会起到相反的作用。

为了感动而制造感动的人是不会得到消费者的回报的。最终，清醒的消费者将会抛弃那些不讲诚信的店主，永远离他们而去。

有些店主整天不在业务上下工夫，总是希望通过歪门邪道来挣钱，跟消费者玩数字游戏或者文字游戏。他们逢年过节总喜欢大搞伪"促销活动"，然后打出买够多少就赠券的幌子，吸引消费者前来购买，但是最后，却用文字游戏来欺骗买家。这样的店主，生意一定做不长。

利人利己的买家服务

开网店与开实体店不同，买家看不到商品的原貌，也摸不到商品的质地，唯一可以了解商品的途径就是照片。但是照片只能反映出商品的大致轮廓，至于商品的细节，还是需要店主为买家描述的。

有些比较心细的买家会对店主提出各种问题，以便全面了解自己感兴趣的商品。如果店主的专业知识不足，就无法向买家全面介绍产品，从而使生意无法顺利成交；或者使用了错误的语言描述商品，最终误导买家，引起买家对店主的不满。

只有热情、周到的服务才可以减轻消费者对于商品的抱怨和不满，甚至极具人性化的售后服务可以增加消费者对店主的了解与好感，并因此成为朋友。在维修中有些配件或服务是要收费的，店家还可以因此扩大收益，可谓利人利己。

当买家收到商品之后，可能表示出不满意，店主首先要做的就是了解买家对商品不满意的原因。

如果是由于商品有瑕疵而导致买家不满意，那么店主可以征求买家的意见，提出可以调换货物，并由商家负担邮费的解决方案。有的时候，商品的瑕疵可能是在邮寄的过程中出现的，商家不应该负担责任，可是买家又不依不饶。这种情况下，店主可以先耐心倾听买家的抱怨，然后慢慢解释清楚，告诉买家本店有明确规定，在签收邮件的时候，应该当面验货，否则一切损失由买家承担。但是为了减轻买家损失，商家可以配合维修。

总之，不论是谁的责任，买家看到商品出现问题一定会非常不高兴，店主要表现出热情和关心的态度，做好安抚工作，帮助买家分析问题，并尽快找出补救措施。一般情况下，只要不是买家的错误，店家一定要按照承诺，做好退、换货的工作。

如果买家认为收到的商品与所描述的商品不符，店家一定要在第一时间做出最诚恳的道歉，以礼相待，不论犯错的是谁。

接下来店主要仔细倾听，买家认为哪些地方与描述不符，尽快找到被买家误解的原因，征求买家的意见。听取买家的想法之后，店主可以向买家先解释清楚，取得买家谅解之后，再根据商定的解决办法妥善解决问题。

细致入微的买家服务

对于网店来说，图片不清楚、库存不足、订单处理滞后、送货不及时等不良因素都会影响利润，并有订单被取消的风险。所以店主要尽量避免上述情况的发生，如果事情发生了，就要想办法解决，直到买家满意为止。

当有两件相仿的商品摆在买家面前时，买家会如何进行选择？毫无疑问，买家当然会选择有买家服务保障并且服务质量高的那一个。

在多数情况之下，诱使买家掏出钱包的决定性因素不只是商品本身，还有它的买家服务。一个有着良好买家服务的店家不仅能给人信任感，还能让人感受到其专业性。一个完整的销售过程理应包含一整套细致入微的配套服务。

作为一个店主，不但要向买家提供品质优良的商品，还要为买家提供无微不至的买家服务。优秀的买家服务人员不仅要有一颗全心全意为买家服务的心，还要有一定的专业知识，否则就会"心有余，而力不足"。

"买家是上帝"不能只停留在口头上、书面上，只有尊重并满足买家的需要，才是店主最基本的任务。只有热情服务、文明服务、诚信服务才能让买家感觉到被尊重。店主不能将注意力都集中在关注买家的购买力上，还要真诚地关心买家，只有这样，才能真正赢得买家。

由于门槛低，每天都有大批的网店诞生，竞争也随之变得如火如荼。每个店主都不可能依靠以往一成不变的成功经验来使买家始终忠实于自己。每一个竞争者都不可能对那些成功的店铺视而不见，他们会虎视眈眈地随时准备抢走这些买家——甚至是店铺忠实的买家。

对于这些投入了很多资源才最终拥有的"铁杆"买家，店主千万不要因为自己的买家服务不周到而让买家流失掉。总之，服务没有句号，只有"趁热打铁"似的买家服务，才能以微小的付出换回长久的利益。

整理并记录买家信息

有心的商家，每做成一笔生意，都会有详细的买家记录，这样不但可以方便记账，还可以记下很多买家的私人信息，对于店主将来开辟业务有很大帮助。

对于网络经营的店主来说，每次都可以轻易获得买家的住址、电话、QQ等信息。如果是服装店铺，店主就可以知道对方的衣服尺码；如果是礼品店，还可能知道买家的生日等宝贵信息。

小轩在网络上经营着一家店铺。这个店铺装修精致，服务到位，很多网友都将这里当作自己的温馨聚会屋，有什么烦心事、高兴事总是喜欢跟小轩倾诉。小轩就会耐心地跟这些好朋友聊天，或者分享他们的快乐，或者帮助他们想办法渡过难关。

说到这里，你一定觉得奇怪，为什么小轩人缘这么好，能获得这么多买家的信任和青睐？

其实，小轩的秘诀就是记住每一名买家的姓名、年龄、住址、职业、服装尺码和爱好兴趣，甚至生日和结婚纪念日等重要日期，利用每一个谈话的机会了解对方的性格、喜好等。

现在，小轩的电脑里有一个自制的买家档案，里面有买家的姓名、性别、职业、住址、电话、QQ号、留言时的姓名、电子邮箱、身高、三围、购买过的服装编号、每一次的购买记录、购买商品价格等信息。

有了这个档案，小轩就如同有了一件战无不胜的法宝。小轩会在自己的老买家过生日时，或者某个重大的纪念日时，以朋友的身份为买家发送贺卡或者邮寄纪念品，予以问候。

每次有熟人来光顾小店，小轩都会热情招待。她会根据对方已经购买过的服装款式向买家推销同类风格的服装，并且能够说出对方的身材尺码和偏爱的颜色，这些都会给对方一个惊喜。

凡是老买家下订单时，小轩都会主动报出对方的联系方式和邮寄地址，买家只要简单核实一下就可以了。这样买家在下订单的时候，就可以省很多事，不用再详细填写订货表格了，因此小轩颇受大家欢迎。

时间久了，小轩就跟这些买家成了好朋友，大家无话不说。店里有了新款服装，小轩就叫大家来选购；买家有了什么穿衣打扮上面的问题就来跟她讲。一来二去，小轩店里的服装销量越来越好，她的朋友也越来越多，这些好朋友还给她带来了大量新的买家。

通过这种友情销售方式，大家给小轩送来了源源不断的生意，小轩也给大家带来了真正的实惠。以至于有很多买家，在别的地方看好衣服以后并不购买，而是到小轩店里来，让她帮忙给自己采购，价格当然比别的店便宜不少。

小轩在商品进货时，严把质量关，有时不小心进了不过关的商品，她宁可自己吃亏，也坚决不从自己手里出货。有的时候，如果不合格的商品到了买家手里，小轩一旦发现，就会向买家一个一个地道歉，并且给大家退还全部货款。

很多买家在给小轩留言的时候都写道："小轩掌柜，谢谢你。在你店里买衣服，我特别放心，从来不用担心衣服的质量会有问题。我甚至可以不用记住自己的衣服尺寸，可以不用留下自己的邮寄地址和电话。""你的敬业精神为我们带来太多的方便。掌柜，加油啊，胜利永远属于有心人，我们永远支持你！"

在这些铁杆支持者的帮助下,她的生意做得非常顺利。小轩常说:"做生意最重要的是用心。只有付出真心,才可以换取买家的信任和支持。先做人,再做生意,就没有不成功的理由了。"话语虽然简单,但是其中蕴涵的道理,值得少数急功近利的店主慢慢领悟。

建立买家资料库

有句话讲"商道即人道",其实这句话已经告诉了我们全部的生意经。无论是网店还是实体店,都要信守生意的基本准则:买家就是上帝。寻找新买家对于企业和网店的重要性不言而喻,于是大多数老板和店主都把绝大部分精力放在寻找新买家上,但对于维持已有的买家关系却漠不关心。

完成了与每位买家的交易之后,卖家们应该好好地总结已形成的买家群体的特征,因为只有全面了解买家的情况,才能确保所进货品是买家喜欢的,能更好地发展生意。

建立买家资料库,及时记录每个成功交易的买家的联系方式,包括电话、地址、邮箱和生日等。其中,总结买家的背景至关重要,在和买家交易的过程中了解买家的职业或城市等其他背景,能帮你总结不同人群所适合的物品。

对于营销,一般卖家都有自己的方法,比如发货时在货物里夹一张名片。所以我们要做的工作是尽可能多地收集买家的个人信息和喜好,特别是电子邮件或QQ,因为这是零成本与老买家沟通联系的方式。

购买能力强的买家更要作为总结的重点,发展这批群体成为忠实买家有助于扩大卖家的生意面,全面的信息管理可以帮助卖家总结长期交易的情况。

建立买家资料库有利于与买家建立朋友般的密切关系。其实最成功的销售就是与买家成为朋友的店主。

店主还可以在买家管理系统增加一个邮件群发的辅助工具。

你可以定期回访买家,用电话、旺旺或者E-mail等方式关心买家,与他们建立良好的买卖关系,尊重他们提出的意见和建议。

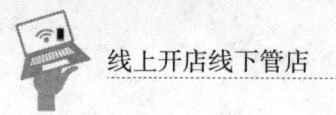

建立买家咨询系统

建立买家咨询系统能方便买家查询信息并及时解答买家在购物中遇到的问题。当店铺发展到一定规模时，店内商品不但品种齐全，而且样式会很多，这时，店主如果建立一个买家咨询系统，就可以方便买家查找自己需要的商品，给买家节省很多时间。同时买家在购物中遇到什么问题，卖家还可以随时解答，解决了买家的疑虑。

设立专门反馈电话和邮箱是卖家必须准备的，它可以专门处理买家遇到的问题，不仅节省了双方时间，还能让买家觉得卖家很专业，考虑得非常细致，感觉自己受到了重视。

无论什么问题，处理完成后一定要告知买家及时反馈，与买家建立更好的沟通渠道。

如何处理买家的退换货

网上开店，卖家总会遇到买家要求换货和退货的情况，尽管卖家不愿意看到这种情况，但总无法避免。遇到这种情况，卖家要遵循网店经营的原则，不能让买家觉得你毫无经营立场，要灵活应对，不能因此得罪买家，要尽可能消除买家的不满情绪，给买家一个较为可行的处理方案。

1. 热情接待，态度诚恳

在买家对购买的商品不太满意而希望退换货的时候，卖家应该一视同仁地接待，表现出比接待购商品时还要热情诚恳的态度，并倾听买家退换货的原因，对买家的要求表示理解。只有这样，才能使买家感到卖家们的亲切和对自己的尊重，从而增强对店铺的信任度。

2. 弄清买家要求退货和换货的原因

如何正确处理退换货的问题，是客户关系管理中非常重要的一个环节，但在处理问题之前，首先要弄清买家要求退货和换货的原因，也就是明确责任归属问题。只有了解买家真正的意图，才能针对不同情况采取不同的处理方法。

退换货的原因一般有以下几种：

（1）商品的质量问题和包装引起的运输磨损。

（2）客户所收到的商品与描述不符。

（3）商品本身没有问题，买家只想更换商品。

（4）买家使用不当引起商品的损换。

3. 退换货的说明

退货方便快捷是影响买家购买动机最大的因素，甚至超过了对服务和产品的选择。因此卖家应该清楚地告诉消费者，在什么样的条件下可以退货，退货后多长时间可以将货款退还给用户，往返运输费用由谁来承担，否则买家会因不清楚退换货的条件而犹豫是否购买。

4. 根据情况，妥善处理

店主不仅要对买家负责，还要对自己的店铺负责，在接待退换货商品的买家时，应根据具体情况作出正确的处理。

在本店购买的一般商品，若经过检查没有任何污损，不影响其他买家的利益和再次出售时，店主都要主动地退换货。有些质量确实有问题的商品，尤其是残损严重的商品，不但要适当地退换，还要主动道歉，如买家因此蒙受损失，还应适当地给予赔偿。

买家购买商品后，因使用不当或保管不善而造成的商品残损，原则上不予退换，对不符合退换原则的商品，应开始就向买家说明理由，事先声明。宣传买家须知，一定要做好。如果买家坚持要退换，店家应向买家讲清道理，说明不能退换的原因，同时应该注意措辞、态度，绝对不可以破坏买家的心情。

对不能退换的商品，在不违背原则的情况下，要积极帮助买家想办法解决问题。

对可退换可不退换的商品，以退换为主，在退换过程中，无论为买家退钱还是换货，都应表示愉快，告诉买家"钱已经退回，请及时查收"或是"换货已完成，请记得查收"，最后别忘了欢迎买家再次光临。

线上开店线下管店

流程17　风险管理——开店容易守店难

任何商业化经营都存在风险，开网店也一样，并不像多数人想的那样，坐在家里办公只等收钱就好。线上开网店也面临着各种各样的风险，这是网店店主需要用心考虑并作出应对之策的。

开店容易守店难，在网店开业进入平稳期以后，要使网店进一步发展，就要预测可能会遇到的风险。只有始终保持一种压力、一种风险意识，充分估计各种可能出现的问题并及时处理，才能保证店铺安全长久地正常运转。

如何规避成本风险

开网店之前必须进行一次成本预算分析，要想赚钱，就得分析一下你的投入与产出比，金钱存在银行也是会产生利息的。现在，在淘宝、易趣、拍拍等网店平台上开店都是免费的，但总还是会需要一些固定成本支出，有了支出就得好好计算一下你回收的成本了。

开网店的目的应该是获利。营业额－成本－费用＝利润，是店铺获利的基本公式，营业额的增加是开源面的探究，成本与费用是节流方面的探讨，有了开源的极大化效应与节流的合理性控制，二者并存才能保证网店有利润，达到永续经营。

1. 设备成本

开一个网店，一些硬件设备是必不可少的，一台电脑、一部数码相机、一部电话、一部手机，必要的话，还需要打印机、复印机之类的，再加上网费、电费、算下来就得近万元。

2. 调查成本

开一个网店要选择一个产品，产品的选择要经过大量的数据分析、市场调查及信息整理，才能得出最有效的数据。这其中的费用包括网费、电话费、车费等，此类费用至少为 1 000～2 000 元。

3. 选择资源成本

选择一个好货源是开店最重要的环节，货源的质量、价格、包装等细节是在选择和对比时应该注意的。店主需要花费 1～3 个月的时间花费在货源的选择上，才能够得到比较满意的货源，此类费用至少为 1 000～1 500 元。

4. 进货成本

这也是网店成本中较大的一块。一般的网店，进货少的成本需要几千元，多的可达万元。如果要退货给商家，商家一般也不会按全额退货处理的。

5. 网上选择平台费用

从网络平台的大方向看，阿里巴巴、淘宝仍是现在的市场主流，现在淘宝开店是全免费的，有的网络平台不是免费的，在上面开网店要交少量的开店费用。

6. 发货成本

现在的物流，快递非常方便快捷，为我们的货物运输提供了条件，我们最常用的就是航空快递和 EMS 业务，全国范围内 3 天可以到达，这已成为网店货运的首选，此类费用一般由买家承担。

因此，开网店的预算费，通常在 10 000～20 000 元。明白了这一点，店主就要用心经营好自己的网店，确保开店就能成功，并能够生存发展下去。

如何规避进货风险

线上开店最重要的是组织货源，关于进货货源，这恐怕是一些创业者初期遇到的大问题。

有一个在淘宝上创业的大学刚毕业的女孩，她卖的东西都是平时零散购买来的。显然这是不行的：一是零散进货价格必然很高，算上利润空间，卖给买家的价格必然是过高，无法吸引买家；二是渠道很不稳定，当买家需要时，很难马上找到，影响买家对网店的信心；三是自己喜欢的样式和品种买家未必喜欢，会造成一些商品积压；四是品种、规格不齐全，商品过于单一，买家当然会选择其他商品更丰富、品种规格更齐全的商家。因此，这种经营模式只能说是抱着玩玩的心态，去体验一下开网络店铺的滋味，店主还谈不上是真正的网店老板。

网络经营者应该与正规批发商、供应商联系进货，但现实是：愿意以批发价格零散出货的供应商却寥寥无几，这也正是网店联系供应商时常常遇到的尴尬情况的原因。但这却给我们一个启示，能够专门面向网店，适应网店需求的供货渠道，必然会受到网店创业者的热烈欢迎，因为需求就是市场。美丽湾时尚顺应这一趋势，最近推出了网店代理合作模式，量体裁衣地为网店提供了体贴式供货渠道，受到众多网店的青睐。

如果网店销售的商品都要先进货，库存在家里，等买家一个一个买，显然是不明智的：一是资金占用比较多，品种少了，对买家吸引力不大，没兴趣光顾，品种多了，需要大量的本钱，这是普通网店创业者难以承受的；二是对买家到底喜欢哪些商品事先未必很清楚，因此可能很快就发现个别商品缺货，更多的商品却无人问津，堆在家里，造成没赚到钱，却剩下一堆货的尴尬局面。

网店创业者资金往往不够充足，都希望能最大程度降低风险，尽量没有库存，能专心做网络产品推广，买家订下什么产品才去向商家订购，这样就几乎没什么风险了。

有一种网店代理方案，则正好满足抗风险能力较差网店的需要，网店经营者接到订单，只需要通知供货商，由供货商直接把商品发给买家，快捷方便，相关费用自动从预付金中扣除。这一模式可以让网店经营者对资金的需求降低到最小，是真正的人人可开店的无风险创业模式。

如何规避金融风险

网上开店有利润,也有风险,既要防备黑客,又要防备骗局,只有提高警惕,才能杜绝一切金融风险。

要防止黑客,就要经常查杀各种病毒,并且把电脑的远程操作控制功能关闭,这样可以有效减少黑客的入侵,为自己的账户和店铺设置一把保护伞。

对于网络上的骗局,店主要随时提高警惕。很多店主受骗都是由于本身对买家没有一点防备。

例如,有的买家通过聊天给卖家留下很好的印象,然后又说要购买商品,在获得卖家信任之后,又假装说自己没有注册支付宝,然后要卖家提供账户,直接付款。之后,他又会以种种理由说自己害怕受骗,还是先付一部分货款,等货到之后再付清全款,下面的结果想必大家都可以猜到了:货到之后,剩下的货款却没有到。

还有的买家在获取卖家账号等信息之后,还会想办法获取卖家的身份证号,然后通过非法途径,冒取店主的账户余额。

有些买家看中了卖家同城交易送货上门的承诺,打起了歪主意。小雨在为同城交易的买家送完货之后,拿着刚收到的货款去附近的超市购物。谁知在超市里,小雨被告知自己刚收到的货款是假币。

因此提醒店主,只要是现款交易,就一定要注意钱的真假。

还有一些骗子先将货款用支付宝支付给店主,然后要求店主见面交货。店主将货交给他以后,这个买家就会立刻申请退款,理由是"没有收到商品"。而卖家由于没有任何凭证,只能吃哑巴亏。

对付这样的骗子方法其实很简单,只要在交货之后让对方打一张收条就可以了。

有一些骗子利用银行的汇款交割时间差做文章,先将货款汇给店主,然后在钱刚刚汇出之后,就将汇款单传真给店主,要求店主立刻发货。当店主发货之后,这些骗子又申诉撤销汇款。

对付这种骗子,最好的办法就是收到钱之后再发货。

有的骗子在店里订了金额很大的商品,然后要求同城送货当面付款。之后,在店主进入买家的房间时，就会遭到突袭，商品被抢，钱财被夺，甚至人身安全都受到侵害。

对付这类骗子，就是千万不要进买家的房间，如果能够在单元门外交易，就是最好了。

有些骗子总是先和店主套交情，再买些小东西博得卖家的好感，一般前几笔生意也特别守信用。可是有一天，他突然向店主定大量的货，然后找个理由不用支付宝，要店主先发货。可等东西一发，他就人间消失了。

对付这种骗子的最好方法，就是要时刻警惕突然改变交易习惯的熟客，特别是信用等级不高的。

除了国内的骗子以外，近年来，国外不法商人通过网上交易诈骗中国出口企业的案例也在不断增加，这应该引起大家的注意。

网上交易是外贸营销的重要手段之一，不但成本低、信息量大，效率也很高，因此目前国内外使用电子商务已很普遍。但是国际不法之徒也看到了电子商务的方便之处，利用它进行诈骗活动。

对付骗子，最好的方法就是不要轻信对方，在做生意之前，首先签订相关的合同，不要忽略任何可能受骗的环节，并且把电子商务与有效纸质文件结合起来。

建议店主要建立先进的安全管理模式，电子商务既为店家带来了机遇，也带来了挑战。如果能够充分利用网络技术发挥网络优势，就能大大提高经营管理和风险控制水平。反之，如果管理不到位，就会增加交易风险。

如何规避寄送风险

现在的网络店铺市场已经进入到务实发展阶段，突破了概念炒作和短期利益行为，正在为赢利和长期发展做积极准备，状况良好。网络销售将成为中国互联网发展的下一个热点和赢利点。国内网络店铺的新型经营模式不断涌现，呈现多元化趋势。

在各种有利条件下，网络店铺的发展在中国也日趋理性地走向繁荣，从"老牌"易趣、8848，到淘宝网等新贵，都在这样的大环境下取得了前所未有的发展。

而在这样的一派繁华的交易市场背后，物流配送依然是制约其发展的主要问题。在很长一段时间内，降低物流寄送体系的风险和价格、提升寄送质量将成为电子商务在中国发展的瓶颈问题。

当前网络交易之后，商品配送主要通过以下几种方式来完成。

1. 邮政体系配送（特别是EMS）

邮政体系配送是指店主在其营业地点建立产品仓库，根据消费者网上购物清单和家庭地址信息，办理邮政递送手续，通过邮寄手段（特别是EMS特快专递）将货物送到消费者手中。

这种方式的不足之处是：①普通邮递速度慢，而EMS服务收费偏高；②EMS特快专递服务，虽是"特快"，也难以在购物的当天把货品送达，而这一点是大多数消费者非常关注的；③邮政体系服务水平偏低，容易造成包装破损、货物损坏。

2. 网店自建配送体系

网店自建配送体系是指网店在其目标市场上设置的送货点，即网店经营者在网民较密集的地区设置仓储中心和配送点，网站根据消费者购物清单和家庭住址信息，由消费者所在地附近的配送中心或配送点配货并送货上门。

这种配送方式虽然可以克服前一种模式"不够快"的问题，从而满足消费者"即购即得"的购物心理，但也存在如下问题：①配送中心和配送点建设需要大量投资，将增加成本，冲抵网络购物的优势；②配送中心配送点需要建多少，事先难以确定；③存货带来库存风险。

3. 借助第三方物流企业

借助第三方物流企业是指网店经营者根据消费者网上购物清单和家庭地址信息，利用"第三方物流企业"的交通、运输、仓储连锁经营网络，把商品送达消费者。

采用这种送货方式，由于送货量往往较小，虽然送达的时间较EMS快，但送货费用一般比EMS还高。

除此之外，网站采用以上三种物流形式均存在需要独自承担库存风险的不足。因此，如何真正降低递送成本、提高配送能力、充分发挥网络交易的优势，

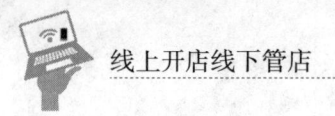

成为重中之重。

为了避免由于商品在递送过程中出现意外,店主最好能够使用邮政的方式,或者使用规模较大的快递公司为自己递送货物,千万不要一味图便宜,影响最终递送效果。

同时,店主在发货前请仔细核对买家提供的收货地址和收货人(或其代理收货人)姓名,如果买家提供的收货人姓名和地址与他原来在网上提供的不一致,一定要小心,建议还是请买家提供一致的收货地址或收货人,以避免不必要的争议。

另外,请尽量利用 E-mail 或站内信件的方式联系,并保留你与买家联系的资料。发货时请对邮寄的商品进行完备的包装,以保证商品顺利抵达买家手中,发货后请保存好发货凭证。如果是虚拟物品,请保存好发货的相关截图。

如果不能委托物流公司帮你收款的话,建议慎重使用货到付款的方式。即便是交易过多次的老买家,也不是百分百值得信任的。他们往往通过几次小额的交易让卖家对其产生信任,然后借口急用卖家的商品,要求对方先发货。而往往就是这次受骗了,金额还通常都比前几次大。所以请坚持自己的原则——款到发货。当然,最安全的还是使用支付宝来完成交易,不过一定要等到交易状态变成"淘宝收到买家汇款,等待卖家发货"时再发货。为了维护自己的利益,请遵守支付宝流程。

如果店主递送的是贵重物品,一定要使用保价功能,这样就如同为商品购买了保险,即使在递送过程中出现商品丢失或损坏,也不会导致店主损失惨重。

如何规避售后风险

店主不要以为货款拿到了,商品售出了,自己的风险就结束了,其实不然,还有一个售后风险。

很多商品是需要售后服务的,如手机、电脑、家具等。这些商品中,大的品牌当然可以享受厂家的全国联保,经营者就不用操什么心了。而有些小品牌,很可能由于经营不力,很快消失,而作为经销者,就可能要为此买单了。

还有些商品，不能实现全国联保，但是价格昂贵，在保修期内商品出了问题，店主还要为买家排忧解难，兑现维修承诺，这就要消耗掉店主很多时间、路费、邮资等。

还有些特殊商品，在售后服务上面要多下工夫，如减肥产品、化妆品、口服液等，这些商品由于性质特殊，一般出售之后，就不再为买家退换商品。

由于店主不可能对每种产品都试用效果，所以在对这些产品进行介绍时，一定要按照说明书的标识给买家讲清楚，不要夸大其词或者夸大功效，以免由于达不到效果而引起消费者的不满。

店主在经营这类产品的时候，一定要选择合格产品，不能销售假冒伪劣产品，否则，就会作茧自缚。

当消费者用了你卖的假冒产品之后，出现了不良反应，就会投诉你，严重的情况下，还有可能追究贩假者的法律责任。

有的店主在网上销售小电器，一定要注明哪些部件售后免费，服务的期限分别是多少，以免被买家误会，造成不愉快。

如何处理信用风险

也许你自信满满，待人真诚，商品质量可信，稳扎稳打苦心经营着网店，但是，周到的服务也许还是被中差评了。怎么办？或者郁闷地碰到差评师。当100%好评被打破时，是否可以弱化影响，继续热血奋斗于网店卖家中而真正做到对这种事情漠视或无视，依旧做最好的自己？这绝对是对店主心理素质的挑战。

一旦你销出的商品质量出现问题，买家给个差评，将使你的店的信用受到威胁。买家给差评，可以说是每一个线上开店的卖家都遇到的情况。那么，当出现差评情况时，该如何应对呢？

1. 要有被中差评的思想准备

在商品评价里，经常看到卖家以此为解释。商品质量的衡量，没有标准，网店买家更是形形色色，所以，无论您对商品多自信，都要有被中差评的思想准备。

2.要接受买家的差评

网店卖家没有不注重自己的积分的,因为积分高了才能让店铺升级,可以招来更多的买家。一旦被买家打了差评,要客观回应买家的批评。如果确实是自己做得不够好,一定要虚心接受,然后改正自己服务中的缺陷。只有这样,网店的服务才会更好,买家也会觉得你诚信经营,服务周到,继续购买你店中的商品。

3.对宝贝特点、性能、质量等信息作详尽描述

也许网店卖家对商品质量感觉满意,但质量的评定真是仁者见仁,智者见智。也许,一个小线头,对有些人来说,就会觉得质量不好。来网店购物的消费者多追求物美价廉,几十元的商品有时也会跟几百元的作比较。

如何规避安全风险

电话、传真、互联网等工具不仅给人们带来了沟通的便捷,同时也给各类经济骗子提供了方便。各种各样的骗术如打开了的潘多拉盒子,纷纷出笼。它们编织各种美丽的谎言,设计一个个诱人的陷阱,抛出天花乱坠、子虚乌有的馅饼,以达到骗钱骗物的目的。

1.外贸骗子:"外商看中你的产品了……"

这是在网上最常见、接触最多的一类骗局。他们往往谎称有外商看中你的产品,叫你报价,寄样本甚至样品,而后又通知你去他们公司签订合同,交30%的货款定金。

2.假冒工厂采购:"我们是当地著名企业……"

这种骗子一般是假冒当地有名的企业,说要购买你的产品,诱你上钩。

3.骗货骗物:"放心,货到即付款……"

假称财大气粗,叫你放心发货过去,又以第一批为要挟,叫你发第二批、第三批,然后欠着不还,你奈何我怎么样?还有就是落地杀价,先发货,到他方后,说你质量如何如何不行,要你"跳楼价"给他,弄得你欲哭无泪,只得就范。

4."代理"骗子:"你做我们产品的代理吧……"

先打来电话,煞有介事地问一下你店铺的基本情况,然后再叫你做代理。过几天说要你抓紧时间备货。你如果信以为真,付款过去要进货时,对方居然消失得无影无踪,似乎在人间蒸发一般。

5."台商"骗子:"我们有一批廉价的电脑……"

假冒台商,以低价手机、电脑硬件为诱饵,诱你上当,骗你汇钱以后不发货,你向他要货,他编出种种理由叫你再汇款,不然上一次的汇款也没有了。

6.网店骗子:"老板,这个东东怎么卖……"

骗子通常会利用询问商品或其他方式,发送过来一个带有病毒的地址链接,有些马虎的店主,一边应付骗子的问题,一边不留神就在骗子发过来的链接页面上留下了自己的信息,甚至是账户密码。

但是骗子总是骗子,万骗不离其宗。不管是哪类骗子,只要你不相信天上会掉下馅饼,不贪图小便宜,多分析,多询问,一般来说受骗上当的机会很少。对于病毒式的网络骗子,就一定要多留神任何人发给你的链接,看在顶级域名后缀前面的那个地址,是不是真实地址,譬如.com或.cn前面的域名,是否为正确的安全地址,以防上当被骗,导致自己的网店信息资料被泄密。

下篇　线下管店
管出银子的 14 个标准

线上开店线下管店

标准1 开店选址——寻找黄金宝地

在线下开实体店，地址的选择至关重要，可以说地址的好坏决定了一个店铺成功率的高低。不同的店址决定了不同的人流量，而不同的人流量又决定了进店的人数，这些直接关系到店中商品的出售及获利。选中了一个好地段，店铺就成功了一半。

哪些地段适合开店

人潮就是钱潮，开店的人都特别重视人气，有人气才有生意。店铺若是选在车站、灯光夜市、娱乐场所、大型商场或购物步行街附近，就至少占了七分地利。因为川流不息的人潮就是利基，有这么多的潜在顾客，只要销售的物品或提供的服务能满足消费者需求，就不怕没有好业绩。

但是，是不是选择店址的时候，找准人气旺的地方就一定好呢？其实也不尽然。很多人都有一个误区，那就是把人流量的多寡当成了衡量一个地段好坏的唯一标准。诚然，人流量是决定生意成败的一个重要因素，但是了解客流的消费目标，才是更为重要的工作。在开店以前要研究的，不是每天人流有多少，而是在这些人流中，你的"潜在顾客"或者说"有效客流量"有多少。

在开店之前，最好做一些"最佳店址选择"工作，其中最重要的一项工作就是测算分析有效人流量。专业的做法是拿着秒表到目标场所测算流量并进行目标询问，这对普通投资者而言虽然有一定操作难度，但在选址附近作大致的人流量考察和必要的针对性询问还是必需的。

一般来说，好的店址都有一些共同的特点，这些特点有以下几种。

1. 城市中心区

这种地区一般也是商业中心、闹市区，商业活动频繁，经营气氛较好。这样的店址就是所谓"寸土寸金之地"。对于服饰业来说，城市中心区的流行更新很快，如果商品流动慢，则有可能在服饰没卖出去前就过时了，这是铺面开在城市中心区的不利的一面。

2. 高密度居民区

居民区人口比较集中，人口密度较高。在这类地区，消费者层次混淆，各年龄层和社会阶层的人都有。无论出售何种款式或类型的服饰，都会有一定的顾客群。

3. 交通便利的地区

交通便利是消费者购物的首要条件。一般来说，如果店铺附近有汽车站，或者顾客步行15分钟就可以到达的铺面都是值得考虑的位置。

4. 成行成市的地区

对于服饰这类选购性商品，若能集中在同行"扎堆"的地段或街区，则更有利于经营。因为经营同类商品的店铺很多，顾客可在这里有更多的机会进行比较和选择。例如上海的城隍庙、北京的西单、新街口，重庆的解放碑等，因为集群效应，生意大都不错。

店址选择应知技巧

选择店址时需要掌握一定的技巧，具体如下。

1. 步行街要选准最佳铺位

现在有一条商业步行街，你要在这条步行街上选择一个铺位开店，你该选哪个位置的铺位呢？

我们都知道，商业步行街有两类不同的性质，一类是步行街上的店铺五花八门，我们称为"什锦步行街"；另一类是专业步行街，即整条步行街上的商铺基本上都卖同一类商品，如服装一条街、小商品一条街之类的。

如果是"什锦"步行街，最好选取靠近步行街两端的商铺。这个位置的商铺通常客流量大，成交活跃。但如果是专业步行街则不宜选取靠近两端的商铺。以服装一条街为例，当一名顾客要到服装一条街购买衣服的时候，他极少会在看了第一家店铺之后就出手购买，要是整条街都是卖衣服的，顾客一定会觉得更中心意的衣服在后面店铺内能买到，然后他接着往下逛，即使他真的对那件衣服情有独钟，往往还会在后边其他的店里再看到同样的款式，等比较了价格再决定在哪儿买也不迟，说不定还能交叉压价呢。

但另一方面，也极少有人非要等到走完了整条步行街、挨到了最后一家店才买不可的。通常，消费者都是在走过了步行街的四分之三时，心中基本就有数了，由于样式都看过了，价格也比较清楚了，因此碰到合适的价格就会出手购买了。所以对于专业步行街来说，最佳的铺位是在步行街全长的四分之三的地方。

2. 开店也要讲究店门的朝向

店铺正门的朝向是有很多讲究的，这与当地气候相关，并受到风向、日照程度、日照时间等因素的影响。在北方城市，面向西北的商店较容易受寒风的侵袭，不利于顾客入店购物。在南方城市，面向西的商店会被日晒，若是店里没有空调，在夏天会因炎热而不利于顾客进店购物，安装空调在无形中又会增加了开支，所以要考虑解决的办法，可以在店外设立拱廊建筑或遮阳篷，在店内改善通风设计，才能减少不利因素。这些因素都会给商店带来很大影响。

这样看来，开店最好选在拐角、十字路口的位置。拐角的位置往往是很理想的，由于处于两条街道的交叉处，可以产生"拐角效应"。拐角位置的优势是：可以增加橱窗陈列的面积；两条街道的往来人流汇集于此，有较多的过往行人光顾；可以通过两个以上的入口以缓和人流的拥挤。但由于店铺位置位于相邻的两条街，选择哪一面作为店的正门，则成为十分重要的问题。一般的做法是，选择交通流量小的街道一面作为侧门。

门店设在三岔路的正面，店面就会十分显眼，同样被认为是非常理想的店铺的地理位置。处在这一有利位置的店应注意：尽量发挥自己的长处，这样店正面入口处的装潢、店名招牌、展示橱窗等都一定要用心设计，这样才能抓住顾客的消费心理，将过往的行人吸引到店中来。

经营者也要学会辩证地看问题，方法是不断变化的，由于政策的变化、城市建设的改造或交通路线的改变而使某条街大起大落的情况比比皆是，比如某条街相邻的大道中间由于加了护栏而使两边街道生意冷清，好门面也变成了差门面。相反，某些冷清街道由于公共机构的迁入而顿时繁荣起来，坏门面也变成了金门面。因此，在选择店铺门面时，要有预见和远见。

开店选址"四不要"

哪些地方不宜开店，这也是一个"仁者见仁，智者见智"的问题。因为不同的小店，对周边的环境要求不一样。下面这些地方是一些常见的不适合开店的地段。

第一，不要在坡路上开店。在正常情况下，店的场所地面应与道路路面基本处在一个水平面上，这样比较有利于顾客入店，被认为是理想的地理位置。店设在坡路上，一般认为是不可取的。然而，有一些店会遇到此种情况，如位于山城的店。因此，如果店不得不设在坡路上的话，就必须考虑在店与路面间的适当位置设置入口，以方便顾客进出。另外，在橱窗的位置、通道的安排、商品的陈列等方面，都应当有适当的设计。

第二，路面与店的地面高低悬殊，这种地方不宜开店。但是，在寸土寸金的都市中，在地下、楼上的楼层或在有几级台阶的房屋开店，却是常有的事情。遇到这种情形时，对于店的门面、入口、天花板和招牌等设计安排便应特别注意，既要有利于吸引顾客进入店内，又要方便出入，楼梯、阶梯门的宽度尤应仔细推敲一番。

第三，快速车道边不要开店。随着城市建设的发展，高速公路越来越多。由于快速通车的要求，高速公路一般有隔离设施，两边无法穿越。公路旁也较少有停车设施。因此尽管公路边有单边的固定与流动顾客群，也不宜作为开店选址的区域。人们往往不会为一项消费而在高速公路旁违章停车。

第四，不要在居民少或人口增长慢的地方开店。这是最不宜作为店的新址的，这是因为在缺乏流动人口的情况下，有限的固定消费总量不会因新开店而增加。

但是，不是所有的事情都是理想的，万一选择了这些所谓的不合适路段，应想法采取补救措施，这里对选址不大如意的情况提些改善意见：

（1）扬长避短。如果你的店的确没有选好位置，你也不必万分沮丧，应该运用你的大脑，充分挖掘店的优势，并大力渲染，比如说别处买不到的个性商品，比如说别处没有的服务风格，人无我有，人有我优的销售策略能让你的店即使处于相对地势不突出的情况下也能吸引大批顾客。

（2）把劣势变成优势。比如说你店地面与路面高低悬殊，你可以尝试做一个类似于水晶灯似的台阶，让进出的顾客觉得有一种公主般的感觉。又或者你把店开在了居民少的小区里，你可以尝试做一些上门定制服务，以此来拉拢顾客。

你的绝招是你要经营其他店花钱买不到的富有个性的商品，并且商店确立了独特的服务风格。如果商店的特点能够明确地表现出来的话，比起商店拥挤不堪的黄金地带，在这样恶劣条件的地理位置上也能吸引顾客。

重要的是一定要找准你所开店的定位，打造出属于你的独一无二的特色，以此来弥补地理位置上的缺陷。把握了这一点，在任何地方开店，你的生意都能风生水起。

"傍大款"的意识不可缺

从某种程度上说，"傍大款"可以称为"嫁接品牌策略"，只不过"嫁接品牌策略"嫁接的是著名品牌、市场领先品牌，"傍大款"的背后是看重了著名品牌数量巨大的忠诚消费群体。投资商铺、开店做生意，选址"傍大款"的说法由来已久。作为普通的投资者或者经营者，傍着诸如家乐福、沃尔玛、肯德基、麦当劳等大商家，是一种既省心又省力的好方法。

1."傍大款"意识

如果你对选址一点主意都没有，那么"傍大款"也许是一条很好的选址方法。即把店铺开在著名连锁店或强势品牌店的附近，甚至可以开在旁边，和这些店做邻居。

近年来，随着一些大项目的顺利推进，许多小商家和投资者纷纷紧盯大项目中的小商铺，蓄势持币待购。这些小商家和投资者占据很高比例。其实，中小投资者踊跃入市的背后，是源于这些大型项目的主力顾客，如沃尔玛、家乐福、麦当劳、肯德基等所具有的强大实力。

2."傍大款"选址

商业中心的超人气具有"辐射"作用，人们逛街时，附近的马路也有机会将这巨大人潮"分流"一部分，引向自家的"田地"。出于成本考虑，店铺的地址设在这些地方将是一个好选择。避其锋芒，借其"威慑力"，将生意做得红红火火。

比如，将店面选在当地有名的、人流量大的商场、商店周围，借助商场、商店的人气，做自己的生意。专柜选址也是如此，一定要进入当地人流量大的商场或商店，即使店面租金贵，也是划算的。千万不能因为租金便宜，找个人流量小的店面，因小失大。

3."傍大款"的好处

（1）一些著名的商场在选择店址前已作过大量细致的市场调查，挨着它们开店，不仅可省去考察市场的时间和精力，还可以借助它们的品牌效应，"拣"些顾客。

（2）"大商家、大品牌"具有较高的影响力和号召力，为经营者指明了方向。"大树底下好乘凉"，这也适用于开店做生意。借助别人的旺盛人气，在其旁边开个大体相同、具体经营内容有所差别的小店，和大店的目标顾客群相同，但又不和它直接竞争，专门捡"漏"儿，自然不愁生意不好。

选址不走寻常路

出奇往往能够制胜，这一点同样适用于店铺的选址问题上，不走寻常路，会让你另辟蹊径，走出与众不同的风采。

邱雨本来在女装街的生意风生水起，大家也都十分看好女装街的生意。但她却作了一个出人意料的决定，转掉了那里的店面，在医院附近开了一家新店铺，这几乎是一个"前不着村，后不着店"的地方。

这样的选择，很多人会觉得风险很大，已经做了四五年服装生意的邱雨当然也很清楚这一点：万一经营不好，不仅房租、装修费用血本无归，在服装业的多年辛苦奋斗也会全部付诸东流。但邱雨觉得，她原来开的店铺已经到了一个阶段，即使不用打理，也能保证每天有上万元的营业额，也就是说能够保证赚钱；可反过来说，守着那家店就很难再有什么作为。对手头的店感到不满足后，邱雨开始考虑尝试新的发展：人家都说店多隆市，如果反其道而行，选一个旁边没有同行、但有一定人流量的地方，单独开一家店铺会不会成功？如果可行，以后就可以用较低的成本，在市内多开一些分店，把生意做大。

揣上1万元定金，邱雨就开始在市内找店面。现在的这个店址，邱雨租下来以前是个鲜花水果摊——在医院旁边，这自然是店主们首先考虑到的。可是，医院面向街道的大门封闭以后，这里的鲜花水果生意并不好。经过仔细观察，邱雨发现这个店周围500米范围内有市医院、省人民医院、省中医院三家大医院，还有好几幢建成的和在建的写字楼，也算处于商业中心位置，人流量比较大，这些都是潜在的顾客群。于是，她决定租下这个店，并把服装定位在中高档，同时以经营女装为主，与不远处的服饰城区别开，另辟蹊径。装修时，她也特意按女装店的要求设计，保证简洁明快的同时，追求一定的档次，以过滤掉自己不需要的一部分顾客。

转让了女装街的店面，除了省下的房租成本外，还收回了一笔不菲的转让费，这让邱雨在做生意时获得了较大的自由度，也就是让利空间。

正如邱雨事先预料的，她的店铺吸引了不少附近的白领。店铺开业第一天就有1万多元的营业额，几乎快赶上她在女装街开店时的业绩。经营半个多月，虽然生意也有起落，但已经有了一批老顾客。

事实证明，开店并不一定在繁华的街道才有出路，要看好环境，选准定位。

资金少怎么选址

如果你想创业开店，但是无奈资金较少，你就要选择合适的策略，有的时候只要策略得当也可以选到合适的店面。

小额资金创业者的选店有四个原则：选自己居住的地区；选与自己经济上或人事上有关系的地区；选自己希望的区域；选预算范围内的适当地区。

前两项选择是运用地缘关系，可以广泛利用人际关系拓展业务，打下创业基础；后两项则必须参照行业特点，考虑地段特性。在选定设店地点前，必须针对当地情况进行一定的调查分析，并根据调查结果确定营业内容、定价策略、人事规划、营业时间等。如果一切都符合你的开店条件，那就快点行动吧！

但开店并不是一味追求低房租，开店的最终目的是赚钱，能赚到钱的店面才是好店面。如果你十分想在车水马龙的繁华地段开店，又苦于资金不足，这时候你可以用分租店面的方式，毕竟在人气汇集的热闹地段开店，成功的机会更高一点。但是这类地带的店租往往极高，而且大多已被人捷足先登，创业者想取得一席之地并不容易。如果你资金不够，而正好你并不需要太大的空间，倒不妨采取分租店面的方式，也就是目前盛行的"复合店面"。

所以，寻找一个适合你的伙伴，共同租赁一个店面，不仅解决了租金紧张的难题，而且达成了你想在闹市开店的心愿，而且如果同一屋檐下的同一行业，顾客属性相同且产品可以互补的话，可以收到相辅相成之效，通常大家都不会拒绝。这些复合店的形式相当常见，如饰品与店铺、鞋店与店铺等。

如何开店才能旗开得胜

开店就成功，开店就赚钱，可以说是每一个开店者的愿望和心声。那么，如何减少开店的失败率，确保开店伊始就能成功呢？通常来说，需要把握以下三大关键因素。

1. 所处位置是否有吸引力

这包括店铺所在地环境好坏、交通条件是否方便、周围设施对店铺是否有利、服务区域的人口情况、目标顾客群收入水平、消费意识及品位等。

店铺地理环境的好坏有两种含义：一种含义是指店铺周围的卫生状况。比如有的饮食店开在公共厕所旁或附近，不远处便是垃圾堆、臭水沟，或店门外灰尘飞扬，或邻居是怪味溢发的化工厂等，这些都是恶劣的开店环境。另一种含义是指店铺所处位置的繁华程度。一般讲，店铺若处在车站附近、商业区或人口密度高的地区或同行业集中的街上，这类开店环境应该具有比较大的优势。

交通条件是否方便：顾客到店后，停车是否方便；货物运输是否方便；从其他地段到店里来乘车是否方便等。交通条件方便与否对店铺的销售有很大影响。

周围设施对店铺是否有利：有的店铺虽然开在城区干道旁，但干道两边的栅栏，却使生意大受影响。因此在选择临街铺面时，要充分注意这点。那该如何选择呢？典型的街道有两种：一种是只有车道和人行道，车辆在道路上行驶，开车人的视线很容易地就扫到街两边的铺面；行人在街边行走，很自然地就能进入店铺，这种街道开店比较好。但街道宽度若超过30米，则位置又将打折扣。街道太宽敞有时反而不聚人气。据调查研究，街道为25米宽，最易形成人气和顾客潮。另一种典型街道是车道、自行车和人行道分别被隔开，其实这是一种封闭的交通，选择这种位置开店不太好。

服务区域人口情况：一般情况是开店位置附近人口越多、越密集越好。目前大中城市都相对集中形成了各种区域，如商业区、旅游区、高校区等，在不同区域开店应注意分析这种情况。

目标顾客收入水准：在富人聚集的地段开设首饰店、高档时装店便是瞄准了目标顾客高收入这一特点。城市周边建设的各种商业别墅群或有档次的小区，都是富人聚集的地方之一。

有三岔路口、拐角的位置一般为好位置，坡路上、偏僻角落、楼屋高的地方位置较次。

影响开店位置的因素很多，千差万别。为什么有的偏僻小巷的店铺生意年年兴隆，而有些繁华地段的店铺却经营艰难？所以，还应"具体情况具体分析"。位置的好坏是相对的而非绝对的。生意的好坏不仅仅取决于店铺位置，与店铺的经营内容、方式、服务、形象均有密切关系。

2.店铺本身是否有吸引力

这主要指店铺种类或商品组合、包装、搭配、陈列、价位等是否有吸引力。

3.店铺卖场是否有吸引力

这主要指店铺卖场面积、广告需求及顾客服务都会影响到店铺生意。

以上三方面是相互联系的，在开店定位时要充分考虑每一方面，并尽可能把问题想出来，先把总体规划搞好，多想一些策略，以便店铺一开张便能旗开得胜。

标准2　店铺设计——要让顾客流连忘返

店面设计是经营者品位的产物。精致、独特的店面设计，会使顾客为经营者的品位和个性所折服，牢牢地记住店铺。在店铺的设计策略中，应关注顾客的心理感受，结合空间的利用，设计出令人流连忘返的店铺，即能很好地激发消费者的消费欲望，生意自然越来越好，财源自然源源不断。

不同档次，设计各异

店的设计技巧在总体上，可遵循设计独具匠心、风格别致的基本设计方式，利用独特的设计理念和设计品位来显示店铺的文化品位。

具体来说，不同档次的店有各自的设计特色。

高档店在设计时，通常使用较为华贵的装潢。例如，使用明亮闪耀的水晶吊灯渲染室内的气氛；使用有格调的壁纸来烘托卖场的典雅环境；使用名家的作品布置店内的通道，等等。这样的做法，让高档产品的艺术气息更上一个档次，彰显浓厚的文化氛围。特别是，当穿着高档服装的道具模特隐身于充满艺术气息的环境中时，服装的高档和环境的优雅巧妙地融于一体，同时艺术品位和格调也达到升华。

个性店或中档店通常个性感十足，较多融入了经营者个人的风格特色。一般来说，开这类专卖店的经营者应对时尚有一定的敏感度。因为中端和低端商品的界限并不明显，经营者要对商品的档次形成准确的区分，经营项目以个性商品和职业商品为主。需要注意的是，个性店进行设计时，要注意拉开它与低档店的层次，注意动用鲜明、时尚的色彩和元素让店铺更具有美感。有的个性店主，就会用轻纱来做装饰，营造温馨和浪漫的效果，使店铺更加绚丽多姿。总的来说，处于这个档次的店，商品的时尚特征较为突出，一般是在流行的共性上表现商品的个性。

低档小店在设计时，更注意内部空间的构造。因为受空间限制，所以经营者最大的任务就是根据货架的形状做到充分利用空间，让室内保持简洁、色彩明亮。同时，出于"招徕"顾客的目的，店面的门部和橱窗设计可以动些脑筋，尝试细小独特的设计。对于这类档次的店，还要注意存货的控制和存储设计，要尽量减少存货占用的面积，控制进货量，宜精不宜多。现实中，更多的低档小店是跟着潮流走的。所以，只要在大潮流上摸清趋向，店铺的销售和设计就不会出现差错。

设计一个创意十足的门脸

一般而言，在繁华地段建起来的大中型店铺虽然有较大的空间可用来表现外观，但外观设计的空间资源有限。因此，在整体外观设计上，更要极力凸显店铺的特色，设计一个突出的门脸。因为在店铺的设计中，店铺的门脸是十分重要的，它是店铺形象的重要组成部分。

门脸通常分为以下几种类型：

（1）封闭型。这种类型的店铺，面向大街的一面用橱窗或有色玻璃遮蔽起来，入口尽可能小些。采用这种形式的店铺多是一些经营高档商品，如珠宝、影像设备的专卖店。这类店铺的接待对象为少数经济实力雄厚者，所以橱窗设备等不必太突出，要让行人难以看到店堂内部，从而营造一个优雅、安静的购物氛围。封闭型门脸突出了所经营贵重商品的特点，设计别致，用料精细、豪华，使进店的顾客产生一种与众不同的优越感，觉得在这样的店铺里买东西很自豪。

（2）半封闭型。店铺入口适中，玻璃明亮，顾客能一眼看清店内情形，然后被引入店内。这种店铺外观的吸引力是至关重要的。经营化妆品、服装等中高档商品的店铺多采用这种形式。它们的顾客预先都有购买商品的计划，当看到橱窗陈列时，便会径直走入店内进行选购。

（3）开放型。这种门脸正对大街的一面全部开放，没有橱窗，顾客随便出入，没有任何障碍。在我国南方实行全开放型的店铺多，而北方则少一些，这是由两地不同的气候决定的。在国外，出售食品、水果、蔬菜和小百货等低档日常用品的商店常采用这一形式。

店门的设计必须兼顾店铺的建筑特色和目标顾客。将店门安放在中央、左边或右边，要根据具体人流情况而定。一般大型店大门可以安置在中央；小型门店的进出位置设计在中央是不妥当的，因为店堂狭小，这样会直接影响店内实际使用面积和顾客的自由流通。小店铺的店面，一般都设在左侧或右侧，很少设在店铺的正中央，这样看起来更具协调感。有明快、通畅的店门才是最佳设计。因为从商业观点来看，店门应当是开放性的，设计时应当考虑到不要让顾客产生"幽闭""阴暗"等不佳心理，以免拒客于门外。

店门设计，还要考虑店门前的路面是否平坦，是水平还是斜坡；前边是否有阻挡及影响店门形象的物体（如人行道的树木）或建筑；采光条件、噪音影响及太阳光照射方位等。

无边框的整体玻璃门属于豪华型店门。由于这种门透光性好，造型华丽，所以，常用于高档的首饰店、电器店、时装店、化妆品店等。

此外，店面的装潢要充分考虑到原建筑风格与周围店面是否协调。"个性"虽然抢眼，一旦使消费者觉得"粗俗"，就会失去信赖。

店铺布局种类知多少

店的布局，种类很多，具体可分为直线式布局、岛屿式布局、斜角式布局、陈列式布局、格子式布局、墩状式布局、曲线式布局等。常用的为前五种布局。

1. 直线式布局

直线式布局，又称沿墙式布局。在这种布局中，柜台、货架都沿墙成直线摆设。这种形式不受营业场所大小或墙角弯度的限制，能够陈列展示较多的商品，是最基本的设计形式。因其较为便利店员拿取商品，能够随时补货，有利于节

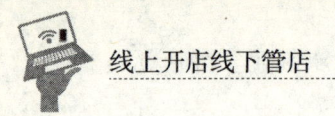
线上开店线下管店

省人力。所以,服装商品多使用该布局,尤其是中小外贸店铺。

2. 岛屿式布局

岛屿式布局,就是柜台以岛状分布,四周用柜台围成封闭状,中间设置货架。这种布局可以摆设成圆形、长方形、三角形等形状。多用于销售面积小的外贸服装,它能充分利用室内光线和空间,为卖场争取到更多的有效面积。基于岛屿自身的形状,它能随地形和营业场所支柱等情况来装饰店铺空间,起到美化的作用。但它的缺点在于,不利于上货补货,且面积有限,所能陈列的商品不多。

3. 斜角式布局

斜角式布局,即利用店内的设备和建筑空间,如柜台、货架等与室内的柱子围成斜角形状的布置。它将能为室内增加延伸的视觉效果,让内部布局变化具有空间性。

4. 陈列式布局

陈列式布局,即在营业场所中央,设置若干陈列柜、货架等,展示各种商品,前边摆设若干柜台销售。在这种布局里,店员的工作区域和顾客区域重合。两者都在同一区域活动,可以活跃卖场的人气,形成互动的卖场氛围,也有利于提高服务质量,是一种比较自由、灵活的设计形式,逐渐被广大店铺经营者采用。

5. 格子式布局

这种布局结构严谨,是一种十分规范的布局方式,能够轻易博得顾客的信任。在格子布局里,所有的柜台设备在摆放时互成直角,构成曲径式通道。这种布局,能产生顾客形成的人流由入口经过布满商品柜台的曲径通向店铺出口的一种动力效果,给人以井然有序的印象。同时,格子式布局大多用于敞开销售,能让顾客进入自选,满足现代顾客对自由、闲适的购物环境的追求。

店铺布局上的诀窍

成功的店内布局能提高顾客的进入率,进而形成较高的成交率。因此,内部的商品销售、业绩情况等均与店的内部设计与布置相关。有人说,一个成功的店,一定掌握着不为他人所熟知的布局诀窍。

店内布局的诀窍究竟是什么？

经验丰富的经营者指出，所谓的诀窍就是利用商品布局中的亮点效应。

何谓亮点效应？它是指利用卖场中最能吸引顾客眼球的地方来激发顾客消费的欲望。一般来说，店铺内的"亮点"是顾客进入店铺时较容易观察到的地方，也是商品销售情况较好的地方。这种"亮点"并非天然存在，是依靠在整个卖场中创造视觉焦点形成的。有时，它还需要经营者主动地去创造。

通常，围绕着卖场主通道区域就是第一个亮点地区。这里的货品最为显眼，也最能引发顾客挑选的冲动。此处配置的产品多为主打或者销售量大的商品。

第二个亮点区域位于主通道的后端，通常配置色泽鲜艳、引人注目的流行服装，以"诱敌深入"，让顾客愿意深入探究店铺的内部。不过这一区域在店内较深处，光线有所减弱，应适当增加照明装饰。

第三个亮点区域在店铺中心货架处。它是顾客浏览的中间部分，也是可以伸手触及的地方。能让顾客和商品"亲密接触"，所以销售的成功率较高。这里多放置高利润、样式新颖的商品。

第四个亮点区域在收银处前的中间卖场。这里是顾客前去结账必经的地方，若能陈列部分物美价廉的商品，将能轻易地让顾客动心。

为能更加凸显店铺内的"亮点效应"，让它发挥最大的功效，经营者还要注意其他细节上的布局规划。例如，作为构造亮点区域的前提，店内应当有适量的特价商品。这些商品一般利润较低，购买率高，对顾客有较强的吸引力，能让亮点区域更为醒目突出。

经营者还要规划出最适宜的主副通道，让顾客能在事先设定好的亮点区域长时间停留。尽可能多地让顾客接触商品，并对顾客形成心理与视觉上的双重包围，以促使其进行购买。

店铺空间布局上的讲究

我们可以将店的空间结构划分为三个空间，即商品空间、店员空间和顾客空间。

经营者为了更有效地利用这些空间，常会按照店铺的面积进行空间设计。室内空间设计是指运用空间限定的各种手法进行室内空间形态的塑造。空间设计应建立在充分利用空间的基础上，并能较好地规划空间的分布情况，设计出符合顾客活动规律的空间。常见的空间形态有：封闭空间、开敞空间、流动空间、动态空间、共享空间、虚拟空间、母子空间、下沉空间和地台空间等。从规则性划分又分为规则性空间和非规则性空间。

对空间进行设计规划一定要坚持合理、清晰的原则。充分发挥和挖掘不同空间的形状、大小的特征，对其加以利用。例如，面对不规则空间时，如三角形、圆弧形、多边形等不规则的房间，它们的空间在使用上不方便。要想摒除它们的劣势，就要下足工夫，提升空间合理利用的效果。比如，改善三角形空间的使用时，可以使用填充法，用异形支架、展台等填充空间，使外部同室内墙面成一平面，以重整空间的视觉效果。

面对水平面积有限、竖向尺度却较大的空间该如何处理？可以利用隔板做分层。在纵向上拓展空间的面积，从而扩大使用面积。至于不完整的墙面和零碎空间，可以在墙上或空间上方安装小衣柜，充分布置起来。

因此，有效空间的大小不是固定不变的，只要使用适当的方法，因势利导，就能进行合理规划，使任意一块空间都有可利用的价值，从而让销售达到最佳状态。需要注意的是，这些空间设计，务必要符合当初预想的功能需要，符合人体空间尺度及人的心理上、生理上的舒适性。只有这样，进入店铺空间的人才会感到舒适方便，甚至产生温暖、亲切的归属感。

这里还要强调，店的空间设计，要具有舒适的特点，即要有良好的空间感。所谓空间感，指的是立体空间给人带来的心理影响。它是室内的色彩、灯光、空间造型、配置以及装修材料质地等综合因素造成的结果。当所有的因素都得到合理的设计和调整时，人身处其中就会产生舒适的心理感受。可以通过以下几步来提升良好的空间感。

第一，舒适的空间需要色彩与光线合理配置。冷色调的色彩利用使人感觉宁静、凉爽，暖色调会给人温馨、甜蜜的感受。再引入外部的自然光和内部的人造灯光，各种色彩灵动，且相互辉映，将能极大地增强室内的动感。

第二，舒适的空间要有良好的空间造型。据调查，空间造型对人的心理活动有明显的影响。方形或长方形容易给人平衡安全的感觉,三角形和平行四边形显得新颖和别致,扇形面让人感觉有导向性。所以,空间造型决定了店内气氛营造的基础,是设计时要注意的要点。

第三,舒适的空间应处处体现人性化的设计。当经营者从顾客的角度来设计店铺空间,做到让空间为人服务时,顾客自然而然地就会感到舒适。所以,从顾客的购物习惯入手,创造流动性的空间,引导购物,空间可变而不杂乱,协调统一。

第四,舒适的空间多采用开放或半开放式设计。店铺内各个空间的格局不同,但彼此间相互连通,成为"一体空间",能让空间显得更通透、更宽敞,在视觉上产生放大的效果。这种设计考虑到人们对宽敞空间的日益渴望,强化顾客在店铺内的舒畅感,因而被广泛地使用。

第五,舒适的空间设计体现协调统一。店铺内特定的气氛和意境,常是通过不同的空间衔接完成的。各个空间各有特色,但总体上仍要体现店铺的共同特色,也即店铺的空间设计要做到"有统一,有区别"。经营者可以利用装修材料来调整空间比例,或利用室内的环境气候、采光、照明、背景音乐等,最终进行调整和修缮,创造出功能合理、舒适美观的店铺环境。

最终,利用流畅的空间设计,让顾客"宾至如归"。这就需要经营者充分调动主动、细腻的思维,考虑到顾客的总体特征、习惯、人文素质等来进行空间设计。

店铺窗户设计技巧

店铺的设计,若想吸引顾客,就要突出本身特色和空间的开放性。让室内的商品尽量地"接触"到顾客,延伸店铺的整体空间。要满足这点,店铺的设计可在窗户上做些文章。

传统意义上的窗户设计,其目的在于传递室内信息、小空间地让顾客观察到商品、吸引顾客。而现代意义上的窗户还应做到营造整个店面的特殊格调,引起顾客的眷顾之情。所以,窗户的设计是否科学合理、赏心悦目,将对销售能否成功产生潜移默化的影响。

结合店铺本身的特点，窗户需要注重体现开放感。如何做到这点？

第一，窗户应保持洁净，光线应充足。在选择窗户时，应当选择略宽敞的类型，以保证让足够的光线穿过。在平时，要做到定期擦拭窗户，避免出现破损和瑕疵。因为，窗明几净、温暖柔和的室内环境，将优化顾客对店铺的印象。另外，充足的光线还有利于杀菌消毒。

第二，窗户应能同周围的环境相互融合，甚至产生借助外界空间做背景、引四周环境入内的错觉。这点就需要经营者对窗户的形状、颜色做进一步考量。需要强调的是，并非窗户越突出、越另类，就越能吸引人。当窗户同外部的环境差异巨大时，缺乏和谐的美感，人们反倒容易觉得店铺的怪异和低档。

第三，窗户要具有自身的特色，前提是不能同店铺风格差距太大。若一个高档店铺安装一套具有涂鸦画的窗户，就会显得格格不入。经营者应恰当地设计独有的风格，例如，在窗脚上方添加柔色的角灯、窗框上雕刻独特的图案，等等，而不能片面追求个性和时髦，忽视了窗户与店铺的内在联系，避免给人以不伦不类的感觉。

第四，可以在窗户上设计特殊标语。这或许是煽动顾客的一种有趣方式，例如，在小型店铺上设计"韩流来袭""潮流前线"等，都可以带给顾客视觉和心理上的冲击。同时，要清楚，这些特殊的标语应具有特殊营业内容和给人深刻印象的特点。

最后，可将窗户、突出墙面进行创意改装。这样的窗户，能拉近店面与顾客的距离。同时，还悄无声息地扩大了店内空间，增强顾客的舒适感。

以上这些细节上的设计，都可以增强店铺的开放感，为顾客营造一个宽松、舒畅的环境，并达到提高整个店铺形象的目的。

店铺通道设计方案

通道指经营者为顾客设计的在卖场内购物行走的路线。根据形状的不同，通道主要分为直线式、斜线式、回形式三种。

直线式通道指货架与通道平行摆放，且始于店铺入口、终于空间深处的收银台的方式。它是一种单向设计，货架和商品在摆设时以商品陈列不重复、顾客不回头为设计特点。顾客的购买过程直截了当，能在最短的距离和时间内完成购买行为。一些大型的店铺愿意采取这种形式。

斜线式通道是相对于直线式而言的一种设计，呈斜线型的设计，为卖场增加更多活跃因素，但它存在不能充分利用场地面积的不足。

回形式通道指呈现环绕状态的通道，它的特点是货架布局灵活，气氛融洽，便于顾客浏览和购物。它唯一不足的是其占用较大面积，管理上不如直线式样便捷。

根据通道发挥的作用不同，通道可分为主要通道和次要通道两种。主要通道即卖场内顾客流动的主线，次要通道为顾客流动的其他副线。主、次通道的设置是预先根据卖场的商品结构布局位置、展示形式来设计定位的。

下面以主、次通道为例，介绍通道设计的具体方法。

1. 主要通道设计

店铺的空间设计是复杂的，既要考虑顾客走动的舒适性，又要强调通道设计的实用性。经营者要思考很多现实的问题，例如，如何让顾客尽量深入店内？如何让顾客关注到每样商品？顾客会按照如何的路线进行浏览？一个成功的店铺主要通道设计，应能引导顾客步入每个角落，用手触摸或用目光观察绝大多数的商品。

专家建议，主要通道的设计应当遵循下列原则：第一，能有效地延伸到店铺内部，便于空间内全部商品的展示；第二，主要通道地面平坦、道路宽阔、没有障碍物，利于主要人流的行进。

2. 次要通道设计

设计卖场途径时，次要通道的设计有着举足轻重的意义。主要通道承载近80%的顾客流，必须在适当的地点对顾客进行分流。次要通道的作用就在于此，它要尽可能利用空间，让顾客能顺利游逛四周，看到每一个商品。对次要通道的宽度，一般有较为严格的规定，一般当主要通道的宽度为1.5米至2米时，次要通道应在1米以上，最窄不能少于0.9米，否则会让人产生强烈的不适和拥挤感。

店铺灯光设计要点

在店铺中,灯光起着关键的作用,同样一件衣服,打光和不打光的展示效果完全不同。店铺灯光的设计应与商店整体形象协调一致。大型商店的灯光讲究富丽堂皇,中小型商店则应以简洁明快作为灯光设计的标准。除此之外,店铺在灯光设计上还有很多因素需要考虑。

1. 外部装饰灯照明

外部装饰照明指的是做外部点缀的人工光源的使用。它是霓虹灯在现代条件下的一种发展,其作用是吸引顾客视线,烘托店铺气氛、环境。一般装饰在店门前的街道上或店门周围的墙壁上。例如,有的店用多色的彩灯把门口的招牌缠绕起来,再如,将各种反映本店经营内容的多色造型灯装饰在店前的墙壁或招牌周围,这些都是装饰照明的应用。它不仅能辉映店铺门前的环境,还能增加店面的形式美。

外部装饰照明的设计在整体照明设计中占有举足轻重的地位。没有经过专业化设计的外部照明,只会让店外观看起来缺乏特色,难以带来充足的客流和良好的经济效益。因为店铺是"静"的,不能给人以生动的感受,但外部装饰照明却能在与主光源的交替搭配下,传达给人以亲切、温馨、神秘的信息。

为了强化店铺外观的美感,装饰照明的设计要满足一定的要求:

(1)外部装饰灯照明要与主光源相互呼应,并与周围建筑环境协调。店铺的地理位置一般在客流量较大的商业街,在五光十色的背景下,如何能让店铺"与众不同"?这就需要装饰灯和主光源的良好配合。一般地,外部照明的主光源在门口部分,而装饰灯的照明则可以围绕在门口周围,用简单醒目的灯光吸引行人,从而削弱周围其建筑上各种灯光颜色对其的影响。

(2)能抓住顾客的眼球,渲染店铺的外部氛围。一个有魅力的店铺,它的外部装饰照明必然也是形象突出的。对于没有进入店铺的顾客来说,能吸引其视线的外部装饰照明将对其产生更大的心理暗示和影响,至少能形成一个很好的"牵引作用"。

(3)色彩感强烈。装饰灯照明多为霓虹灯和橱窗灯,这是外部装饰的主要光源。它们主要针对过往的行人进行设计,一般色彩感都较为强烈。例如,常被使用的玫瑰色光源、淡绿色光源、深红色光源等，都对人的视觉和心理产生强烈的刺激，容易让人产生购物的兴奋。

（4）与室内的风格、店铺整体形象保持一致。外部装饰灯光照明，对于协调店面内外部空间的设计风格、塑造店铺主体形象有着一定的影响。但它主要的作用是辅助装饰，所以必须服从室内风格、店铺形象的设计，最终让店铺照明设计收到良好的效果。

2.店内照明

随着照明技术的普遍应用，人工灯光照明在装修中逐渐占据主导地位。合理的照明设计将提高店容店貌的美观程度，能展示出商品的各种特质，从而引导顾客主动购买。可见，在设计店铺现场的照明时，要从凸显商品、招徕顾客的角度着手。

这就要求经营者对店铺内的照明进行严格的分区和恰当的管理，并灵活使用照明，为形成积极效果的照明做足准备。因为，据分析显示，分区的、有重点的照明，将能满足顾客在不同位置、不同购物阶段对视觉环境的不同要求。例如，卖场内色彩柔和的总体照明，将形成使人乐于接近的气氛；店铺深处角落的强度照明，可形成对顾客的强烈的吸引力；照在不同商品上的光线，会让顾客形成对各种商品的差异感知，为他们比较、选择、并作出购买的决定提供参考。并且，如果店铺内使用完全均匀和一致的照明会显得呆板和一般化，无法衬托出不同商品的特色。

店内尽量避免阶梯

为避免顾客在室内行走遇到障碍，店的内部不应设计高低不平的阶梯。因为，一方面，阶梯的存在增加顾客上下行走的困难；另一方面，在有雨雪的天气，因地滑，行人都不愿意走阶梯，所以使用阶梯或许是个空间创意的想法，却不是个实用的做法。

如果店内因装修已经出现阶梯，应当在阶梯上下方设置警示标志，提醒顾客注意安全。同时，阶梯不应太高，坡度也不宜太大。即使是一些平缓的阶梯也可能让顾客气喘吁吁，何况是又高又陡的阶梯，很容易打消顾客上去选购的念头。此外，为安全起见还要安装扶手，而且要注意阶梯材质选择，应当做到防滑。个别商店会临时使用活动台阶，这样的做法具有很大的隐患，曾经有顾客因走店铺安装的活动台阶而摔伤。所以，提醒经营者，店内布置各种阶梯时，务必要保证其稳固、稳定。无论出于如何的目的和心理，都要尽量少使用活动台阶，以保证阶梯的安全系数。

店内管线的安装

另一个会为顾客在室内行走带来障碍的因素，就是室内的管线装置。别小看这一根根线路，它的设置同样相当关键。不但要方便使用，还要考虑顾客购物时是否能够避开。若是室内管线暴露太多，顾客要处处防着它们，既耗费体力，又减弱消费的兴致。

市面上，管线的安装方式主要有两种，明线和暗线：明线一般指平行而相互绝缘的凸露在外面的裸线线路；暗线指埋在线槽里的强/弱电线，一般要包在电线管里。用通俗的话来说，暗线就是在墙里开槽，在槽里面的线；明线就是不用开槽的线。

相对来说，明线的特点是：方便检修，易于查看，但缺点是容易触电，占用空间。暗线的特点是：美观、安全，是目前流行的做法，但对墙体破坏较大，不易修理。尤其是当暗线出现故障时，要想查明原因必须凿开墙体。

从经营者来讲，使用明线或者暗线都是个人的选择。认为明线布置在室内是一种特殊的艺术美，就使用明线；认为暗线能让空间清净、整洁，就使用暗线。不过，布线的选择要受到环境的影响。考虑到店的经营需要，经营者最好使用暗线。因为，大多数顾客在看到室内纵横交错的明线时，都会感到混乱。管线暴露在空间内，顾客就需要耗费体力绕着走，极大影响消费的心情，所以从美观和实用的角度看，使用暗线更为明智。

标准3　店铺进货——只选对的，不选贵的

在店铺的经营过程中，进货是个重要的环节，能够找到合适的货源，接下来的销售工作也就会顺利不少。那么作为一名店铺经营者，在进货时应该注意哪些问题呢？

为了保证店铺所进的货源质量，经营者需要调研市场，研究各家供货商的情况，以便通过信息资料的对比，选择供货商，采购到适销的商品。总之，应把握的一条原则就是：只选对的，不选贵的。

进货前要做好计划

经常会发现这样的现状：某些店虽然进满了商品，但是顾客所需要的却往往缺货；或者是商品堆满了整个店，却因尺寸不全、搭配不易，造成消费者购买上的不便。造成这种情况的主要原因，就是店主未能做好店内商品进货计划。那么如何才能做好商品进货计划呢？

1.选择好商品定位

要先选择好商品定位，是做女性商品还是男性商品，是做中老年商品还是少儿商品，是做健康商品还是服装商品，是做电子商品还是文化商品，是做单品种商品还是多品种商品，在心里都要有个明确的定位。有了定位就有了进货方向，就能减少进货的盲目性，购进店铺所需要的商品，销售时就能做到适销对路。

2.掌握当地市场行情

比如出现了哪些新品种，销售趋势如何，社会存量多少，价格涨势如何，

购买力状况如何。大体上心中有数。

3. 把握好拿货季节

一般来说，卖家是不用注意什么时候该上什么货的。因为你到了批发市场，就会看到该拿什么了。一般市场的季节会比实际季节早1~2个月，比如冬天还没到，棉衣、羽绒衣已经全上架了。当你拿不准该卖什么的时候，到市场去转一下吧。

4. 确定商品的品质

商品的款式和流行元素只是表象的东西，好的品质才是根基。成功的店铺并不是靠独一无二的款式，而靠的是商品的品质和服务。有些新开店的店主没有经验，看到什么好看就拿什么，看到价钱便宜的也心动，结果搬回来发现整个店铺的档次降低了。而且大部分货家家都在卖，品质差不多，彼此只能依靠血拼价格，最后不得不以亏本价抛售。所以进货必须首先看品质。当然，品质这个东西是要靠经验来分辨的。新开店的人可以多跑跑批发市场，一家家看过去，要多比较，多和供应商聊，有些供应商会告诉你什么是好货。

寻找货源必备知识

这里主要分两大进货源来介绍。

1. 国内产品

（1）生产厂商。国内有许多品牌生产制造商也自己掌握售货通路。一般地，店铺可经过和这些厂商的业务部门接洽，从而直接购得货物。

（2）经销商。有一些厂商将各地的经销通路交由几个区域的经销商，负责业务推广。店铺可从这些经销商直接进货。

（3）批发商。到大型的商品批发市场，那里品种较齐全，且价格较低廉。对于不是专卖店的一般店铺而言，是很合适的。

2. 进口产品

（1）进口代理商。国外许多中小型品牌在国内均有代理商代为接单。从进口代理商进货，必须提前下单，而且要预付定金，但成本较低。

（2）进口品经销商。经销商是国内较大的中间商。用这种方式采购，交易方式弹性较大。

通过以上两种货源店主都能在国内取得进口商品。采购金额较大的店可自行开发国外货源，以求取得专卖品，这样有利于树立权威形象。方法主要有以下几种：

（1）可在货源地找一家可靠的贸易商代为寻找货源，进行沟通、谈判、购货、验货等。

（2）可通过各国驻华办事处取得厂商资料，然后与厂商联系。

（3）直接参观国际级的大型商品展览会，可一次接触到半数以上的知名厂商，可直接与其洽谈购物。

选择了用哪种渠道进货，接下来就要考虑用什么方式进货。订货方法有业务员订货、电话订货、传真订货等。

进货八大黄金准则

一个店的经营状况如何，跟商品的定位和进货的眼光有关系。要做好一个店，除了要有良好的销售方法外，最关键的一点是要"懂"进货。这个"懂"字包含的内容非常多，不仅要知道进货的地点、各批发市场的价格水平和面对的顾客群，还要了解小店针对的顾客群的喜好、身材特点，更重要的是要会淘货，要练就一双选货的火眼金睛。

当然，这种历练需要时间和经验的不断积累，而抓住进货的八大黄金准则也可以帮助经营者在进货的时候少走误区。

1. 抵制批发商的蛊惑跟甜言蜜语

多数批发商都混迹江湖多年了，他们那三寸不烂之舌会一下子让你晕头转向，只要你进了他们的店，他们的推销就会像"轰炸机"一样向你袭来，有一个店的店主经过长时间的观察说："批发商的推销词中有一个经常出现的词语——爆款。什么叫爆款啊？当然就是卖得很火爆的款式啦！你要小心了，这个爆款，那个爆款，不可能个个都是爆款啊，进购商品是需要进货人的眼光的，有些好的款式确实是爆款，拿回去会很好卖，但如果是假的'爆款'，拿回去就等着压货吧。"

2. 进畅销货

对于什么商品是畅销货，除了可以从相关店销售情况得出结论以外，关键还要考虑商品流动的时间、对供应商品的全面考虑等，因为消费者的口味变化越来越快且呈多样化趋势。

（1）发现新产品，不可盲目一时大量购进，新产品可能是畅销货，也可能是滞销货。应先少购一点，试销后再定，不要占去大量资金。

（2）对流行商品，应充分考虑到流行时间，从而在进货数量上准确把握。

3. 要相信自己的第一直觉

第一眼看过去觉得好的款式，可以拿。同时，只相信自己的第一直觉，第一眼看过去没感觉，看了多眼才发现很耐看的款式，慎重拿。因为没有顾客跟你一样有时间和耐心来多看几眼的。所以对于可拿可不拿的款、没有把握的款不要拿。

4. 多家选货优于一家

精明的店家是不会只在一家批发商那里拿货的。很简单的道理：你经常去一家摊子买水果，老板刚开始的时候会以便宜的价格给你，但是时间慢慢长了，对方就不会便宜批发给你了——反正你都会来我这里买水果不去问别家的价格的，我为什么要老给你便宜呢？所以，在进货的时候，先要多到市场上转一转，多比较一下各个市场和批发商的价格。这样才能进到价格最便宜、款式新颖、质量可靠的商品。

5. 对于一些便宜货，千万不要仅仅因其便宜就拿

除非你有足够的把握一定能在其身上赚到钱，否则千万不能拿。因为，虽然货很便宜，可你最终发现由于便宜，可能其款式或质量并不那么好，甚至你突然发现它原来是有瑕疵的（拿货的时候并不一定检查得那么仔细），由此最终就成了鸡肋，因为你的顾客也不会喜欢这种仅仅只是便宜而没有特别款式且质量不好的商品。

6. 要仔细检查商品的说明书、商标等标志

要仔细检查商品的说明书、商标等。比如有些厂家能把成分明明是

100%SILK（丝）的衣服，标签贴成100%COTTON（棉）。也许还有一些看上去款式和做工都还不错的服装，掀开衣服的底下你却发现它居然没有水洗标（成分标）。这些缺陷都会令服装在你的顾客那里贬值甚至产生纠纷。

7. 欲擒故纵

三十六计里的欲擒故纵在商场上同样适用。具体方法是：砍价——不成——不买——调头走人。

8. 批发结束的时候，清点好你的进货数量

这个情况基本上有部分粗心的店主会忽略掉。假如你回家之后才发现少货的问题，任何批发商都不会承认少给了你货的，当然绝大部分批发商都不会故意少给你货，但是假如你遇见了极少数不诚信的批发商里面的那一个，你就亏了。可见，店家一定要仔细查看所购货物后再结账。

进货五原则

有时店主面对低折扣的诱惑而一次性地采购大批量的商品，这种做法是不可取的，严重时会导致库存大量积压，资金周转不灵。但采购时过于小心翼翼，也有可能造成缺货的窘状。店主对于市场的潮流走向要有细致而准确的把握，紧跟流行趋势，采购随潮流而变。把握好如下几点采购原则，对店主的采购工作大有帮助。

1. 时尚原则

时尚是商品永远的话题，直接影响着店铺的兴衰。所以在进货的时候，店主要具备极强的时尚敏感性。平时多看一些与时尚相关的资讯。在市场潮流中发现流行的主题，紧随市场畅销品牌的产品特点，作出自己的选择。在此，顺应有模仿的意味，是带有一定主见的模仿。由于已经有可以借鉴的成功品牌当例子，采用这一原则比较保险，可以规避市场风险。

2. 适时适量

商场如战场，错失良机的背后总是失利的痛苦。只有把握当前最主要的流行趋势，紧跟形势进货，才能抢占商战中的先机。店铺自然不能随时进货随时

到货，从进货到入货上架需要一定的时间，如果商品无法及时上架，缺货的局面就不可避免，不仅影响了店的销售业绩，也不利于店铺的形象。

进货数量的拿捏也是进货的重要考虑方面。一旦拿捏不好进货数量的分寸，就可能产生进货多或进货少引发的不利影响：一次进多了，就有可能导致商品周转速度下降，库存增大，加大资金消耗；进少了，则会影响折扣，造成缺货，增加进货费用等。

3. 遵循销售规律

任何事物都有其生存发展的特定规律，销售也不例外。店主要熟悉并遵循销售的规律，在其引导下引进适销的商品。对于热销的商品，可以适当提高每次进货的数量，以节省精力并获取更多折扣。对于销售缓慢的商品，则尽量减少进货量，以免积压。

4. 配合季节特点

店铺经营的商品许多都具有极强的季节性。在销售形势随季节的转变受到较大影响的情况下，店主要尽量做到"季初多进、季中少进、季末补货"，常年经销的商品则要"淡季少进，旺季多进"。

5. 广罗货源，精益求精

只有稳妥而质优价廉的货源，才能保证店的生意欣欣向荣。

进货要以顾客为中心

店主在进货时不能按照自己的眼光和喜好，而要围绕顾客的喜好与购买习惯进行，以顾客为中心组织进货。这主要分两个步骤来行动。

1. 倾听顾客的声音、观察顾客的行为

要善于倾听顾客的建议，锻炼观察顾客行为和心理的眼力，这不但是对店员的能力要求，也是对店主的能力要求，因为这恰恰是进货能够成功的事前基本功。

如果注意留心顾客的说话内容以及顾客经常关注的问题等，你就可以逐渐发现其中很多有助于你成功进货的启发性话语。

顾客购买商品的品种和数量也是顾客无言的声音。此外，通过仔细观察顾客在店内的行为以及所持商品，甚至通过对店前行人（潜在顾客）的观察，也可以得出"到底要进什么样的货"这个问题的答案了。

可以说，是否具有这种读懂顾客的感性能力是商店进货乃至是商店经营成功与否的关键所在。另外，也要经常注意观察同行其他店以及竞争对手店面的情况。

2. 以特定顾客为对象筹备商品

顾客的兴趣爱好多种多样，想要准确把握顾客的要求真的不是件容易的事。若是小型的零售店，就需要确定本店铺的固定消费者群体，然后根据这一情况进行备货。这样店内会逐渐备齐能满足顾客要求的商品种类。

以往的店铺总是倾向于大量进货，结果店铺变成了失去顾客信任的杂货店。

一个店铺的进货，主要是瞄准商店顾客的需要。而观察顾客群时并不是只看他们的年龄层和收入水平，而更应该关注顾客的兴趣偏好，总结拥有共同生活模式的顾客群体，以他们的需要作为进货的参照依据。

而顾客除了共同需求之外，现在越来越多的人倾向于在购物时突出自身的个性。

突出个性，并不是说在意外界的眼光，或者一定要将自己的生活同他人的生活作比较，而是指通过明确个人目的，确认自己的实在感以及存在感，以追求个人价值的实现。如果你注意观察一下周边的人群，就可以发现持有这样想法的人已经是越来越多了。

店铺必须把这类顾客特定化，然后根据他们的生活模式来准备进货的商品种类。每个店筹备的商品拥有自己明确的生活概念将是其吸引顾客的关键。

把好进货质量关

质量是商品采购的获胜之宝。经销商在采购商品的时候如果不能把好质量关，就难以实现商品价值和使用价值，就会损害消费者的利益，就势必会影响店的信誉。

如果经营假冒伪劣商品，即使欺骗顾客而暂时赚到一点儿钱，但失掉的却是信誉。一旦失掉信誉，店铺就难以生存，就等于自己害自己。因此，店铺的经营者一定要把住商品的质量关。

1. 严把进货验收关

进货验收是一个相当关键的过程，整个程序需要十分谨慎，千万不能敷衍了事。

（1）检视运送到的商品时，首先应确认本店铺是否为接收单位，箱数是否正确，外包装是否完整。如果不完整，则应与承载货运者当面清点，确认正确的商品数量与内容。

（2）清点商品时，首先应确认商品是否与货单相符，然后清点数量，再清点款式、色系、规格等明细。清点如有问题，应立即电话告知总部配货中心，并在发货单上加注并签字。

（3）"无单不收货，无货不签单。"单随货走，货随单去。

（4）签收后的货单应作为做账凭证归档，并立即填写库存记录。如果店铺是采用销售点管理系统及货品条码作业，则可以在进货前事先查询应该进多少货，可以进什么货，出货或进货验收时，也可以用条码阅读机来进行点收，这样除了处理迅速之外，还可以保证商品的正确无误。

如此一来，进货的批号、花色、尺码明细等以此就可以处理完毕，读取的资料输入电脑更新之后，便已直接完成配货中心出货及营业店的进货作业了。

2. 把握质量关

不同商品的检验。外观质量检验是商品检验的一个重要内容，各类商品外观检验程序应按"先上后下，先左后右（先右后左），从前到后，从面到里"的原则进行。

如何确定原料订货的数量

订货数量的确认，必须经过订货人员审慎考虑与计算过各种因素，才可下单给供应商。确认订货数量的方法，一般有以下几种。

1. 按照预计的营业额订货

营业额的高低，直接影响到物品的使用量。所以在订货时，首要考虑的因素，就是打算做什么生意，也就是预估营业额，以此来反推需准备多少原物料。计算时，可以每万元或一固定金额之营业所耗用之物料的平均数作为参考依据，再算出达到预估营业额时的物料需求量。

2. 按照物品储存的有效期订货

餐饮业食品类有效期限的控制，是确保质量的重要方法之一，所以订货时，其储存有效期限也不可疏忽，也就是订货量的可耗用期限不可超过储存的有效期限。

3. 按照原材料使用状况订货

一个店铺其各项原物料过去的使用情形，也可作为订货的一项重要参考资料。在一般情形下，可将前一期使用量作为下一期订货的依据，成长期累积记录各项物料的耗用情形，这点非常重要。

4. 按照盘点结果订货

盘点的结果可让采购人员清楚地了解现在店内还剩余多少物料，有哪些需要订货，有哪些不需要订货。所以盘点的正确与否，是影响订货准确性的重要因素之一。

5. 按照促销广告订货

出于提高营运绩效，或增强竞争能力，或刺激消费等特定的原因，现今各店铺越来越重视广告促销。由于促销常常会打破原有物品耗用的正常比例，因此订货人员需对促销的内容、对象及企业部门的预期目标详加了解，并适度调整订货量，以配合促销活动的进行。

6. 按照地区特点订货

对于连锁经营的企业店铺来说，每家分店可将地点商圈特点的不同，作为预估、订货的依据或管理上的指标。然而不可控制性永远是存在的，许多情况的发生事前是无法预知的，因此一个好的订货人员对异常情况必须具有高度的警戒性。

每日检查重要原物料的盘存量、使用量与进货量，确定频率的正常性。

异常发生后尽量了解原因、追踪后果并加以记录，作为未来参考的依据。

7. 按照季节变化订货

季节的更迭、天气的变化，往往会影响菜式及原物料使用量。同时更重要的是，这些变化是生鲜食品供应期间、产量多少、质量好坏与价钱高低的最主要指标。订货人员需确实与采购及使用人员密切配合，以期达到采购的最高效益。

8. 按照供货期长短订货

订货时，也需考虑供货商供货期的长短，即接受订单后要多久才能将货品送到，下一次送货是什么时候。因为各供应商提供物品的到货时间或送货时间不尽相同，因此订货时必须依据供货时间，订足够的量。

9. 按照食品的包装数量和规格订货

已决定要订多少数量时要注意的是，订货量必须考虑此项物品的包装容量而作适当的调整。

并非所有商品的采购都直接由采购人员主导，有些商品限于专业或其他原因，曾由使用单位或仓库依其需要量与安全库存量拟出订购单，经过总经理或指定的主管核准其订购单，最后才由采购人员直接办理订货。

对餐饮业而言，由于季节、气候、产量、价格变动、促销等因素的影响，有些食材确实无法套用公式来计算采购量，不过一般仍可根据公式得出最佳订购量：

采购量（含安全库存量）= 每日用量 × 进货天数 ×12

至于采购周期，理论上是越短越好，但考虑到鲜度、耗用量、供货时间及库存空间等，各种原材料的采购周期不尽相同，以下为一般餐厅普遍采用的采购周期：生鲜肉品、果蔬每日采购；冷冻食品每周或每20天采购；一般用品每月采购（单店则为每周采购）。

尾货便宜要少碰

尾货便宜却要小心触碰。这里介绍一下做"尾货商品"的几个注意点。

1. 不要贪多

刚开始做还不能完全把握顾客的口味，所以最好多款少量，多拿几个款，每个款少拿一点,看顾客的反应再补货。不要怕你看上的货没有了就多进,放心,这个款没有了,类似的很多款会出来。

2. 不能盲目相信商家退换货的承诺

有的商家也是可以全部退换的,但是价格会很高,自己的利润就小得多。有些批发商是事前声明不退不换的,价格已经做得相当低,即使不退不换,利润空间这么大,也足够平衡了,相信按照进价处理是绝对没问题的,如果这个价格都出不了,那就没法做了。

3. 不要贪便宜

刚开始做店时,对整个市场的行情还不能完全把握,自以为这家的货很便宜,货也不错,这只是你个人的感觉,实际上往往不是这样(做久了把握得会好一些),所以还是控制自己,不贪这个便宜。以后你会发现有很多更便宜、更好的货。当然有好机会也不要错过。

4. 一定要仔细检查

不要被商家的花言巧语所迷惑,杂款一件件地看,整款也要抽检;没有特别的把握,不要拿打包货,新手更是不要碰看都不让看的打包货。残次量太大的,不要轻易拿,不然到最后你肯定后悔莫及。

标准4　商品陈列——让顾客看了想掏腰包

店铺的陈列可用于体现品牌的潮流及风格，展示商品的未来流行趋势，体现季节气候的变化以及品牌的系列化，等等。而成功的店铺陈列，不仅可以激发购买兴趣和购买欲望，还可促进顾客下定购买的决心。

一个好的商品陈列，可以传达强烈的视觉效果，满足消费者购物的乐趣与享受，直接刺激消费者的购买欲望，为商品下一步的销售打下良好的基础。

商品陈列五原则

现代店铺商品大多采用开放式陈列，消费者按照自己的意愿挑选商品，专卖店销售人员为顾客提供"对面销售"或"侧面销售"，详细地介绍或推荐商品。因此商品陈列应方便顾客浏览或拿取，突出特色产品或主题产品，并能让顾客获得必要的商品信息或知识。货品陈列的基本要求是商品资料齐全，陈列位置得当，商品特性突出，陈列商品整齐，陈列商品规律摆放等，做到既美观、有现代感，又容易挑选，使顾客能够产生购买的欲望。

商品陈列要遵循以下原则。

1. 醒目性原则

为了将各种系列商品的最佳卖点展示给顾客，应根据商品本身的特点灵活选择货品的展示部位、展示空间、展示位置、叠放方法等。

2. 丰富性原则

上架展示货品时，吊挂展示可按照系列、类别、颜色、规格等优先顺序，根据零售店的利用空间确定展示数量，叠放陈列则尽可能齐色齐码，对于色、码不全的货品可另类摆放，以免影响顾客的挑选。

分类的重点是让消费者方便选择和选购，设计出最适合该商品的分类方案。

3. 合理组合原则

同一系列的货品应在同一区位陈列展示，各个品种可按款式分组，并按颜色、规格顺序摆放，体现货品的层次感，杂乱无章地摆放往往会导致顾客视觉疲劳而失去浏览的耐心。商品陈列要做到使进店的消费者容易辨别，必须注意商品的正面视觉效果。

4. 艺术美原则

货品的摆设应遵循一定的审美原则，如颜色的搭配要和谐，空间分割要有层次感，货架的高度应符合人体动作习惯等。

5. 真实性原则

上架摆设的货品与销售给顾客的货品要一致，货品的各种必要的资料如产地、价格、质地、面料、品牌等要真实。

陈列的数量、颜色及样系

决定店中商品品目之后，接下来就要考虑陈列的数量问题。各种商品都会有所谓的"最低陈列量"，陈列商品一旦低于这个数量，其销路就会极端恶化。因此，考虑陈列数量时，要以各商品的"最低陈列量"为前提。陈列要有一定的数量，这样才易增强顾客的购买欲，从而达到销售商品的目的。假如陈列未达到一定的数额，则销售量就会显著地降低。所以，要充分考虑陈列的数量，使其达到一定标准，既能吸引顾客，又不会显得商品不够丰富。

此外，在商品陈列时，除了数量之外，还应该同时注意到商品的颜色、式样、大小。这样才能吸引顾客的注意力，从而提高商品的销售量。

店员小王曾经做过如下的试验：她把红、黄、蓝、绿、褐五种颜色的特价衬衫，堆成一堆放在店门口附近，每个星期检查一次，想要看到底哪一种颜色的衬衫销路最好。过了几个星期后，她得到了一个结论，那就是红色衬衫最易销售。而且，

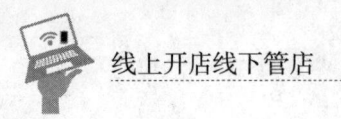

当红衬衫卖完之后，其他四种颜色的衣服销售量就直线下降了。然后，她又做了另一个试验：将衬衫分成两堆，放在店门口的左右两边，其中一堆红衬衫加多，另一堆则没有红衬衫。经过比较之后，发现加多红衬衫的那一堆，销售量竟比没有红衬衫的那一堆高6.5倍。

为什么会出现这种结果？她总结之后，得出了两个结论：

（1）红色比其他颜色更引人注意。

（2）没有红衬衫的那一堆，显得黯然无光，使顾客的兴趣大减。

陈列的方向

商品陈列时最不能忽略的一个重点即为陈列方向。因为商品的陈列就像人的颜面一样，是给别人的第一印象，所以在商品陈列时，方向是非常重要的。对于方向的选择，要考虑以下几点。

1. 迎合顾客对于商品的选购重点

商品标牌多半一面记录商品名称与商标图案，另一面则记录注意事项和成分计量。特别是毛料服饰，对于标牌的展示一定要明显。总之，要以顾客感觉具有吸引力的方向进行展示，这是陈列方向的重要所在。

2. 以宽大面示人

为了凸显商品的"量感"，也有必要考虑向哪个方向展示才能让商品群看起来容量大的问题。若是毫无规则地堆放商品，尽管陈列量大，也无法给人商品丰富的印象。采用宽大的商品面向，利用内衬来陈列，才是具有"量感"的陈列法。

陈列空间巧放大

让店铺空间放大，还有一种方法就是改变商品的陈列方式，从而形成视觉面积，扩大店铺的空间感。经营者都知道，商品摆列的一大禁忌就是过于拥挤。

如果商品陈列"扎堆",会挡住顾客的视线,影响顾客对商品的观察和评价。因此,无论是空间因素还是商品数量因素,都应规避拥挤的感觉。

那么,营造一个"被放大"的空间,需要做什么?

1. 斟酌店内商品的陈列数量

在店里,如果商品到处堆砌,会给顾客留下非常糟糕的印象。空间狭小、东西凌乱的感觉顿时会涌现出来。所以,要控制陈列商品的数量。在整体上规划要陈列的商品和各个样式的数量。可以根据以往的销售数量,计算平均的日销售数量,准备出1.5~2倍的数量。在周末或者节庆日,增加一定的数量即可。

2. 思量店铺内各种类商品的陈列比例

受空间场地的限制,店铺想充分利用空间,就应尽量陈列商品中的精品和高质量产品,其他角落或者不容易投射到水平视线内的区域可以布置普通产品。有重点的陈列,就能留出充裕的空间凸显店内的特点,也能节约空间。

3. 降低店内的货架高度

在同一空间中,如果货架的高度相对降低,空间整体就会显得宽敞。拉长上下空间的距离,能减少顾客的狭小空间感,使得顾客购物时心情可以放松下来。

总之,商品的数量、陈列比例、陈列方式等,这些细小的设计,都是想让店铺产生更多的空闲空间,放大室内面积,以能让顾客感到卖场宽松、精神放松,从而促使顾客能感受到"购物的愉悦",最终达到双赢的效果。

几种特殊的陈列方式

陈列设计得当,才能营造出一种商业空间的销售环境,烘托自身的卖点氛围,从而为店铺增加光彩,也便于赢得消费者的青睐。商品需要不断地更新和改变,陈列的宗旨之一就是能准确、一目了然地表现这些变化。

对于店铺来说,陈列对销售的影响很大。浙江的一家女装专卖店,原来的月销售额为7 000元,后来在专业策划师的指导下,进行了合理的店面布局,将原来的店门死角变成活角。一个月后,销售额直线上升,达到了20 000元。一般来说,通过精致的店面陈列和布局后,可以使店铺的销售额提高

10%~40%。所以我们必须得掌握一些商品陈列的技巧。

在陈列的手法、方案等方面，除了上面介绍的常见陈列方法外，还有几种特别的陈列方式。

1. 敞开与展览陈列

这种方法就是指店铺采用顾客自选的售货方式。顾客直接可以从敞开展示的商品中选择自己所需要的商品。所有的商品全部都悬挂或者摆放在货架或柜台上，价格也是公开标注出来的，顾客不再需要向店员反复询问，就可以按照自己的意愿进行自由挑选。这种方式与店铺的自由选购颇有些相似。这种方式可以最大限度地方便顾客，使顾客有一种自然和随意感，而且很容易激发顾客的购买欲望。

这样的陈列方式最大的特点就是，加大了顾客的选择性和自由性。对于商品的色彩、质感、款式、价格、合身度等都是一目了然。这样的方式可以给顾客带去很大的方便，他们可以选择自己喜欢的几件商品同时进行对比，然后选择自己最喜欢的，简单明了。这就节省了顾客选择商品时候的耗时耗力的问题。同时，敞开和展览式的陈列也可以减少顾客在选择和购买商品时的心理压力，给人一种舒畅感。

2. 专题与垂直陈列

店铺往往会结合一些特定的事件或节日，对自己的某一些商品进行集中的展示和销售。如在春末夏初时，把游泳服装及用品进行专题陈列等。这主要是迎合了一些消费者喜欢凑热闹、喜欢即时抢购的心理特征。

这种陈列方式必须突出"专题"的特点，不能经常性地进行，否则反而失去了它本身的意义，也很容易招致消费者的反感。

3. 季节陈列

在人们的日常生活中，绝大多数商品在销售规律上都有旺季和淡季之分，季节性对商品有很大的制约作用。不少商家都以季节为主要依据来制订商店的营销计划，店铺在这一点上尤为明显。

根据季节变化将应季商品集中进行陈列，比如春末夏初的夏装、凉鞋、草帽的展示，冬末春初的羊毛衫、风衣展示，等等。这种季节陈列方式可以满足顾客应季购买的心理特点，有利于扩大销售。

4. 相关与联想陈列

相关陈列法是把一些有连带关系的商品陈列在一起的商品展示方法。店铺可以把所经营的主要商品摆在最好的位置，也使顾客对这家店铺的主打商品能够一目了然。但在重点陈列主打商品时，也要力求为顾客提供方便和扩大销售额。因此，与主要商品关系密切的其他商品，也应尽量按其关系有系统地陈列。例如，将领带和西装陈列在一起，将丝巾和女套装陈列在一起，等等。

5. 醒目与重点陈列

醒目，是商品陈列的基本要求之一。醒目陈列法就是依据这一要求来陈列商品，以引人瞩目的方法。商品是否能引起顾客的购买欲望与其能否引起顾客的注意有密切的关系，而要想引起顾客的注意，商品的陈列做到醒目是最直接的做法。

6. 逆时陈列

逆时陈列法是把店铺经营的商品按逆时针旋转的方向有序陈列。由于大多数消费者在逛店铺时总是有意无意地按照逆时针方向行进，为了迎合顾客这一心理需要，把商品按主次逆时针方向排列，这样有利于顾客更好地选购商品。

7. 艺术陈列

在陈列时，店员要根据商品的特点，采取直线、曲线、梯形、塔形、交叉、对称、均衡、立体、形象、艺术字、折叠花纹、图案、单双层等方法，把商品的整体美、色彩美、质感美等都充分体现出来，以吸引顾客关注，使顾客在欣赏造型艺术美的同时也能被激发起购买兴趣。

好的陈列，不但能够起到吸引顾客注意力的作用，还能使顾客得到美的享受。在商品艺术陈列时，对有些商品还要尽可能显示其全貌，以减少顾客的询问。

陈列中应避免的问题

在商品陈列中，还应避免以下问题：

（1）卖点广告残损、过季但仍未替换。

（2）产品无系列化陪衬、单款零散销售、无故事性和感染力、未引发概念消费。

（3）硬性将无关联展示物、卖点广告和货品新展示空间喧宾夺主，主题含混、牵强。

（4）刻意营造均须广而"奏效"，增加单元区域内商品数量和品种。

（5）刻意营造色块间隔，导致"琴键"反效果；在墙面、镜面、货架面、玻璃面随意贴饰纸质告示或卖点广告。

（6）太多的零散和独立的店缀式摆设且刻意营造"情趣"和"格调"，太过夸张并失真，不产生感应。

（7）无明确界定特价品与正价品展示区域，且无明确标志。

（8）光源失调、残损，照明无自然还原效果，误导消费者；货架间隔小于120厘米。

（9）连续大范围、大跨度单一陈列展示方式，导致视感单调、疲惫，缺乏重点。

（10）展示面罗列铺排货品无趣味、无焦点，无细节跟进。

（11）展示容量失调，多则拥挤不堪，少则寥若晨星，未经必要调整和变通。

（12）季末、季初产品陈列方位未经调整，陈列方式保持不变。

陈列时应注意的事项

陈列是店铺卖场设计的重要环节之一。在商品陈列中要注意以下几项。

1. 分类是否合理

商品分类表示是否易懂、易于寻找，分区表示是否醒目？是否有不同种类的商品混杂在一起？不同类但有关联的商品在陈列时有无考虑到让顾客通过最近的距离拿到全套商品？

2. 是否方便取放

通道是否有足够的空间便于顾客通过？有没有做到大件商品应放在陈列架下层，小件商品放在陈列架上层这一点？商品有没有放在手够不到的地方？有没有宣传广告牌过大、影响商品的拿取的情况？

3. 数量是否充足

陈列时是否考虑了最大限度地摆出商品？能否给消费者以数量充足感？陈列的绝对数量有没有不足？畅销品的数量能否满足顾客日常购买需要？是否考虑到平日和星期六、星期天购买量的不同相应调整商品数量？

4. 种类是否齐备

有没有能给顾客提供尝试新生活的产品？商品种类的决定是否和主要顾客层相对应？有没有迎合特定季节的商品？有没有配合特殊节日而准备的商品？有没有流行中的新产品，是否给顾客以跟不上时代的感觉？

5. 照明条件和色彩搭配如何

有没有考虑因商品而异的照明方法？店内整体照明是否充分？有没有商品摆放在黑暗处？聚光灯的使用是否合适？重点商品有没有得到足够的照明来突出？有没有考虑因商品种类和性质的不同而配以不同感觉的背景色和广告宣传品等附属品的颜色？同一类商品摆放在一起时是否考虑了花色、颜色的搭配？

6. 是否美观实用

有没有摆放过于整齐、机械而给人以冷漠感的地方？有没有摆放过于变化多端而造成混乱的地方？有没有陈列架未摆满、露出空格，给人以商品感觉不足的地方？展台、陈列架有没有从规划好的整体布局中显著地突出出来？有没有尽可能地使用和商品匹配的陈列器具，以收到美观实用的效果？是否把同类商品按颜色、花样、尺寸整理出来陈列在一起？

7. 陈列用具是否合适

店的商品陈列用具是否跟店内装潢、商品等级相匹配？棚架是否过于陈旧，从而给顾客留下不好的印象？

标准5 广告宣传——塑造深入人心的店铺形象

虽然广告在店铺经营中所占的位置并不像大企业那样突出,但是恰当的广告宣传可以提升店铺人气和知名度,给店铺的销售带来极大的动力,帮助店铺吸引潜在顾客,增加销售额。

尤其是在店铺刚开业的时候,强劲的广告宣传是必不可少的。否则顾客不知道、不了解店的信息,也就谈不上有购买行为,店铺也很难在市场上崛起。

店铺广告:不说话的销售高手

店面广告是店铺开展市场营销活动、赢得竞争优势的利器。它的作用具体表现在以下几方面。

1. 店面广告是不说话的销售高手

店面广告内容会吸引原未准备买的顾客,有时会让其感到该商品有价值而作出购买决策。

2. 广告是顾客购物的引导服务员

我们可以将帮助顾客购物的宣传单、价格单、海报等配置于店内。这些广告,激发顾客的购买冲动,常有的情况是顾客有时选定商品虽有疑虑,想要问店员却不好意思开口,店面广告会舒缓顾客心情,让顾客以自由自在的心情继续进行购物。

3. 提升店内的生动气氛,拉近顾客与店方的距离

在店内附上广告卡,逗人发笑,或对商品作拟人的说明,让人感觉到店方热心的说服力。

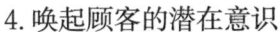

4. 唤起顾客的潜在意识

店主虽然可以利用报纸、电视、杂志和广播等媒体给顾客传达商店形象或产品特点，但当他们走入店铺时，极有可能将上述信息遗忘，而张贴、悬挂在销售地点的店面广告则可以提醒顾客，唤醒他们对产品的潜在意识，使他们作出购买决策。

5. 能够配合季节促销

店面广告可以配合季节变化展开促销活动。每逢春节，商家们总是将商店布置得富丽堂皇，到处流光溢彩，衬托出热闹、欢快的节日气氛，大多数顾客的心情也会为之一振，自然愿意买些东西。

6. 塑造店铺形象

店铺经营者可以将企业各种标志等印刷在店面广告上，以塑造富有特色的店铺形象。有些世界著名的品牌是店面广告上经常出现的一些标识，它们已经为广大媒体受众所熟悉，已成为一种专有标记。

要起到以上作用的店面广告的设计绝非是轻而易举的，应有其自己的鲜明特征。成功的店面广告设计应该遵循下面三个原则。

1. 简练、醒目

店面广告要想在琳琅满目的商品中引起注意，必须以简洁的风格、新颖的格调、协调的色彩突出自己的形象。

2. 重视陈列设计

店面广告的设计要注意商品陈列、悬挂以及货架的结构等，要加强和渲染购物场所的艺术气氛。

3. 强调现场效果

由于店面广告具有直销的特点，设计者必须深入实地了解店铺的内部经营环境，研究经营商品的特色，以求设计出最能打动顾客的店面广告。

店铺广告有哪些种类

现在的店铺中，装饰常使用流行的卖点广告。其主要商业用途是能给顾客强烈的视觉刺激，利用别出心裁的设计引导消费和活跃卖场气氛。具体的形式有户外招牌、展板、橱窗海报、店内展台、立体卡通模型等。它结合店铺的特点，用新颖独特的方式呈现出来。一般表现形式夸张幽默，色彩强烈，能有效地刺激并吸引顾客的神经。作为一种低价高效的广告方式，它被很多经营者采纳。

根据外表样式的不同，可以将它分为四类。

1. 柜台式样

柜台式样的卖点广告指将商品放在舒适的环境中，拍摄大的图片，制作成柜台式卖点广告，放在同类产品的旁边，让顾客在挑选产品的时候，可以对产品的特性、款式、外形、效果有清晰的了解。

2. 悬挂式样

悬挂式样的卖点广告指将宣传物料悬挂起来，包括挂旗、悬挂灯箱、产品图片等。店铺无论大小，上方空间一般都较为空闲，悬挂适当数量的卖点广告并不破坏整体销售氛围，相反还能给人完整的空间享受，创造出一个清新怡人的购物环境。

3. 粘贴式样

粘贴式样的卖点广告主要指宣传海报。其主要被用于促销、发布打折降价信息等。其使用有一定的期限性，在活动结束后，卖点广告将立即被拆除。店内为保持清洁，应避免使用这种粘贴式样的物品，贴在外部更能渲染热销的氛围。

4. 立地式样

立地式样的卖点广告通常是立体式样的塑料或纸板模型等，它可以将特别时尚和流行的商品宣传给顾客，并让产品生动形象，效果比前几种都好。

通常，前两种卖点广告，主要针对各系列产品中的重点产品，配合重点产品的陈列；立地式样的卖点广告，主要是针对个别产品，做突出展示，以有针对性地促进这类商品的销售。

卖点广告展示物，被广泛用于店铺、个性店等终端销售领域。很多大型的店铺将其印刷成统一模板后由美工根据要求制作，批量订购。中小型的店铺则多使用手绘的卖点广告，运用独特的文案和形式来推出商品。

一张精美的卖点广告海报不仅能让店内的商品熠熠生辉，其制作还很简便，能够节省成本。尤其是在琳琅满目的商品中，穿插醒目、鲜艳的卖点广告，常常在宣传具体产品的同时，也宣传了企业的形象，进一步提高了店铺的品牌形象和美誉度。

店铺广告费的预算

店铺的资金有限，但是要扩大自己的销售量，有时候还需要利用广告来宣传一下自己。正如一位资深的美国记者曾说的："只要有足够的经费，我能使一块砖头被选为州长。"广告的威力由此可见一斑。

做广告要不惜本钱。舍不得合理的广告投资，不善于利用一切宣传自己的机会，那么你的商品只能堆积，不能很快地变成金钱。

同时，做广告要量力而行，看看应投入多少广告费用才合适。在做广告之前一定要学会合理的预算。在广告促销中，有一句名言："我知道我的广告费一半浪费了，可是却不知道是哪一半。"这句话背后就是说明了广告投放策略的重要性。那么如何才能找回浪费掉的"另一半"呢？

1. 定位目标群体

在进行广告投放时，一定要有一个清晰的目标顾客定位。虽然我们不能指望广告能打动所有的人，但是能精准地打动目标群体就是成功的广告。如果一个做少女服装的广告让老头老太太们喜欢得不得了，那么这个广告就白投了。因为广告已经错位了，老头老太太们即使再喜欢这个广告，也不可能去买少女的衣服来穿。

2. 选准传播媒介

很多企业倾向于将电视广告、广播广告、报纸广告、杂志广告和促销等放在一个盘子里搅拌，然后一股脑洒向市场，对消费者进行强行灌输，以为这样就能产生最佳的广告效果。殊不知，不同的媒体具有不同的作用，虽然不分青红皂白的广告轰炸多少也能带动销售，但这其中又浪费了多少血汗钱。我们应该根据不同媒介的优缺点以及店铺的特殊情况进行择优选择。

3. 强调独特的销售主张

要想让广告在消费者的心中扎根，需要感念聚焦法则，使潜在顾客对店铺的商品具有精准的记忆力。所以，每一条广告都必须要向消费者提出某种主张，这个主张不仅仅是对商品自吹自擂的炫耀,最重要的还是要向顾客传达这样的一种理念——"买下这件商品,你将会获得这些好处"。

另外,这个主张应该是竞争对手还未提出来的、能强有力地吸引大量受众注意的广告主张。

4. 利用音乐传播效果

音乐无国界,音乐是世界上唯一不用翻译的语言,它总是能很轻易地吸引不同国籍、不同民族、不同肤色、不同性别、不同年龄的人。在广告传播中,借助音乐歌曲,可以大大增强传播效果。一般情况下,歌谣、童谣为主的广告音乐更容易记忆,也容易流传。轻松愉悦的广告歌曲能减少收听者的抗拒心理,是记忆度极佳的诉求工具。

广告预算支撑着广告计划,关系着广告计划能否落实和广告活动效果的大小。专家曾系统归纳了制定广告预算的各种方法,其包括:

(1)全年销售额的一个固定百分比,这是比较方便管理的一种方法。

(2)如果外在环境变化不大,要维护往年的预算,然后按通胀率调整。

(3)与竞争对手的预算持平或是更超前的时候,意味着假设竞争对手是正确的。

(4)直觉判断,单凭感觉及经验的经营者不少,这在国内成为感性投放。这尤其需要看经营者的"胆略及高见"。

(5)视利润状况而定——决定预算多少的焦点是资金的来源,而不是目标,因此往往并不能达到很好的效果。

(6)量力而为——以所能负担的做到最好,虽然有些本末倒置,但不少经营者只能以此做预算。

(7)以每个顾客的成本需要计算,即目标先定,然后看能否达到结果,这亦会受成本所限。

店铺广告设计要点

店铺通常会采用广告的方式向消费者传达商品独特、鲜明的个性主张,使商品得以与目标消费群建立某种联系，顺利进入消费者的生活和视野，达到与之心灵的深层沟通，并在其心中树立某种印象和地位的目的，使商品变成一个有意义的带有附加价值的符码。

店铺的经营者或通过创立人独具人格魅力的商品形象代言，给目标受众以鲜明的商品个性和信心；或通过社会名人极具亲和力的广告代言，令商品迅速对目标消费群的购买施加影响；或通过虚构人物演绎商品叙事，传达商品理念与价值取向，赢得目标受众的认同；或通过漫画式卡通动物的形象代言，塑造活泼可爱、耳目一新的品牌形象，让人在相视一笑中对品牌产生美好的联想和印象；或以新颖生动的语言传送商品的内涵和功效，吸引和打动消费者。

店铺广告设计的要求就是独特。无论是采用陈列的形式，还是采用发放的形式，都必须新颖独特，能够很快地引起媒体受众的注意，激起他们"想了解""想购买"的欲望。具体来讲，店铺经营者在设计广告时，有以下几个要点。

1. 造型简练、设计醒目

店铺广告要想引起媒体受众的注意，必须以简洁的形式、新颖的格调及和谐的色彩突出自己的形象。否则，就会被消费者忽视。

2. 重视陈列设计

店铺广告不同于节日的点缀，店铺广告是商业文化中企业经营环境文化的重要组成部分。因此，广告的设计要有利于树立店铺的形象，要注意商品陈列、悬挂以及货架的结构等，要加强和渲染购物场所的艺术气氛。

3. 强调现场广告效果

由于店铺广告具有直接促销的特点，经营者必须深入实地了解店铺的内部经营环境，研究经营商品的特色（例如，商品的档次、店铺的知名度、质量、工艺水平、售后服务状况等），以及顾客的心理特征与购买习惯，以求设计出最能打动消费者的店面广告。

卖点广告的摆放

POP 是英文 Point of Purchase Advertising 的缩写，意为"卖点广告"。其主

要商业用途是刺激引导消费和活跃卖场气氛。它的形式有户外招牌、展板、橱窗海报、店内台牌、价目表、挂旗,甚至是立体卡通模型等。常用的POP为短期的促销使用,其表现形式夸张幽默,色彩强烈,能有效地吸引顾客的视点,唤起购买欲。作为一种低价高效的广告方式其已被广泛应用,卖点广告也是最受店面经营者欢迎的一种广告方式。在店内外所有能帮助促销的广告,或者是其他可以提供商品相关情报的服务、指示、引导等标示,都可以称为"卖点广告"。

卖点广告的概念有广义和狭义两种。凡是在商业空间、购买场所、零售店的内部、周围及商品陈列的地方所设置的广告物,都属于广义的卖点广告。比如,店铺的牌匾、装潢、橱窗,店外悬挂的广告、条幅,商店内的陈设、招贴广告、服务知识,店内发放的广告刊物,进行的广告表演、广播、录像、电子广告牌、广告等。狭义的卖点广告仅指在购买场所和零售店内部设置的展销专柜以及在商品周围悬挂、摆放与陈设的可以促进商品销售的广告媒体。

要想让卖点广告达到理想的宣传效果,仅靠广告物品自身设计的成功还不够,还必须得有科学合理的安置和摆放,才能发挥应有的效果。有不少店铺,虽然卖点广告设计得非常合理,但是因为摆放得不合理,所以没能发挥应有的效果,甚至适得其反。那么,如何摆设卖点广告才能发挥应有的效果呢?

(1)不要把卖点广告与商品摆得太远。

(2)卖点广告不能遮挡、影响商品的展示。

(3)卖点广告摆放的时候要与顾客的视线成直线,这样才能让顾客一眼就看到你的商品和卖点广告。

(4)卖点广告不能妨碍顾客触摸商品。

(5)特卖活动告知的卖点广告在商品说明要注意方法,比如,放一些装饰和插图让卖点广告更为活泼;标明原价,让顾客通过价格的比较觉得实惠,从而提高商品的销售额。

(6)在特卖期间要写明确,否则会让顾客弄不清楚这款商品是否还在特卖,从而影响销售。

(7)卖点广告的设置时间要跟商品促销活动的时间保持一致。如果过期的卖点广告没有及时清理掉,很可能会给消费者造成消费误导。

(8)卖点广告设置的高度要合适。如果卖点广告采取的是悬挂式,它的高度既要避免因距离该款商品太远而影响促销效果,又要防止遮挡消费者的视线。如果卖点广告采取的是张贴式,张贴的高度要距离地面70～160厘米的高度范围内比较合适。

(9)卖点广告设置的数量要适中,过多的卖点广告会让人产生厚重的压抑感,遮挡通道内顾客的视线,影响其购买的心情。

(10)卖点广告在使用过程中需要保持清洁整齐,如果有被撕毁的情况,应该及时进行更换。

(11)卖点广告的摆设要有重点,要具有美感、韵律感及统一性,让顾客想去读它、看它。

(12)利用装饰图案辅助平面卖点广告的不足,提高平面的造型效果,强调商品的新颖感。

(13)告知性卖点广告可以挂在正门左右侧的玻璃门、墙或者宣传栏上。

快讯商品广告的设计及派放

DM是英文Direct Mail的缩写,即快讯商品广告,通常由8开或者16开广告纸正反面彩色印刷而成,采取邮寄、定点派发、选择性派送到消费者住处等多种方式广为宣传,常见形式有:销售函件、商品目录、商品说明书、小册子、名片、明信片以及传单等。

快讯商品广告除了邮寄之外,还可以用传真、杂志、电视、电话、电子邮件、直销网络、柜台散发、专人送达、来函索取、随商品包装发出等方式。快讯商品广告与其他媒介相比,最大的优点就是,快讯商品广告可以直接有针对性地将广告信息发送给真正的受众,而其他广告形式只能将广告信息很笼统地传达给所有受众,而不管那是不是真正的受众。快讯商品广告的受众在作出最后决定之前,可以反复翻阅广告信息,直到最后作出购买或舍弃决定。快讯商品广告是一种深入潜行的非轰动性广告,不易引起竞争对手的察觉和重视。但是快讯商品广告广告的缺点是,如果目标受众选择不精准,势必会让广告的效果大打折扣。

由于使用快讯商品广告没法借助电视、广播、报纸、杂志等在公众中已经建立的信任度，所以快讯商品广告就必须得用各种方法来吸引顾客的注意。

（1）快讯商品广告的设计要新颖别致，要有创意，制作要精美，内容涉及也要让人舍不得丢弃，确保其有吸引力和保存价值。

（2）主题广告一定要在第一时间内抓住消费者的眼球，进入消费者的心智，产生较强的诱惑力，吸引消费者爱不释手地看下去，使快讯商品广告的效果最大化。

（3）快讯商品广告的纸质一定要好。一般画面的可以用铜版纸。文字信息类的可以选用新闻纸，新闻纸的规格最好是报纸一个整版的面积，至少也要有半版的面积。采用彩页的快讯商品广告面积不能太小，不要小于B5纸，一些二折、三折页更不要夹，因为顾客拿报纸的时候很容易将他们抖掉。

（4）在制作快讯商品广告时设计出引人注目的形状，或者是辞藻华美的文字引发顾客的兴趣，吸引读者的阅读兴趣。

（5）在信息选择上一定要精练，即使店铺有很多广告信息需要传递，也不能一拥而上。要进行选择，最多集中有三条信息就足够了。因为提供的信息越多，顾客阅读的概率就越低。

（6）并不是发出的快讯商品广告数量越多就越有效果，我们在发快讯商品广告的时候一定要有针对性，要有创意。比如，近年来很多店铺并不是投递出快讯商品广告后工作就结束了，他们还在快讯商品广告投递后的时间里打电话给对方请对方来店，而且快讯商品广告还附带着优惠券、兑换券等多种促销活动进行宣传。

（7）随报投递的时候应该根据目标受众的习惯来选择恰当的报纸杂志。如针对男性可以选择新闻和财经类的报刊。

（8）建立高档人群数据库，把杂志投放到高档社区，每个进入社区的人都可以拿一本，或者是放到高档消费场所等。

小广告单的投放技巧

小广告单比较小，不是很容易引人注目，所以应该放在比较显眼的位置，让顾客能看到这个广告单，进而产生购买欲望。

在制作小广告单时需要注意的是，横向书写的广告语最好使用横向的纸张，纵向书写的广告语最好使用纵向的纸张，这样的话不仅容易排版、版面比较紧凑，而且顾客看起来也比较舒服，能引起顾客的好感。

根据心理学的观点，顾客在面对纵向书写的小广告单时，眼睛会习惯性地落在右侧。所以小广告单最好摆在商品的右侧。还有，当顾客看完商品之后，眼睛视线会落至对角线的左下方，所以商品的左下方也是小广告单摆设的第二个受瞩目的关键点。如果小广告单是横向书写的，顾客的眼睛会很自然地落在左上方，所以商品的左上方是最容易吸引顾客注意的位置。还有一个绝佳的摆放位置是其对角线的右下方。小广告单通常会使用大量的照片，我们在使用照片的时候需要摆放到合适的位置，让顾客一眼就能看到这个小广告单，进而引发对商品的兴趣。使用照片的时候可以参考电话购物和网上购物所使用的商品目录。挑选好的照片在色彩方面一定要具有美感，让顾客能够动心购买。

在制作小广告单的时候，为了方便顾客阅读，颜色应该控制在四种以内。因为色彩使用过多会让人感到杂乱无章，整体上非常涣散，不仅难看而且很难读。在制作小广告单的时候，应该根据店铺的形象颜色和商品颜色选择纸张的整体颜色，然后再选择文字的颜色和插入颜色，因为基底的颜色最终会影响卖场的形象。之后可以配合小广告单把想向顾客传达的信息，用线条把文字凸显出来，或者用别的字体强调需要特别引起注意的文字，或者是放入插图或者是漫画。

小广告单的内容一定要简约，便于顾客记忆。过于繁杂的内容顾客不仅看不懂，还可能根本不会扫上一眼。除此之外，字体一定要书写得漂亮，排版要整齐清晰，不要整版都写满了内容，要有留白，以提高顾客的关注度。

店铺广告语要有创意

"花小钱，穿名牌"这六个大字，是福州一家叫"衣时代网"服装折扣店所打出的广告牌。虽然这家店刚开业不久，但是由于这六个字，很多行人都禁不住走进去看个究竟。所以这家店里选衣试衣的客人络绎不绝，店主忙得不可开交。

这个广告出奇简单，只是在店铺的玻璃窗上挂了一个广告牌——一个只有红底白字组成的广告。这则广告语虽简单，但却分外的显眼，具有很强的视觉冲击力。

店铺利用玻璃窗做广告是很普遍的事情，我们也经常看到"新款上市，全场××折""拆迁特卖，最后××天""清仓甩卖，亏本销售""跳楼大甩卖"等促销广告，这些广告直接表达了商品的促销信息，是很多商家惯用的招数。但是这个招数仅仅表达了商家的做法，在消费者眼里既没有新意也没有吸引力，也就很难让客人见到广告后就产生进店的念头。

而"衣时代网"品牌折扣店的店外广告之所以产生了这么神奇的效果，最主要的还是"花小钱，穿名牌"这六个字正好满足了顾客的利益，契合了消费者既想要买便宜货又想买上档次名牌的心理，并将消费者的这个诉求通过广告表达出来，说出了消费者的心里话。

大多开店的人很少在店外下工夫伤脑筋，甚至连起码的店外工夫意识都没有，特别是一些在繁华地段、人流多的店铺。但是，店铺门前人流量大不等同于店内交易量就大，因为繁华地段的竞争者众多、同质化的竞争也左右了消费者的选择。

有的店主虽然也懂得广告的重要性，但是他们的方式太过于普通。比如，他们以为严守"橱窗和店内灯光一定要明亮"这个放之四海而皆准的真理就能吸引顾客进店。但事实上并非如此，因为这样的灯光效果所有的店铺都很容易做到，街头也不乏灯光明亮的店铺，消费者早已习以为常，怎么可能仅凭这个原因就进入你的店铺呢？

广告的创意就是一种创新，不是所有的店铺在橱窗上贴上"花小钱，穿名牌"就管用，但是根据店内商品所对应的消费者去挖掘消费者的需求，说出消费者的心里话就非常管用了。

标准6 店员招聘——寻找店铺需要的人

店铺中的一切准备就绪后,接下来就要招聘店员了。店铺经营者精力有限,不可能店中的事事都自己一手操办,店中的日常运营、销售、服务等活动需要店员们来完成。招聘中对店员的素质、能力考察是选择录用的重要标准。好的店员是店铺的栋梁,可以给店铺带来良好的业绩。

那么,经营者如何才能招聘到店铺所需要的最佳人选呢?

做好店铺的职位规划

在店铺的经营活动中,到底需要设置哪些职位,其职位的职能为何,必须确定下来,这样才能针对其职位进行编制需求的衡量。职位设置目的不清楚,易造成用人不适当与人力控管不力。另外,必须通过职位管理的进行,来作为员工招聘的参考工具及教育训练发展的依据,使人力规划更精准,生涯路径更明确,并作为工作职掌与绩效目标的检核及规划合理的薪资制度的依据,所以店铺经营者在进行职位规划与管理时须遵循下列步骤。

1. 工作分析

工作分析是协助了解职位设置必要性的最佳方法,一般应在职位设置前就先进行工作分析,设置后仍需定期进行检视是否有修正的必要,以下为主要考虑点:

(1)该职位设置的目的是什么?对其他职位有什么帮助与影响?

(2)该职位需要什么知识或技能?有哪些学历或体能要求?

(3)该职位要做什么工作?

（4）该职位负担的责任与影响度是什么？在组织中的位置是什么？

（5）该职位需要多少人？如何衡量？

2. 职位说明书的建立

经过工作分析后对于各职位的设置目的、基本条件要求、在组织中的关系、功能职掌，均能作出明确的规定，对于以后的人力编制、人员招募、调动与晋升、训练、薪资给付、绩效管理等，才能依照职位说明书来实施，因此书面化的职位说明书的建立有其必要性，而店铺内的每一个职位都必须有相对应的职位说明书，以利于职位管理制度的推行。

3. 职系、职类与职级的建立

（1）职系。职系是以对店铺内部现有的工作分析，将职务相类似的工作职位归类在一相同的职系，不利于未来工作轮调与晋升路径规划参考，因此必须依照店铺现有的组织与职位作分类。

（2）职类。职类的区分则可以按照工作所涵盖职务性质的专业性与一般性作分类。专业性多以该项工作内容需具备国家认证资格或专业的技术与知识来判断，而专业性职类的职位在考虑薪资给付时，会依其市场水准作调整，并对不同职类的职位调动作限制。

（3）职级。一般职位的职级多采用管理职种与幕僚职种两种方式区分，主要是以其工作行为特性及人员管辖与否来区分，而在不同职级间的职称会因不同组织形态而不同，甚至在同一职级间亦可能再予以细分，因此必须依据本身组织架构的特性作职级与职称的分类。

招聘前要做哪些准备

店员招聘前要做好相关的准备工作，招聘时才能做到有的放矢，提高招聘效率。

1. 用人政策

店铺的人力来源及招募任用，会受不同用人政策的影响，甚至因用人政策不同而形成不同的企业文化。

（1）基本条件。包含工作时段、学历要求、科系限制、年龄、语言能力及工作专长等，可依不同职位制定。如店面的柜台人员或服务人员，对于仪容及应对技巧应特别要求；收款人员的数字概念应清晰；电脑操作人员应具备基本电脑操作技巧等。

（2）法律规定。法律规定应给予劳工保障如劳工保险、最低基本工资等，或担任该项工作须具备的国家认证资格的要求如驾驶执照、技术师执照、药剂师执照等。职位的必备条件是无法放宽的，且会因某些具有认证资格的人力资源有限，造成招募不易。

（3）其他要求。如希望任用具有工作经验者还是社会新人？人格特质是以具有创意、勇于挑战还是以勤奋负责、具有服从性为优先考虑？

2. 员工来源

（1）正式人员。以应届毕业生、退伍人员、中途转业人员、二度就业人员为主要来源。

（2）兼职人员。以在校学生、上班族兼职人员、家庭主妇、银发族、待业青年为主，以及与学校建教实习合作或运用残障或学习障碍人员，这部分也同时是各店铺未来在人力应用上最困难却也最为重要的一环。

3. 招聘宣传

（1）媒体广告。以报纸、杂志、车厢媒体广告、有线电视媒体广告、企业统一发票广告或购物袋广告等为主，涵盖层面较广，适合各店联合招募，资源共享，但是费用支出较大，一般以报纸刊登效果最好。

（2）店面POP。店面橱窗张贴招募广告，可以立竿见影，并适合单店招募且费用最节省，但招募层面较不广泛。

（3）DM传单。采用夹报或门店柜台置放招募传单方式，可针对特定区域或人员招募，适合单店或在共同区域内的连锁店使用。

选择哪种方式招聘

店员的招聘方式有如下几种。

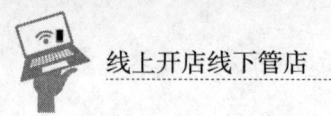

1. 店内招募

透过店面POP、DM传单或直接游说店内适合的顾客成为招聘对象,此方式所招聘的对象一般以店面兼职人员及店面的基层人员为主。

2. 员工介绍

透过店铺同仁介绍并配合介绍奖金的提供。此方式所招聘的对象一般稳定性较高。

3. 校园招聘

每年学生毕业期间,选择就业率高及配合度高的学校进行校园招聘,活动方式可搭配店面参观、学校说明会、演讲等形式,此招募方式可招聘到店铺运作所需的大量人员。

4. 求才说明会

说明会与校园招聘类似,但对象较广,是通常运用于毕业期、特定对象的招聘活动。

5. 离职员工复职

针对离职员工进行筛选,挑选工作表现良好的员工,予以拜访游说复职,此方式所招聘的复职员工,因熟悉作业成熟度较佳可立即工作。

6. 广告刊登

透过各种媒体刊登招聘广告,此方式运用最为普遍,但是要花费较多时间在筛选及人员面试上,且较为被动。

7. 建教合作

与学校采取建教或实习合作方式,可提供稳定的人力来源,并可于毕业后转换为正式人力,一般在工作期间可提供奖助学金或补助学杂费用,以增加吸引力。

8. 其他方式

透过人才中介公司转介,一般以主管或专业人才较适合,对于店面的基层人员,因流动率较高,这种方式较不符合成本控制原则。

面试要注意的问题

招聘面试需要考虑的问题可分为三个阶段,即面试前、面试中和面试后。

1.面试前须考虑的问题

(1)确定面试目的,了解情况,评估和选择。

(2)制订供面试使用的提纲。

(3)确定双方都方便的面试时间。

(4)通知被试人面试的目的与要求,包括所需证件和情况。

(5)研究被试人的全部材料,做好笔记,以免遗漏。

(6)为被面试人提供的准备时间要充足。

(7)选择好面试地点,面试的场所必须宽敞、整齐、清洁和秩序井然,并且应当安静、不受干扰。如果面试场所混乱、嘈杂或拥挤不堪,那么,一方面面试效果必然会受影响,另一方面也会给申请者留下对企业的不佳印象。

2.面试中必须考虑的问题

(1)认真负责。

(2)创造一种轻松愉快的气氛,保持被面试人的平静心态。

(3)如可能,提问题时要直截了当。

(4)提问题要有启发性,不要满足于"是"或"否"的简单答复,提出需解释或叙述的问题。

(5)对所提的问题要获得中肯、正确的回答。

(6)让被试人在回答问题时要有充分的思考时间。

(7)不唱独角戏,要善于倾听。

(8)不要随便打断被试者的陈述,尽可能让其说完。

(9)多问"为什么"与"如何"。

(10)让被试者回答完一个问题,再开始第二个问题。

(11)语言要简练。

(12)不要暴露你的情绪。是让你了解对方,而不是让对方来了解你的倾向。

(13)如被试者回答得不够清楚,可总结你的理解,以求澄清,但不要说他没说过的话。

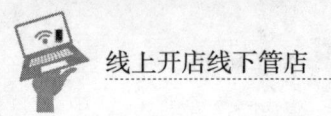
线上开店线下管店

（14）不要随声附和或喋喋不休。

（15）有疑问应立即追问。

（16）要明确自己的目的和任务，珍惜你自己的和被试者的时间。

（17）面试结束时，给被试者提问的机会。

（18）在正式面试前后均应保持警觉，所有同被试者的接触均带有"评估"性质。

3. 面试中经常提到的问题

（1）你为什么要找新工作，辞去原来工作的原因？

（2）你的短期和长期目标是什么？今后5年内你的打算是什么？

（3）你对原来的工作有什么满意和不满意？

（4）你欣赏原领导的哪些方面，觉得他哪些地方做得不够？

（5）你的长处和短处是什么？能否至少在每个方面举三个例子？

（6）谈谈你的工作和其他方面的成就？

（7）你需要多长时间能为我店做出有意义的工作成绩？

（8）假如你可能重新开始你的职业生涯，你有什么打算？

（9）谈谈你的一些过错。

（10）你认为好的管理者具备什么品格？

（11）为什么你认为自己有管理才能？

（12）你欣赏哪类书？过去一年里你认为哪本书最好？

（13）你对你所领导的员工有何希望？为什么？

（14）在大学里你最喜爱什么科目？不喜爱什么科目？

（15）你为什么对本店这一职务感兴趣？

（16）除了工作之外，你的兴趣和爱好是什么？

正式录用新店员

店员录用一般要遵从如下的程序。

1. 审核材料

经过初步面谈并认为基本合格后，则要进一步对应聘人员的有关材料进行审核和综合分析。如要求应聘人员交付履历表、学历证明文书及其副本等个人资料，并填写应聘申请表。

2. 正式面谈

正式面谈与测试是店铺员工招聘过程中很重要的步骤。正式面谈的意义在于通过面对面的全面接触，深刻了解应聘者及其所申请工作的情况，从而尽量达到工作与人的最佳组合。对于酒店来说，实际就是对于应聘者申请录用与否的决断准备。

3. 面谈结果的处理与体检

正式面谈结束后，应立即将各种记录汇集整理，结合背景资料，作出综合判断，决定是否录用。

4. 对于初步确定的录用人员，还要进行体格检查

店铺是服务行业，直接面对客人服务，因此，健康的体魄是胜任工作的基本条件之一。而防止患有传染性疾病的人员直接从事服务性工作，则更是店铺义不容辞的责任。

5. 员工的录用

当审核确定无误和体检合格之后，基本确定了员工的录用。店铺要为新录用的员工发放录用通知。为示郑重，录用通知应以书面为宜。其设计和内容的繁简视店铺的具体情况而定，一般应独具匠心、不落俗套，从中反映出店铺的品位和诚意。有时候，一份设计精美、内容清晰的录用通知书，会给无论有无工作经验的员工都留下深刻的印象。

6. 引导新员工适应店铺环境

为使新员工减轻在新的工作环境中产生的不安和压力，尽快进入状态，适应工作要求，店长应以各种方式让其熟悉大到店铺的基本情况，例如组织机构、部门设置、主要管理人员等，小到关于工作时间、就餐的方法、工资支付形式、工服的发放和仪表的要求等。同时，要向新员工介绍他的工作岗位和具体的工作内容，并将新员工介绍给一起工作的同事。这些介绍可以结合带领新员工在店铺各处参观，熟悉内部和周边环境等一并进行，也可结合观看有关方面的录像和集中提问答疑等进行。有条件的，应尽快将员工手册发至新员工手中。

标准7 店员培训——提升店员整体销售力

员工招聘只是店铺人力资源管理的开始，如何使新员工成为符合店铺要求的合格的销售人员，这是店铺内部培训要解决的问题。

对店员的培训，不仅要注重其业务能力的提升，还要注重其沟通、服务能力的培养，更要注重其自我学习意识的培养。培训需要持续不断进行，不仅要做好职前培训，还要做好职中和职后培训，不仅要对新员工开展培训，还要对老员工进行培训，这样才能让店员的能力不断获得提升，让他们为店铺创造更大的价值。

对店员进行哪些培训

培训的内容应该根据店铺的总体培训计划及培训对象的具体情况来确定。通常情况下，店铺内的每个员工都应该接受以下几个方面的培训。

1. 经营理念

店员是店铺的形象代表，他们担负着向顾客传达店铺经营理念、展示店铺形象的任务。而这一切的前提，就是店员自己首先必须熟悉店铺的经营理念，了解店铺的经营政策，以使自己的行为与店铺的经营理念相吻合。

另外，还必须让员工通晓店铺的各项管理规章制度，包括行为准则、考核标准等，让员工有个参照标准，避免出现违反店铺规定的情况。

2. 营业技能

店面的日常经营是有方法和技巧可循的，要想让店员取得更好的业绩，首先就必须让店员提高自身的营业技能与水平。

3.岗位技能

各个店铺都有自己的工作流程和规定,每个岗位都有它的操作流程和规定。要想让员工尽到自己的岗位职责,做好自己的分内工作,就必须让员工熟悉自己的岗位技能。

4.服务技能

每个店铺都要面对各种各样的顾客,并为顾客提供产品或服务。要提升经营业绩,就要做好顾客服务工作。为此,通过培训让店员掌握一定的顾客服务知识是非常有必要的。

5.管理知识

要管好一个店铺,仅仅依靠经营者一个人是远远不够的,也需要培养一些得力的助手,这就要求经营者在平时的日常管理中多观察,以发现那些有管理潜力的员工,并对他们进行适当的培训与指导。

如何做好职前培训

职前培训主要是针对新员工进行的。在所谓教、考、训、用的人事管理体制中,培训是人事任用的前提。即使新员工学识丰富,见闻广博,也要充实特定的实际工作经验与认识,以配合未来工作。在培训过程中可准确考查新进人员的才能及专长,以便在任用时充分量力使用,发挥潜力。

职前培训的内容主要包括两部分:一部分是基础教育,另一部分是行为培训。

基础教育进行的主要内容包括:讲解店铺的历史、规章制度、店面文化、知识、新技能与新观念。

行为培训是引导员工了解工作流程、店铺发展目标、店铺现状等,以此培训员工对店铺的归属感,帮助员工适应新的环境,融入企业文化。有些店铺把此项内容看得过于简单,往往只分发一些手册或带新员工在店铺中走马观花地走一圈。这样的培训是达不到应有的效果的。一个新员工从一种环境到另一种环境中,往往会受到各方面的冲击,加之人与人之间关系的协调,学识和经验与工作的不适,理想与现实的差距等,会感到较大的压力。这导致员工在实际工作中不能全身心地投入,既不利于店铺的经营,也不利于员工自身发展。

因此,基础教育不可忽视。对于基础教育的培训时间,可由各店长根据本店的具体情况灵活掌握。

如何做好在职培训

在职培训往往由经营者找出每个人需要加以培训的部分,有计划地进行指导。从时间上来说,在职培训可理解为边工作边接受培训,不脱离工作岗位,按照每个人的能力进行实践性教育,直到学会为止。

在职培训主要包括两个方面的培训内容:一是职务转换;二是随着时代的进步、环境的变迁,应随时灌输新知识、新技术、新观念给员工。具体采用的培训办法根据培训需要的不同而各有侧重。

职务转换包括两个方面,一是员工在各个岗位每隔一段时间调动一次,进行横向交流。这样做一来可使员工对店铺的经营管理活动有全面了解,有利于员工之间相互协调工作和培训员工之间的相互沟通;二来经营者也可发现下属最为适合的发展方向,以便做到人尽其才。通常,这种职务转换可采用中国传统的培训方法:师带徒式培训。由岗位上的熟练工人给职务转换的员工进行指导,或者指定专人来做这项工作。其实,这种方法对于培训新员工也是十分有效的。师带徒式的传统方法具有很强的实用性,这样不会导致员工过多,人员成本过大。

另一种职务转换是员工晋级前的培训。晋级是店铺人事管理的必然过程。一个员工晋升到未曾担任过的新职时,总是需要一个适应与学习的过程,因此组织必须对其加以培训。这种培训称为个别培训,可由店铺经营者派出一位管理人员专门对其进行指导。另外,可利用空余时间,送他到进修所进行培训,这也是在职培训的一种。当然,根据晋级员工的具体情况也可采用脱产培训的方法。

如何做好脱产培训

脱产培训指店铺的员工暂时离开现职，脱产到有关学术机构或学校以及别的企业参加为期较长的培训。脱产培训的主要对象是管理人员。他们是店铺生存发展的中坚力量，必须不断充电。

进行脱产培训的一个重要途径，是把受训人员送到高等院校内深入学习一段时间。因为对于管理层来说，重要的是理论上的进一步深入学习，而不是实际的操作培训。

对于相互之间存在激烈竞争的店铺实体来说，这种方法就不太适用。需要注意的是，派到外单位学习的目的是得到本店铺较难获得的信息技术以及其他领域的专业知识，否则价值就体现不出来。

如麦当劳日本公司为了使员工能说英语，就把员工送到美国的分店进修，让他们处于具体的交际环境之下，效果就更好了。

如何做好店员自我启发式培训

自我启发式培训也称自我教育培训，指企业鼓励员工利用日常的空余时间学习。一个优秀的店铺经营者应该创造一个明朗、开放的环境，替员工创造容易实现自我学习、自我启发的良好环境，这样，员工的再培训和持续培训可以说成功了一半。鼓励员工力求上进的积极性，不要施加个人压力，而要帮助他们顺利成长，这是员工教育组织者的成功经验。实行自我教育的最大特点就是在不知不觉之中已经在做训练员工的工作了。这正是自我教育在员工训练中的价值所在。

中国经常提到企业文化的建设，那么，企业文化建设的关键问题是什么呢？有效地把企业宗旨、经营目标、企业制度等内在的企业精神灌输给企业员工，并使之在员工脑海中深深扎根，这就是其关键问题所在。实行员工自我教育，正是解决这个关键问题的有效途径。

自我启发式培训的方式有好多种，以下两种方式易于采用且效果较好。

（1）经营者要为员工创造一定的条件。如订一些报刊，购置一些书籍，定期组织员工交流心得，对其中的优秀者予以一定的物质和精神奖励等，或者把这一活动与员工奖金制度挂起钩来。比如说，建立评分标准制，对员工平时看书读报的心得体会进行考评，根据其数量和质量，将之反映到评分上。再把所计分数折合成某一权数，表明其在奖金中所占某种程度的比例。这样做，员工的积极性就会被激发起来。

（2）鼓励员工接受函授或进夜校班、职校等进修。当然，员工要完全利用自己的空余时间来进行学习。作为店长来说，可考虑由店铺承担一部分费用。但是，这是有前提条件的，要以员工最后的成绩为依据。如考试成绩为优，可报销费用80%；良，报销60%；及格，报销30%。另外，员工取得的资格证书也是考核的一个依据。资格证书证明员工自学的质量是高的，其中所含水份几乎是不存在的。

提升店员的自我学习能力

除了理论培训之外，经营者还应让员工在日常的工作实践中体会学习，不断提高自己的知识能力和业务水平。实践学习是店铺培训员工的最基本的途径之一，也是培训成本最低的一种方式。相对于课堂的纸上谈兵，在店面内，员工有着更好的实践机会和实践环境，实操性更强一些。一般来说，实践学习主要有以下几种方式。

1.提供助手职务

即安排一些重点培养对象担任部门或店长的助手，让受训者同有经验的主管人员共同配合工作，每天协助主管领导的工作。这是培养店铺主管人员常用的一种方法，它能使该助手享受到主管领导的言传身教，从中汲取宝贵的实践经验，提高其在今后更高的管理岗位上全面接触和了解各项管理工作的能力。同时，通过这些接触，也让其参与了某些管理工作，有助于他们开阔视野，提高与今后工作相关的一些能力。

2. 职务调换

即通过职务调换让不同的员工分别依次担任同一层次的不同职务，或者是不同层次的职务，以使其全面了解整个组织的不同的工作内容，得到各种不同的经验，提高其从事各项主要工作或较高级别管理工作的能力，为今后在较高层次上任职打好基础。

3. 计划性提升

即按照计划一步步从低到高使员工获得对应职位所需的各种锻炼，从而能胜任今后的岗位。

4. 临时提升

即在由于某种原因（如主管人员度假、生病或长期出差等）而导致出现个别职务空缺时，可以临时指定某个有培养前途的下级主管人员代理相关的职务。临时提升是那些有潜力的一线员工获得表现自己的最好机会，同时对组织来说也是一种方便。通过临时提升，员工也可以借此机会充分地锻炼自己，是自己获得经验积累、增长才干的契机，为今后的进一步发展奠定良好的基础。

培养店员的团队精神

团队精神的培养是店铺店员教育和培训最重要的一个方面。一般来说，店铺店面不是特别大，相应的店员配备也不多，容易形成比较融洽的关系，但另一方面，如果处置不当，就会产生严重的内耗，甚至分化形成小团体，使店内店员人心不稳，影响店员的工作情绪，给店员管理带来很大的困难。从这个意义上讲，店铺需培养一种团队精神，店员之间互相交流，互相沟通，形成一个富有活力的团队。

培养店员的团队合作精神，可从以下几方面入手。

1. 树立团队的共同目标

对于团队的调查结果显示，70%以上的团队成员最希望的是团队领导能够为他们指明目标或方向；而80%以上的团队领导最希望的则是团队成员能够朝着既定的目标前进。由此可以看出目标在团队建设中的重要性，它是团队所有

成员都非常关心的事情。

对一个店铺来说，在确立团队的共同目标时，一定要切合店铺的实际情况，所定的目标既不要过高，也不要过低，这就需要店铺经营者来进行综合型的权衡与谋划。

2.培养店员宽容与合作的品格

一个人的价值只有在集体中才能得到体现，成功的潜在危机是忽视了与人合作或不会与人合作。有些店员的动手能力强，点子也不错，但当他的想法与别人不一致时，就固执己见，不知如何求同存异；有的店员对同事很挑剔，缺乏客观看待事情的品质；有的店员在家里都是被照顾、被包容的"珍宝"，特别有一些家庭环境比较好的店员，由于有优越感，更不容易做到宽容待人和与人合作；有的店员家庭成员有问题，对周围的人缺少信任，使人无法与其沟通、合作；有的店员在团队中是业务骨干、技术能手，于是高高在上，对其他成员不屑一顾，不懂得尊重和迁就别人。

这就需要店铺经营管理者在日常生活中注意培养店员与人相处的良好心态，并在日常生活中加以运用。要告诉每个店员，团队中的每个人都各有长处和不足，关键是成员之间要以平和的心态去看待，从而在平常之中发现对方的美，而不是挑毛病，培养店员以求同存异的方法看待事物。

3.培养店员的全局意识、大局观念

团队精神并不是要反对个性张扬，但个性必须与团队的行动一致，要有整体意识、全局观念，考虑团队的需要。团队成员要互相帮助、互相照顾、互相配合，为集体的目标而共同努力。在日常工作中，店铺经营者要有意识地培养店员的全局意识和观念。

4.营造互信的团队氛围

团队中成员之间的互相信任很重要。相互信任对于组织中每个成员的影响巨大，尤其会增加店员对组织的情感认可。而情感上的相互信任，是一个组织最坚实的合作基础。给店员一种安全感，店员才可能真正认同店铺，把店铺当成自己的家，并将之作为个人发展的舞台。

标准8　店员管理——管好员工开好店

店铺中的员工来自各处，并且各自承担着不同的工作，经营者如果不能对员工进行有效的管理，在店铺的日常运营中就会出现这样或那样的问题，造成店铺整体工作的混乱，店铺难以正常运营。

管好员工才能开好店。经营者需要制定好各项标准，从店长到店员，明确每个员工的职责，让店员们都能够明确自己的职责，为店铺的目标同心协力，提升店铺的业绩。

管理店长的方法

店长是其所在店铺的最高负责人，店长的作业化管理将直接影响整个店铺的经营。因此，店长对店铺的管理是依据预先制定的营业手册来进行的，这样既可与各部门保持良好的配合，又能协调与激励全体员工做好店铺的日常经营，不断提高店铺的经营效益。

店长的管理，分为以下两个方面。

1. 明确店长的岗位职责

店长的主要工作职责与范围具体包括以下几个方面：

（1）各项指令和规定的宣布。

（2）完成预定的各项经营指标。

（3）店铺员工考勤、仪容、仪表和服务规范执行情况的监督与管理。

（4）监督和审核店铺的会计、收银等作业。

（5）掌握店铺销售动态，管理新商品的引进和滞销商品的淘汰。

（6）维护店铺的清洁卫生与安全。

（7）员工人事考核，员工提升、降级和调动的建议。

（8）顾客投诉与意见的处理。

（9）迅速处理店铺各种突发的意外事件。

2.店长的作业流程

店长每日的工作必须在有限的时间内把握住重点，严格执行既定的每日工作流程。

（1）明确店长的工作时间。一般店铺的营业时间为早上8点至晚上10点。因此规定店长的作业时间，除每星期必有一天实行全天工作制外，一般为早班出勤，即上班时间为早上8点至下午6点，这种作业时间的规定可使店长充分掌握中午及下午的两个营业高峰，这对掌握每日的营业状况极有好处。店长下班后，店内的管理工作由指定人员代理，一般是值班人员负责。

（2）规定店长每个时段上的工作内容。

管理导购的方法

导购员的职责在商品的销售现场。面对顾客，导购员是一个推销员，他们直接和顾客进行面对面的沟通，向顾客介绍产品，回答顾客提出的问题，诱导顾客作出购买决策。把产品卖出去是导购员的职责，但成为一个好的导购员绝不只是把产品卖出去这么简单。销售既然是涉及买卖双方的事，因此站在顾客与店铺的角度，导购员的职责分别包括以下方面。

1.站在顾客的角度

导购员的职责包括以下几个方面：

（1）用心接待顾客，与店长、同事共同完成销售目标。

（2）为每一位顾客提供高品质的服务。

（3）定期电话跟踪目标顾客，并说服顾客购买新产品。

（4）做好顾客的售前、售中和售后服务。

（5）准时电话回访已成交的顾客。

（6）耐心处理顾客的投诉、抱怨，并作好投诉记录。

（7）获取并反馈竞争对手的信息、顾客信息及其他信息。

（8）随时维护店内形象，确保店内形象良好。

2.站在店铺的角度

导购员的职责包括：

（1）认真填好各项资料记录表格。

（2）积极向店长提出建设性建议。

（3）有保护现场商品安全的责任。

（4）严格遵守店铺行为规范。

（5）按期完成商品的盘点工作，提供准确无误的数据资料。

（6）不断学习、掌握商品知识和销售技巧，提高销售能力。

（7）必要时协助同事接待顾客。

（8）服从上级领导的工作安排。

管理收银员的方法

对收银员的管理主要分两方面。

1.收银员工作流程的安排

收银作业可按日来安排作业流程。每日作业流程可分为营业前、营业中和营业后三个阶段。

（1）营业前。收银员营业前应注意以下几点：

开门营业前打扫收银台和责任区域。

认领备用金并清点确认。

检验营业用的收银机，整理和补充其他备用品。

了解当日的变价商品和特价商品。

检查服饰仪容，佩戴好工号牌。

（2）营业中。收银员营业中应注意以下几点：

遵守收银工作要点。

对顾客要保持亲切友善的笑容，耐心地回答顾客的提问。

发生顾客抱怨或由于收银结算有误顾客前来投诉交涉时，应立即与值班长联系，由值班长将顾客带至旁边接待与处理，以避免影响正常的收银工作。

等待顾客时，收银员可进行营业前各项工作的准备。

在非营业高峰期间，应听从值班长安排从事其他的工作。

（3）营业后。收银员营业后应注意以下几点：

结清账款，填制清单。

在其他人员的监督下把钱装入钱袋交值班长。

引导顾客出店。

整理收银作业区。

2.收款服务操作规范

店铺的收款员不但要明白自己的职责，更需要知道自己在收款服务过程中的一些规范：

（1）迎接顾客，面带微笑。用亲切的目光注视顾客的到来，并致问候语："您好！"当业务较忙或因某种原因需要顾客等候时，应向顾客说"请稍等"等道歉语或以微笑致歉。

（2）收款找零。收款时收银员应核对付款凭证，查验货币真伪和"唱收唱付"，并用清晰的声音向顾客重复所收金额，如："小姐，收您50元钱。"找零时应告之顾客找零金额，如："找您15元钱，请您收好。"并将零钱用双手礼貌地交给顾客。

（3）收取支票。收取支票时，应查验支票有否折损，印鉴是否清晰、齐全，日期和用途是否符合要求，有无涂改，并登记持票人身份证等有效证件。支票到账后付货。

（4）开具发票。按顾客实际购买数量和单价开好发票并检查一遍，然后打印电脑发票，将发票轻轻交给顾客，并说："先生（或女士等），这是您的发票。"

（5）推荐便利商品。收银员在收款开票的同时，可以礼貌地向顾客推荐便利的商品。

（6）送行。顾客离开收银台时，收银员应真诚的对顾客说："谢谢光临，欢迎您下次再来。"同时应提醒顾客检查是否有东西遗留在收银台或者店铺的其他位置。

管理验收员的方法

在店铺的岗位设置中,验收员是不可空缺的一个职位,验收员的存在能保证店铺所进商品的质量。那么验收员的岗位职责具体是什么呢?

(1)负责商品验收工作。

(2)商品验收时,负责确认检查商品质量、审核商品产地、生产日期、发货时间、数量、价格、品种等环节工作。

(3)验收时,要手持送货单或发票、收据、与送货人逐一逐项清点。

(4)减少事后因退货或其他原因造成的浪费,避免以后发生不必要的争执。

一般情况,店铺验收员应具备以下资格:

(1)具有高中及以上学历。

(2)掌握商品的相关知识。

(3)掌握商品物流配送及财务相关知识。

(4)接受过门店验收货品专业培训。

管理采购员的方法

采购员除了需要有事业心和责任感,有专业知识,有从商经验以外,还应具有语言交际能力,这样,才能担当起店铺商品采购的重任。因此,经营者在管理采购员的时候也要注意一定的方法和技巧。

1. 明确采购人员的职责

(1)督促销售目标的实现。采购人员对店铺每月的销售额以及销售目标的实现负有绝对的责任。要随时了解店铺的销售情况,督促店员实现每月的销售目标。

（2）制订采购计划。为了实现店铺的销售目标，采购人员必须制订周详的商品采购计划。采购人员每月都必须制订一份采购计划，具体内容包括重点商品（品牌）的选择、采购价格、采购的数量、可选择的厂商等。

（3）完成采购业务。相应内容包括商品采购的议价、采购条件的协商、新款商品的引进、商品的配送以及一次采购数量的决定等。

（4）商品业务管理。根据店铺的销售报表及时发现畅销品和滞销品，及时处理滞销品；掌握商品的库存状况；制作商品配置表；将商品在各分店之间进行调配；商品订货业务的检查；商品退货的监督；商品质量的监督与检查；商品陈列的指导。

（5）制订销售计划。负责制订商品促销的月度、季度和年度计划；负责制订例外促销计划；特价商品的销售决定；与供应商洽谈特别商品的交易条件。

（6）参与营销调研。负责收集、汇总店铺整体的销售情况资料；了解目标市场上消费者的需求动态；了解竞争店铺的促销措施以及经营策略；掌握供应商的经营动态。

（7）负责下属培训。向店铺卖场的业务人员讲授商品的有关知识；及时与店长进行沟通；参加总公司召开的销售经理会议。

2. 采购人员的素质要求

店铺对店铺的采购人员素质要求较高，包括以下两个方面：

（1）工作能力。采购人员的工作能力，除了具有较强的选择供货商、与供货商谈判等方面的业务能力外，还应具备较强的预测和决策能力以及人际关系协调能力等。这是因为，采购人员与顾客及销售现场的接触较少，而一些连锁店铺的分店又分布于各个地区，其面对的消费偏好存在着一定程度的差异，这些因素都给采购人员预测商品的需求变化趋势增加了难度；而且如果店铺采购量大，时间性要求也高，采购人员在业务活动中必须经常进行果断决策。同时，采购人员必须善于在与企业内有关部门人员，尤其是销售现场人员的关系协调中，善于把握消费需求信息，以保证采购商品的适销对路。

（2）知识结构。身为采购人员，应熟悉商品学、市场营销、经济法、数学和计算机管理等多门学科的知识。采购人员需要有较深厚的商品知识基础，了解同类商品不同品牌、产地、质量和价格的特征及其与本企业目标市场的适应性；

有经济核算知识，熟悉商品成本构成、采购数量、时间、结算方式等对利润的影响；有政策法规知识，熟知合同签订的知识与技巧，防止签约失误造成损失；有市场预测知识与能力，掌握商品的产销规律；有市场营销知识，能科学合理地制定商品的促销策略。在工作阅历方面，不能仅限于采购工作经历。如西友公司规定采购人员必须担任过分店店长或商品部长，采购人员和中层管理人员及分店指导人员要定期轮换等，从而使采购人员具有丰富的商品知识和销售经验，熟悉商品运行的全过程，以便更好地承担商品采购任务。

管理理货员的方法

在店铺中，理货员是不与顾客进行直接接触的销售人员，理货员主要的服务方式是间接服务。理货员工作的好坏，是影响销售额的重要因素。

1. 理货员的岗位职责

其具体包括以下几个方面：

（1）熟悉商品的品牌规格、产地等。

（2）遵守仓库管理和商品发货的有关规定，按作业流程进行该项工作。

（3）掌握商品陈列原则和方法，正确进行商品陈列，同时密切注视商品销售动态，及时补充商品。

（4）掌握商品标价的知识，正确标好价格。

（5）保证商品安全。

（6）搞好货架与责任区的卫生，维持清洁。

（7）对消费者的合理化建议要及时记录，并向上级汇报。

2. 理货员作业流程管理

随着商品买卖的进行，陈列在货架上的商品在不断减少，理货员的主要职责就是去内仓领货以补充货架，并对商品进行标价。

（1）理货员领货必须凭领货单。

（2）理货员要在领货单上写明商品的大类、品种、货名、数量及单价。

（3）理货员对内仓管理员所发出的商品，必须按领货单上的事项逐一核对验收，以免串号和提错货物。对大型综合店、仓储式商场和便利店来说，其领货作业的程序可能不反映在对内仓方面，而是直接反映在对收货部门和配送中心的送货人员方面。一旦完成交接程序，责任就完全转移到商品部门的负责人和理货员的身上。

（4）每一个上架陈列的商品都要标上价格标签，以便顾客选购和收银员计价收款。

管理促销人员的方法

在店铺人员促销中，人是最根本的因素，进行促销的销售人员必须具备一定的基本条件才可能获得良好的效果。下列素质要求是一个理想的销售人员应具备的。

1. 极强的洞察能力

毋庸置疑，市场和顾客的情况是很复杂的，不仅差别很大，而且受许多因素的制约。一个有敏锐观察能力的销售人员，能眼观六路，耳听八方，及时发现和抓住市场机会，揣摩顾客的购买意图和购买心理，提高商品的成交率。

2. 高度的敬业精神

销售工作，尤其是带有促销性质的销售工作不是一项轻松的工作，有许多困难和挫折需要克服，有许多冷酷的回绝需要去面对，这就要求销售人员必须具有强烈的事业心和高度的责任感，把自己看成是"贩卖幸福"的人，有一股勇于进取、积极向上的劲头。

3. 正确的服务态度

销售人员不仅是店铺的代表也是顾客的顾问，应真正树立"用户第一""顾客是上帝"的思想，想顾客所想，急顾客所急，积极为顾客服务，这样才能赢得顾客的信任。

4. 良好的说服能力

良好的说服能力是店铺销售人员必须具备的素质之一。销售人员要能熟练地运用各种推销技巧，成功地说服顾客；要熟知推销工作的一般程序，了解顾客的购买动机和购买行为；要善于展示和介绍自己的商品，善于接近顾客，善于排除顾客的异议直至达成交易。要做到这些，销售人员首先必须相信自己，相信自己销售的商品，相信自己所代表的店铺，这是交易成功的前提。

5. 丰富的知识

顾客的类型多种多样，对商品的要求也会各不相同，销售人员只有具备了广阔的知识面，才能与不同类型的顾客进行正常的沟通，才能将销售工作顺利进行下去。知识面的广阔与否在一定程度上决定销售人员的销售能力，所以销售人员应有旺盛的求知欲，善于学习并掌握多方面的知识，在实际工作中不断总结经验，使自己成为一名真正合格的销售人员。

营业员纪律管理制度

营业员纪律管理制度包括如下要点：

（1）工作前要穿好相应的工作服，佩戴好工作牌。

（2）按时上下班，不迟到、不早退、不无故请假，没有特殊情况不得随便调班。需要调班、工休的，须请示主管以上领导批准。

（3）要热情待客、礼貌服务，做到精神饱满、面带微笑。无顾客时要整理商品，使其整洁美观。

（4）要虚心接受顾客提出的批评或建议，不得顶撞顾客，更不得与顾客争吵。

（5）站立姿势要端正。

（6）不准在柜台内会客、办私事。

（7）自觉搞好店铺内、外的环境卫生和商品卫生。

（8）不准收客人小费，严禁故意多收顾客的钱。

（9）不准乱拿、乱用公物或商品，不准乱吃散包食品。

（10）交接班时做到交接清楚、货款相符，并签名负责。

（11）不准提前更衣下班或提早关门停止营业。

标准9　日常运营——每日都是"好运气"

店铺每天都要运营，否则就失去了其存在的意义，店铺的日常运营需要规范化的制度和流程来支撑，其运营的效率与效果究竟如何，最终取决于店铺的政策定位、经营者的督促指导与店员的执行程度。

如何制订店铺经营计划

为确保有计划、有目的地开展工作，避免店铺经营的盲目性，经营者必须制订店铺经营管理工作计划，以保证各方面工作的正常运作。

经营者应制订店铺的年度工作计划，经所有者审核批准后将年度工作计划分解到每月、每周的实际工作中，并定期进行总结检讨，确保完成年度计划。经营计划管理工作规范包括制订计划、审核、审批、执行及总结环节。

具体工作流程、工作要求如下。

1. 制订计划

根据店铺下一年度总目标，编制门店管理部下一年度的工作计划；安排店内各部门制订下一年度工作计划。

2. 审核批准

由总部或所有者审批。

3. 实施

根据工作计划开展各项工作并于每月5日前提交上月工作完成情况及当月工作计划；分解月工作计划至每周并于每周一提交上周工作总结及本周工作

计划。

4.总结

在每月例会时对工作执行情况进行讨论，对发现的问题及时分析解决并调整修正下一阶段工作计划。

如何设定店面运营管理目标

店面运营管理目标体现为以下三方面。

1. 营业收入最大化

店铺的营运必须按部就班，由各项基本的事务着手，以使店铺能够步入健康发展的轨道。为了圆满达成运营目标，应首先重点抓销售，因为销售本身就是店铺的主要业务，只有尽可能地扩大销售额，才能实现店铺的利润目标。销售收入的最大化并不是盲目地或单纯地运用各种促销方式来达成的，而是必须通过正常的标准化经营来追求更高的销售额。

2. 营运成本最小化

提高店铺的销售额是每个店长努力的目标。但是不管提高了多少销售额，如果不严格控制店铺各个环节的成本与费用的话，那么店铺可能只有很低的利润额甚至没有利润乃至亏损，所有的努力都将白费。因此，运营成本的最小化可以说是提高经营绩效的一条捷径，同样成为店铺运营与管理的主要目标。

3. 店铺营运管理标准

店铺管理的主要工作，一方面是每日必须完成的一定类别和一定量的工作，另一方面是一定数量的、具有不同操作技能和经验的员工。既要保证每日工作圆满完成，又要合理安排员工，充分发挥和使用人力资源。因此，店铺制定的运营与管理标准，实质上就是详细、周密的作业分工、作业程序、作业方法、作业标准和作业考核。

店铺管理标准的制定流程

店铺管理标准的制定流程如下。

1. 进行合理的作业岗位区分

（1）进行合理的作业分工，包括把何种工作、多少工作量、在什么时间内安排给何人承担几方面内容。因为店铺作业繁多，通常店铺作业管理的重点是店长作业管理、收银员作业管理、理货员作业管理、进收货作业管理和顾客投诉意见处理等，这些作业过程和质量管理的好坏，将会直接影响每一家店铺的经营状况。

（2）作业管理要比岗位管理更进一步，它既体现了岗位工作的技术性要求，也能更具体、更细化地考核岗位工作的质量好坏。因此，只有通过合理的作业分工，才能把这些工作具体落实下来，才能保证店铺的正常运营水平。

2. 制定作业的标准程序

店铺经营一般都属于劳动力密集型产业，作业人员流动性比较大，所以，如何进行作业内容的区分管理，以避免作业上的重复，并且能让新员工在最短时间内熟悉每一工作环节，是一个非常重要的问题。

因此，必须全面区分不同工作岗位，如收银员、服务员、专业人员、理货员、店长、盘点人员等的工作情况，消除多余的、不必要的动作、环节、行动，合并有关环节，合理安排具体的作业顺序，使有关作业尽量简化，从而提高店铺的运营效率，并降低成本。

3. 记录各项试运行作业数据

在适当的时间将确定的分工作业与标准化作业程序，全面准确地记录不同岗位的工作运行情况。一定要根据每日确切的运营状况，分别加以记录。店铺要想维持正常的营运，对于各项外在与内在的因素均必须进行有效的掌握。

标准化作业程序试运行的数据或报表都是十分有价值的参考资料，如营业实绩的统计，不同作业分工的实施情况与效果等。建立这些资料体系，便于店长进一步进行比较分析，从而做到灵活地加以运用，并最终使店铺的运营和管理走向标准化、健全化。

4. 确定作业标准

标准化是店铺进行成功经营的基础。通过数据采集与定性分析、现场作业研究，制定出既简便可行，又节省时间、金钱的标准化的作业规范。

科学化管理标准的制定是一项长期的艰苦工作。要使店铺的发展既快速又健康，就一定要建立科学的管理标准。所谓标准的科学性具有两层含义：一是指具有一定的先进性；二是指客观的实际性。

店铺营业前的运营管理

为了确保开店的过程能够准确无误地进行，同时，在开店后能有十分干净安全的环境、亲切专业的店员素质、轻松和吸引人的氛围，需要在店铺营业前做好一切准备及防患措施，防患于未然。所以，无论是在对店面的整理，对店员素质的培训，对店内制度的制定等，都需要在营业前完全做好一系列的准备，这是一个比较复杂的过程，但却是十分重要的开店的第一步。如果要做好店铺营业前的运营准备，需要注意以下几点：

（1）开启店门、安全门、照明设备、音响设备、空调设备。
（2）巡视店内外各角落、更衣室、卫生间、仓库等有无异状。
（3）督查店员上下班秩序及出勤情况。
（4）带领各工作岗位人员领取工作用具。
（5）主持早会，清点人数，进行职员训练，重点工作安排。
（6）督导职员清点陈列商品数量，卖点广告张贴布置等情况。
（7）检查各职员到岗位置和站立姿势。
（8）核实到货、出货陈列情况。
（9）督导收银台业前工作准备情况。

店铺营业中的运营管理

当店铺正式运营时，就是一个考验的过程了，考验的内容有针对店铺本身的地理位置安置、店面设计和陈列、商品风格，还有店员专业素质和服务态度，同时还有店铺店内的营业制度，等等。所以，正式运营中，更是需要细心的运营管理，以保证顾客对于商品、店员、店面、服务等的满意度，而正式运营的起步阶段更是最起码也是最重要的阶段。

只有完成了这个阶段，确保店铺在顾客心中的良好印象和口碑才能在以后更长时间的营业中获得更好的评价和回头率，从而使利益最大化。具体来说，营业中的运营管理需注意以下几个方面：

（1）检查当日商品的陈列和销售情况。

（2）检查商品是否应补充，及时联系配送中心送货，迅速点收并上架。

（3）督导店内外的清洁及整理工作。

（4）检查商品定价牌、吊牌、外包装是否掉落及破损。

（5）巡视收银台、包装台的用品整理及损耗品控制情况。

（6）督导店员销售服务态度和礼节等情况，及时纠正其工作失误。

（7）处理顾客投诉，做好售后服务工作。

（8）接待大宗顾客购物和咨询，并及时通知相关部门或呈报上级主管。

（9）督导销售交款程序和过程。

（10）随时合理调整店员岗位。

店铺营业后的运营管理

店铺营业之后，经营者还不能掉以轻心，需要督导员工进行一系列的完善工作，以确保店铺稳定顺利的运营，实现运营的良性循环。

（1）督导店员接待最后一批顾客，到达店门口欢送顾客，并提醒进店购物的顾客营业时间将结束。

（2）督导店员回到各自岗位位置，整理清点各自管区的商品。

（3）注意提醒并疏导顾客。

（4）督导店员、收银员完成接待最后一批顾客，在店门口欢送顾客，提醒将进店购物的顾客已停止营业，表示歉意并欢迎下次光临。

（5）验收店员清点报表并同收银员所统计的销售报表对账签字。

（6）检查店员整理所属区域内商品是否整洁。

（7）督导职员重要物品收拾及上锁。

（8）督促店员最后消防安全巡视。

（9）督导明日促销商品的陈列以及卖点广告张贴等情况，并通知与店铺有关的新决定。

（10）集合职员重点谈话，互道晚安，主持下班。

（11）督促保洁员清洁卖场、值班安保人员到岗并暂时店门上锁。

（12）督导收银员清机、结账及缴款，合计每日的营业额呈报分析。

（13）督导店长填写工作日记，总结一天的工作。

（14）制作销售统计报表、下订货单以备第二日通知配送中心补货。

（15）督导值班保安最后巡视卖场、安全门、仓库、办公室的消防安全及上锁情况。

（16）注意电源开关、消防器材、上下水开关、店内日光灯及店外照明的关闭情况。

运营标准的改善与提升

标准化的贯彻执行，依靠的是科学化的严格管理，否则，制定再多的标准也形同虚设，而分工越细就越需要协调，否则各个职能部门的运行会相互牵制，各个作业岗位的衔接也难以顺利，作业化管理所带来的优势就难以转化为店铺现实竞争的优势。因此，在店铺的实际运营过程中，作为店铺经营者，必须不断探索改善运营的标准，使店铺作业化管理不断合理化，越来越协调。

店铺的运作与制造加工行业十分相似，从产品设计、原材料采购、零部件加工到成品组装和销售，前后工序紧密相关，须严格地按专业化分工原理来完成业务全过程。每一个部门、每一个环节、每一项作业活动以及每一个人都必须按标准来完成作业活动。于是，在店铺内部就形成了两个层次的作业活动，即设计活动与执行作业。设计活动旨在为执行作业制定作业标准，而执行作业则是按标准完成操作任务。

标准的统一性并不排斥店员主观能动性的发挥,只要能使店铺的盈利水平提高,每个店员都可提出建设性意见,使新的更好的方法可以成为标准。通过内部员工的不断探索,经过店长的进一步研究、开发,以坚持不懈的努力来改善店铺的运营标准。只有这样,标准化才不会使店铺走向经营僵化,故步自封。标准化效果的取得,靠的就是在严格管理的监督下,长期地坚持与改善标准,从而确立店铺整体的竞争优势。

如何做好排班工作

如何有效安排店铺工作人员的排班,也是一项艺术。一个店铺运营绩效是否优良,除了店铺店长的运营管理经验和水平高低外,更重要的一点就是能否进行科学合理的排班。

要合理安排排班,首先要寻找一定的依据。一般来说,排班是以店铺的营业时间、营业业态特点来制定的,有的比较简单,有的比较复杂。所以每家店铺的排班必须根据营业时间长短、营业面积和营业额的大小以及门店的人员总数等基本条件决定班次的排定,进行合理科学列班、分组。

制定员工排班的目的是为排班提供工作依据,确保排班工作规范,确保店铺营运正常进行。其适用范围是店铺主对员工进行排班的过程。

具体的工作流程、工作要求有以下几种。

1. 排班

店长根据运营状况,在每月1日之前通知各区主管进行当月排班,排班要合理安排休息与上班的时间及人员的配置情况;主管对班组进行编排,编排时参考上周排班内容,在排班过程中,对有实际困难的员工,经店长与主管讨论后,可适当调整安排;主管排班由店长安排。

2. 上报

主管将排班表上报给店长审批。

3. 执行

店长审批后,由主管将排班表张贴在公告栏或打卡处,并分发给各区主管一份；主管每天监控员工是否按排班表上班以及是否有中途离岗现象；主管收集在执行中产生的排班问题，提出修改意见，并经店长审批后进行调整。

如何做好交接班工作

一般店铺都实行二班制营业方式，从早晨9点至晚上9点30分，营业时间长，为了保证店员的工作时间和休息时间，采取中午13点交接班的方法。实行交接班制度是为了满足消费者的需要，又能使店员的劳动时间不至于过长。各店铺根据自己的实际情况，合理安排轮班、串班、交叉上班或连带上班等办法。无论采取何种方法，上下两班都要履行交接班手续。交班店员应把工作中的所销货物名称、数量、价格、货款和所剩余货物的数量、品名、款式、型号、类别以及进货、退货、发票、票证等，清楚地填写在交接单内，并协同接班的店员一一核对，经接班店员检查无误后，交班店员方可离开店铺。

1. 交接班制度的实行

店铺实行交接班制度，从表面上看虽然是增加了工作量，但却有许多好处。填写交接单可以分清交接班店员的经济责任，加强每个人的责任心，避免差错的发生，即使发现差错也容易核对查找。交接班时的商品点查、销售数量的核对以及销货款的计算都为营业结束后的结账工作提供了方便，并为盘点工作节省了时间，提高了工作效率。

2. 实行店员售货收款的交接班方法

实行售货并收款的店铺，店员在交班时，应该把所经营的商品整理、清查、盘点，把销货款和销货票清查并核对，做到货款、票款两相符，并填写在交接单内。把整理清点清楚的商品数量、品名、价格等项目也填写在交接单内，并把当班时间内的进货、验收、商品登记以及商品变价等情况记入交接单或交接手册上。接班的店员要根据交班店员所填写的交接单上的内容，逐项核对，检查无差错后，交接店员双方在交接单上签名或盖章。如发现不符要及时查找原因，对不可弥补的差错，交班的店员应负全部的经济责任，在交接单中注明，并向柜组负责人汇报，作出处理决定。交接班时不能影响营业，要正常接待顾客，妥善安排交接与售货的情况。

3.实行收银台方式的交接班方法

实行货款分开、集中收款的店铺，售货店员在交接班时，只清点商品和发货票及余留发票。基本程序与实行店员售货收款的交接班方法相同，只是少了销售款的交接。收银台的收银员在交班时，要清点整理销货款，并与收款单核对正确。接班的收银员要核对收款单和发票，计算出交班收银员应收的货款，并进行核对。如票款相符，双方即可在交接单上签名或盖章，要分清责任，查找原因，及时处理解决，在交接时不能影响正常的收款工作。在交接班过程中，如果存在货款的溢缺与票证不相符时，接班收银员应协助交班收银员查找原因。不能及时查到原因的长短款，除了记入交接单外，还要报告上级领导，并在月终或季终盘点时填报商品盘点长短货款处理表，请示领导酌情处理。

如何做好早晚会管理

早会和晚会是店铺日常运营中的一项重要活动，经营者要给予重视并制定相应的早晚会管理规范。制定早晚会管理规范的目的是为店铺早晚会管理提供工作依据。

1.早会具体工作流程、工作要求

（1）早会集队。全体早班人员要在营业前30分钟到达，打卡后集合列队。

（2）出勤检查。店长根据排班表，检查各区人员出勤情况，如有人员空缺，应立即采取补救调动；店长检查全体员工的仪容仪表，包括工卡、工衣、指甲、头发、卫生等。

（3）前日总结。评点前一天员工动态，对表现好的部门和个人要表扬，对做得不好的员工要加以批评和鼓励；店长公布前一天各区销售情况，指出各区需完善的工作。

（4）当日安排。公布各项通知、指令；发布当天的工作重点、各区有关的促销活动等事项。

（5）结束。店长根据员工动态，进行相应的培训，包括礼仪、服务用语、销售技巧、工作规范等内容。

2.晚会具体工作流程、工作要求

（1）晚会集合。营业结束后，各项工作完成后，全体员工集合列队。

（2）出勤检查。店长根据排班表，检查出勤情况，检查是否有员工早退。

（3）表扬与批评。店长根据当天巡查情况，对员工进行表扬与批评，并要指出表扬与批评的原因，鼓励员工不断进步；店长向员工公布当天各区营业情况，指出各区需要改善的问题。

（4）店铺指令通知。公布当日店铺的各项通知、指令。

（5）交班。店长填写店长日志；主管填写交接班记录表；按《交接班管理工作规范》的要求进行交接。

标准10　商品盘点——衡量店铺业绩的标尺

盘点是衡量店铺营运业绩的重要指标，也是对店铺营运管理的综合考核和回顾，由此可看出，盘点是一项兴师动众、操作严密细致的管理工作。

盘点的最主要的目的是了解店铺某一周期的营业状况，一切细致而具体的盘点工作的目的都是得出店铺某一周期内或亏或盈，或不亏不盈的营业状态，以利于制定具体应对措施，减少损耗，提高运营效率。

盘点六原则

店铺在进行盘点时，还要遵循相关的原则来保证盘点工作快速而有序地进行。这些原则主要分为完整、真实、准确、清楚、团队合作、高效六个方面。

1. 完整

盘点要覆盖店铺的方方面面，完整的数据才利于店铺盘点的总结。盘点的流程，包括区域的规划、盘点的原始资料、盘点的点数等，都必须完整，不要遗漏区域、遗漏商品。

2. 真实

盘点过程中产生的一切数据都必须真实。盘点所有的点数、资料必须是真实的，不允许作弊或弄虚作假，掩盖漏洞和失误。

3. 准确

盘点容不得一点小差错，以避免出现"差之毫厘，谬以千里"的状况。盘点的过程要求准确无误，无论是资料的输入、陈列的核查、盘点的点数都必须准确。

4. 清楚

盘点过程属于流水作业，不同的人员负责不同的工作，所以所有资料必须清楚，人员的书写必须清楚，货物的整理必须清楚，这样才能使盘点顺利进行。

5. 团队合作

商品的盘点工作是一项需要团队协作的工作，这要求店铺内部有良好的配合协调意识，以大局为重，使整个盘点按计划进行。

6. 高效

盘点是一项兴师动众的工作，往往要求店铺的全体人员参加。为减少店铺停业导致的经济损失，盘点工作要求节省时间、高效率地完成。为了确保盘点的效率，主要有以下四种具体的操作方法：

（1）即时盘点。在营业过程中要根据具体情况随时进行盘点，以保证销售的有序进行，并非一定要等到"停止营业"以及"月末盘点"时才整体盘点数据。

（2）实地盘点。可在店铺实地针对店内未销售的库存商品进行存货数量实际清点，主要是掌握店铺的实际存货状况、店内坏品、滞销品、存货积压或商品缺货等真实情况。实地盘点时最好以账面的盘点为对照进行。

（3）售价盘点。可把商品的零售价作为盘点的基础，库存商品以零售价金额控制，通过盘点来确定一定时期内的商品损益和零售差错。

（4）自动盘点。随着科技的飞速发展，店铺运用的电子技术也越来越多。一些店铺利用掌上型终端机一次完成订货与盘点作业，或利用收银机和扫描器来完成盘点作业。

先分类后盘点

盘点不仅是兴师动众的事情，也是一项极为细节化的工作。在开始盘点之前，店主或相关主管人员要对该次盘点进行一次全面规划，并制定详细而具体的盘点清单，对店铺内部进行分类规划，让店员各司其职，细致而快速地完成盘点工作，获得最精准的盘点数据，以利于总结出最真实的经营状况。一般来说，

盘点前主要对盘点进行五个方面的分类。

1. 账、物分类

在店铺的经营过程中，账、物具有实质的一致性和彼此独立的存在方式，参照性极强，店铺可分别对账面存货和实际存货进行盘点。账面存货盘点是根据数据资料计算出商品存货的方法。实际存货盘点是针对未销售的库存商品进行实地清点统计。

2. 盘点区域分类

店铺可对盘点区域分为全面盘点和分区盘点来进行。全面盘点是指在规定的时间内，对店内所有存货进行盘点。分区盘点是指将店内商品以类别区分，每次依顺序盘点一定区域。

3. 盘点周期分类

定期盘点和不定期盘点是盘点周期分类的主要方式。定期盘点是指每次盘点间隔时间相同，包括年度盘点、季度盘点、月度盘点、每日盘点、交接班盘点。不定期盘点是指每次盘点间隔时间不一致，是在调整价格、改变销售方式、人员调动、意外事故、清理仓库等情况下临时进行的盘点。

4. 实地盘点时间分类

根据店铺的营业规律，可针对实地盘点时间来进行盘点分类，分别对营业前、营业中和停业后进行盘点。营业前盘点即在店铺开门营业之前或关门之后盘点，这种方法可以不影响店铺的正常营业，但有时会引起店员的消极抵触。营业中盘点也称及时盘点，即在营业中随时进行盘点，营业和盘点同时进行。这种盘点虽节省了时间和加班费，但有时也会影响顾客购物，会造成顾客购物的不便，影响店铺的正常营业。

5. 阶段分类

店铺盘点工作也可以分为初次盘点阶段、复次盘点阶段和抽查盘点阶段。盘点作业就分为初点、复点和抽点三种方式。初点是在盘点时按照负责的区域，由左至右、由上而下展开盘点；复点是在初点的基础上再次盘点，是对初点的复查；抽点是店主对盘点结果进行不定时不定区的抽查。

日盘点、月盘点、年盘点

盘点工作在各种类型的企业、店铺中普遍存在。因为,物账合一是店铺管理中的关键一步。

有人认为,盘点得越频繁、次数越多越好。殊不知,每次盘点都会耗损一部分资源,个别大企业的盘点还会引起暂时的停业。所以,经营者需要理性地分析自身情况,分别决定进行日盘点、月盘点、年盘点的时机。

在决定盘点顺序和时间时,经营者要尽可能控制盘点时间,并考虑到商品季节性强、流动速度快的特点。判断出不同商品的特性、价值大小、流动速度等,从而确定盘点的顺序和重点。其具体操作如下。

1. 日盘点

日盘点一般在每日交接班时。每天闭店前,由盘点人员对当天销售和剩余的货物进行数量盘点,核对数据,并留下盘点记录,由盘点人签字确认。待到次日,由接班人员按照记录核查商品后,签字确认。

一般来说,为加强日常管理工作,中小规模的店铺较青睐日盘点。应注意的是,若要使用日盘点,应先做到商品的布置、陈列与存放利于拿取和盘点。应根据货物的多少、类别、货架等的情况,为不同服装固定货位。保持商品摆放有序,并尽量和盘点表中的商品分类目录排列一致。如此,既能提高盘点效率,又能避免出现失误,保证了商品信息的准确无误。

2. 月盘点

月盘点一般在每月最后一天,由经营者组织,统一盘点。首先,应在盘存前汇总一个月的单据和票证,做出详细整理,对账单、账账之间的情况进行核对。然后再根据商品类别分别进行盘点。盘点结束时,需要盘点的主管人员签字确认,并统一上交。

月盘点的优势在于能及时发现管理和销售过程中的不足,迅速调整销售方法,并减少因日盘点过于频繁带来的损耗。在商品销售旺季,人力、物力资源都有限时,可以选择月盘点。

3. 年盘点

年盘点时间一般选在年底。具体过程同月盘点类似。不过,年盘点需要更多的人参与，共同协作，以提高效率并互相监督。由于盘点盈亏的关键在于货物出入库的次数和盘点时间的长短，一般来说次数越多、时间越长，引起失误的可能性也会随之增加。因此，要避免货物出入库，并尽可能将全面盘点限制在一周之内。

日盘点，月盘点，年盘点，反映的是不同的问题，店长应针对不同的目的合理设置盘点类别。

盘点前要做好哪些准备工作

店铺在盘点之前，有如下几个方面需要注意。

1. 清理盘点现场

就是要清理仓库，整理内仓、货架上的商品，将各类商品归类存放，清拣出较为明显的残次品。

2. 暂停仓库提货、补货

这是指在盘点进行时，为避免因服装商品出入仓库引起的混淆，应当暂停仓库的提、补货行动。

3. 整理需要的单据

为方便盘点，防止盘点出现失误，有关人员应事先核对好账目，将相关单据、凭证妥善整理。

4. 事先确定参加盘点的人员

其中应必须包括的人员有——负责盘点的人员、查账人员、财务人员和实物保管员。

除了上面四点以外，有时个别库存较大的店铺会在正式盘点前，进行一次预盘，预先知道可能出现的亏空，然后根据亏空补充市场上正值流行的商品。

盘点中要注意哪些问题

在盘点过程中，需要注意以下几方面问题。

1. 清楚盘点的重点

对于库存量较大的店铺来说，有时进行全部盘点将耗费过多的人力、物力，所以可能会有选择、有重点地盘点，即侧重对部分重要商品进行盘点。

如何判断某款商品是不是应被盘点的重点？可以参考几个问题来作出判断，即该商品是否被盘点过，销量和账面反映是否一致，是否属于当前流行的高价商品，是否在库存总额中占有较大比重。若对这几个问题的回答都是肯定的，则该类商品需要成为盘点的重点。

2. 保证盘点的效率及准确性

首先，应确保盘点高效率、持续时间短，尽可能减少在盘点过程中的人力和物力损耗。通常，经营者应考虑在销售淡季进行盘点，趁业务不繁忙，人力调度轻松的时候进行。同时，也能控制因为盘点而造成的机会成本。

其次，盘点应由专业人员进行，并由其他人进行指导和监督。由于盘点的过程不仅琐碎且工作量大，所以应主要由有经验的专业人员进行，其他人则可在一旁引导和监督盘点。

最后，为确保盘点的准确，应对盘点进行复查。对于库存较大的商品，一般需要盘点三次，即初盘、复盘和三盘。当这些都结束后，盘点的数据就不可以再做涂改，并按照实际情况入账。

如何减少盘点中的损耗

盘点中做到效率最高、损耗最小是每个经营者的希望。但很多时候，缺乏经验会使盘点的过程乱成一团。如何做才能减少商品在盘点中的损失？一般而言，要减少损耗，需要做到以下几点。

第一，要做到盘点有计划。即在盘点之前拟订计划，然后严格按照计划进行盘点，避免工作的无序性。否则，到盘点时就可能越点越乱，拖延盘点时间。

盘点计划在制订的时候应对工作展开时的各个细节有周详的考虑。要对如何盘点、盘点大约需要多久时间作出初步的估计。也只有较为明晰的计划，才能让盘点人员根据店铺的经营情况对盘点的各项内容进行控制，从而真的达到高效。

在现实中，很多经营者对盘点计划没有足够的重视，忽视计划的指导性和明确性。在盘点中，不仅耗费大量人力资源，还容易出现重复劳动等低效率的现象。

第二，要做到在平时就规范商品的摆置，并尽量实现其位置的固定化和数量的固定化。经验证明，当商品在摆放时能够一一对应，能够在横向纵向上数量固定化，则盘点时就会轻松很多。就算以后再补货，甚至可以通过目测来得知要购进的商品数目。这样的方法，不仅减少盘点的工作量，缩短盘点时间，还能较大程度降低商品因盘点时的移动、触摸等造成的损耗。

第三，要做到各参与盘点人员之间的高度配合。盘点商品常常需要几个人甚至全店人员的参加和协作。如果各人员之间合作协调情况不佳，将直接影响盘点工作的质量。为减少不必要的时间浪费，各人员间应当增强配合意识，积极实施盘点计划，共同快速、有效地完成盘点工作。

第四，要做到盘点有秩序。盘点多是实地进行，在有关人员具体操作时，应当保持好现场的秩序。由主要负责盘点的人掌控人员的调动和盘点进度，合理安排商品的存放。并且，在盘点中维持良好的秩序，将有利于及时处理各种突发事件，保证盘点工作顺利进行。

第五，要做到商品存储和管理漏洞的及时修补。盘点过程中，若存在正在被毁损或者有较大被毁损可能的商品，应当机立断，对货物立即进行处理。至于遇上管理上的漏洞，就需要相关人员在短期内解决，从而为盘点扫清障碍，减少损失，降低盘点的损耗。

给店铺来一次大盘存

如果说盘点是对实物进行清查，核对店铺中货物的数量，那么盘存就是盘点的进一步深化和总结，即店铺的经营者对其实物、现金进行实地盘点和对银行存款、往来款项进行查对，以确定资产的实存数，查明账实是否相符的一种会计手段，又称财产清查。换句话说，盘存就是将盘点所核对的实物和银行中、账簿中所存在的虚拟资产共同进行清查。

盘存是店铺更为全面检查经营状况的手段，能够摸清经营的各项情况，为积极进行库存调整、资金调拨提供可靠的依据。

盘存可以根据清查对象和范围，分为全面盘存和局部盘存。全面盘存是指对店铺的财产进行全方位的盘点和核实；后者是指在清查对象、范围上只做局部的盘存。根据盘存进行的时间，其又可分为定期和不定期两种。通常，店铺多使用局部盘存和定期盘存。因为盘存的工作比较繁杂，一般只在年终决算前，或单位撤销、合并或改变隶属关系时以及破产清查时，才会对全部财产进行清查。

进行盘存时，需要做到以下几点。

1. 查明库存，确定实物数字

账簿记录与实物一致时，才能确保统计的材料准确，所以彻底清查库存、核对货物是盘存者必须做到的。

2. 查明财产、物资的利用效率

盘点完物资后，接下来的活动要关注已经运用的各项账面资金、各项实物物资是否得到充分的利用。是否存在资源浪费的情况，如果存在，该如何改善使用的方法或者途径。

3. 查明店铺的各项往来款项及结算

店铺有多少货物、有多少在途的商品、有多少待收的进货，这些都涉及往来款项的资金结算。并且，在这些往来项目中，是否存在资金漏洞、是否符合相关规定，这些都对资产核查非常重要。针对上述问题，盘存时务必要对往来的款项作出结算，并反复核查。

4. 查明财产和物资在保管、调拨、运输及现金出纳等手续上的情况

在保管、调拨、运输等过程中，如存在因保管员调动或者商品在途中丢失、被窃等引起服装减少的情况，经营者可通过盘存立刻获悉，并迅速进行处理。

所以，盘存有利于加强店铺全部财产的管理，发掘企业尚未充分利用的各项资源，有利于资金、物资的合理调配和顺畅周转。

线上开店线下管店

盘存的注意事项

盘存工作较为明显的一个特点就是彻底。只有对现金和货物进行彻底清查，才能算是真正的盘存。所以，这也成为店铺盘存中不得不强调的要点。有人甚至将其比喻成如同军队打仗后要彻底清查战场一样，不能存在任何盲点、放过任何死角。

彻底盘存需要做到以下几点。

1. 要彻底收集仓库和店铺内的商品等货物

在盘存进行前，店铺的经营者应详细排查店铺和仓库中的各个角落。尤其是墙角、货架下方、仓库内较为暗僻的地方、有货物长期堆积的地方等，都是重点排查的对象。并且，要想收集彻底，经营者要做到至少两次的排查，并在排查时考虑是否还有其他遗留的地方。

2. 要彻底汇集各类单据

汇集单据一直是盘存准备工作中的重点。具体来说，店铺运营中会出现的进出货单、发票、统计报表、现金交易单据、票据、结算单据等，都需要汇集在一起，然后分清类别、分清会计计算期，最终将同期的票据统计并存放在一起。这项工作的进行较为复杂和繁琐。特别是区分单据的会计期，是否是本次盘存计算期内的单据，是否涉及以前盘存期内的货款、账目等，都需要经营者或者会计人员作出辨别。所以，彻底汇集单据的过程通常需要多人协作，并视情况不同可复查一至两次。

3. 要对盘存区域划分彻底

一般，在盘存时，根据店铺或者仓库的大小，可以划分出几大区域。在不同的区域里存放不同的商品。这些区域，若都属于盘存范围，则应将各类商品分类、标志归放到特定的区域，并制定相互区别的编号、标示卡。若只是部分属于盘存范围（尤其是进行部分盘存时），则要对盘存和非盘存的区域进行彻底划分。尽量减少介于盘存范围和非盘存范围的灰色商品区域。到底要盘存多少，盘存什么物品，经营者应在展开行为前就规划好，而不要一边盘存，一边增加盘存的物品。除非出现特殊情况，经营者在划分盘存区域后，就不能再轻易变动盘存区域。

4.盘存的规划要彻底

盘存前,建议经营者规划一幅盘存顺序图。根据店铺空间、库存量来制定相应的盘存顺序,为能充分利用空间、时间,盘存的规划必须要全面、充足。例如,应先盘存怕受压、受潮的高价商品,并尽量放在距离店铺或者仓库门口较近的干燥处,以便于其快速流通,避免因长期积压引起商品的质量问题。

及时处理盘存中的问题

在已熟悉盘存损失原因的情况下,经营者该如何处理盘存中的问题呢?

第一,针对商品的物价问题。一方面,经营者要对商品的定价错误等进行及时的纠正;另一方面,经营者在以后进行的盘存前,应注意对商品价格的核实。尤其是对价格高、占成本比例较大的商品,更是要重点核查。

第二,对于特殊商品的问题。经营者应在以后的运营中,对折价商品及时清查和盘点,并注意在盘存时加以特殊标志。而盘存时,盘存者可将它们先剔出盘存范围,等其他货物都盘存完毕后,再进行盘存。

第三,由于日常作业造成的商品损失,就需要经营者加强对各类人员的管理。例如,进出货错误、单据填写错误、清点货物错误等都属于员工业务能力问题。若要避免,就要从平时入手,加强对员工业务技能的培训和业务管理,甚至建立起一定的激励机制或者考核机制,以规范员工操作,提高盘存质量。

第四,意外原因导致的损失。如火灾、水灾等,通常被认为是非正常损失,因无法预料和避免,一般计入营业外支出。而虫蛀、鼠咬等情况,则要求经营者注意存储和货物放置的细节,不断改善仓储环境,以更好地维护商品的质量。

第五,人为原因造成的损失,要区别对待。如果是内部员工所为,就应考虑员工的素质问题,强化对员工的管理,必要时对个别行为性质恶劣的员工进行辞退。如果是顾客偷盗,就需要强化对店铺、仓库等地的安全性管理。如果是供应商的问题,经营者则应调集有关数据和证据,及时与供应商沟通,并在双方确认后达成解决协议。

此外,盘存的周期和方法使用是否得当,也应受到经营者的重视。因为,在有些情况下，盘存损失的产生是由于盘存过于频繁或者盘存方法不当造成的。例如，频繁地盘存，频繁地用手或机器碰触衣物，有可能导致商品的破损和折旧。

由此可见，处理各项盘存问题的根源还在于人员管理和日常的预防。经营者应当从这两方面入手，逐渐完善自身的管理情况，消除各项不足。

商品数量管理技巧

经营店铺，经营者并不只局限于盘点和做账目，更应该积极做好商品的数量管理，分析存货的构成及特性，以达到良好销售的目的。

要知道，如果商品数量管理失调，就会造成巨大机会成本，例如，增加仓储费用，加重资金负担，增加商品管理费用，增加商品发生质量变化的风险，等等。这些都会减少经营者净赚毛利的机会。因此，商品数量管理的平衡具有重要意义。对商品数量进行管理可从以下几个方面入手。

1.避免存货过剩，树立零库存的观点

经营者最头痛的问题莫过于存货有大量剩余，这些剩余既无法快速流通，又占用成本。由于对商品市场的错误判断、对顾客需求的错误认识、商品质量的参差不齐、销售方法不正确等，都会造成存货过剩。解决这一问题的主要方法是，树立零库存的观点，即最好为销售定下"最大化的销售，最小化的剩余""可以卖空，不可卖剩"等理念，无论进入多少货物，都要合理规划出销售计划，以达到良好的销售业绩。

2.定期整理存货，减少货物积压

经营者还要定期确定存货的数量，在每次获悉数量后，适当调整销售策略，以加速商品的出仓，减少剩余的情况。若出现货物积压，经营者就应查明存货增加的原因并加以预防及改进。

3.提高商品的行销和规划

俗话说："没有卖不出去的货物，只有不会卖货的人。"无论是如何的商品，认真发掘，都能找到其卖点。商品也是如此，若能提高其行销和销售规划，使用丰富并有效的销售技巧，做到在销售环节的畅通无阻，自然就会减少存货的数量。

4. 根据不同货物情况"随机应变"

如果出现库存积压,还可以根据不同的情况采取折扣方式、卖给切货商、以特价促销等方式来处理。例如,对于本身无能力处理的商品,随着其不断积压,会带来极大成本,还不如去除商标后便宜卖给切货商;而对于换季时的剩余商品,则可以以各种活动的名义,在季末以特价促销。

5. 关注在途中的货物

"在途中的货物"指的通常是经营者已经购买的,但尚未入库的商品。它们也是商品数量管理的一部分,是潜在的库存。所以经营者在计算现有库存时,应当将这部分考虑在内,全面制订销售计划,并时刻注意在途货物的费用情况,尽可能节省运输费、装卸费。

线上开店线下管店

标准11 财务管理——小店经不起大手脚

对于一个企业来说，财务管理可以决定企业的存亡。对于一个店铺来说也不例外。一个店铺的资金是有限的，小店经不起大手脚，财务上的一点漏洞，都有可能给店铺带来灾难性的损失，让店铺难以经营。

财务直接反映的是账面价值，店铺的财务安全管理尤为重要。财务管理在店铺的实际工作中起着非常重要的作用，店铺经营者必须重视财务管理，完善财务制度，看好店铺的钱袋子，确保店中的每一分钱都花在刀刃上。

建立健全财务系统

店铺财务管理的第一步就是建立健全财务系统，主要包括以下几个部分。

1. 缩短资金周转期

要缩短资金的周转期，就需要扎实地管理日常资金开支，按照实际准确地预测各个阶段的资金应用。要有计划地筹措和使用资金，维护好店铺的形象和信誉。

（1）做好现金和银行存款的管理工作。店主应阶段性地统筹现金剩余和不足的情况，制定资金预算，规划好未来的现金流出入量。

（2）协调好信贷关系，保证商品流转资金的及时获取。

（3）合理控制库存，扩大销售，增加资金周转次数。

（4）保持收支平衡，研究筹措资金、延长支票和赊购支付期限的对策。

2. 增强对库存的控制度

加强库存管理有利于店铺进一步降低运行成本。小店铺的商品具有周转快、流量大、品种多、规格齐的特点，这就更需要店铺加大对存货管理的力度。

3. 健全内部管理制度

内部管理制度主要分为两个方面：岗位责任和操作流程。岗位责任明确规定各个岗位的工作内容和职责范围，以及员工之间的衔接关系。操作流程则进一步规范管理，明确权限。

4. 设置分类账目报表

店铺要根据自身的具体情况来设置分类账目报表，比如，日志账目、分类账目、试算表、损益表、资产负债表、财务状况分析表、费用分析表、毛利分析表等。

如何计算财务指标

店铺经营者要了解店铺的赢利水平、费用成本等具体的财务状况，需要通过计算各种财务指标，以便根据销售情况作出对策。

1. 营业额达成率与毛利率

营业额达成率是指店铺实际营业额与目标营业额的比率。其计算公式如下：

营业额达成率 = 实际营业额 ÷ 目标营业额 × 100%

营业额达成率的参考指标在 100% ~ 110% 之间。

毛利率是指毛利额与营业额的比率，反映的是店铺的基本获利能力。其计算公式如下：

毛利率 = 毛利额 ÷ 营业额 × 100%

毛利率的参考标准是 16% ~ 18% 以上。

2. 营业费用率

营业费用率是指店铺营业费用与营业额的比率，反映的是每 1 元营业额所包含的营业费用支出。其计算公式如下：

营业费用率 = 营业费用 ÷ 营业额 × 100%

该项指标越低，说明营业过程中的费用支出越小，店铺的管理越高效，获利水平越高。

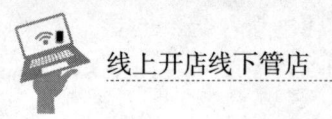

3. 净利额达成率

净利额达成率是指店铺税前实际净利额与税前目标净利额的比率。它反映的是店铺的实际获利程度。其计算公式如下：

净利额达成率＝税前实际净利额 ÷ 税前目标净利额 ×100%

净利额达成率的参考标准是100%以上。

净利率是指店铺税前实际净利与营业额的比率。它反映的是店铺的实际获利能力。其计算公式如下：

税前净利率＝税前实际净利 ÷ 营业额 ×100%

净利率的参考标准是2%以上。

4. 总资产报酬率

总资产报酬率是指税后净利润与总资产的比率。它反映的是总资产的获利能力。其计算公式如下：

总资产报酬率＝税后净利润 ÷ 总资产 ×100%

总资产报酬率的参考标准是20%以上。

5. 营业额增长率与营业利润增长率

营业额增长率是指店铺的本期营业额同上期相比的变化情况。它反映的是店铺的营业发展水平，其计算公式如下：

营业额增长率＝（本期营业额－上期营业额）÷ 上期营业额 ×100%

一般来说，营业额增长率理想的参考标准是高于经济增长率2倍以上。例如，去年的经济增长率为8%，则营业增长率应该达到16%以上才算合格。

营业利润增长率是指店铺本期营业利润与上期营业利润相比的情况。它反映的是店铺获利能力的变化水平。其计算公式如下：

营业利润增长率＝（本期营业利润－上期营业利润）÷ 上期营业利润 ×100%

营业利润增长率至少应大于零，最好高于营业额增长率，因为这表示店铺本期的获利水平比上期好。

6. 盈亏平衡点

盈亏平衡点是指店铺的营业额为某一值时，其盈亏才能达到平衡。其计算公式如下：

盈亏平衡点时的营业额＝固定费用÷（毛利率－变动费用率）

毛利率越高，营业费用越低，则盈亏平衡点越低。一般情况下，盈亏平衡点越低，表示该门店赢利就越高。

7. 每平方米销售额

每平方米销售额是指店铺单位卖场面积所负担的销售额，它反映的是卖场面积的有效利用程度。其计算公式如下：

每平方米销售额＝销售额÷卖场面积

不同类型的商品所占的面积、销售单价、周转率不同，其每平方米销售额也不同。

8. 人均劳效

人均劳效是指店铺的销售额与员工人数的比值，它反映的是店铺的劳动效率。其计算公式如下：

人均劳效＝销售额÷员工人数

如果店铺的人员越少，销售额越高，则人均劳效也越高，劳动效率就越高。

9. 总资产周转率

总资产周转率是指店铺的年销售额与总资产的比值，它反映的是店铺的总资产利用程度，其计算公式如下：

总资产周转率＝年销售额÷总资产×100%

该项指标越高，说明总资产的利用程度越好。一般情况下，总资产周转率的参考标准是2次/年以上。

如何制定财务情况说明书

财务情况说明书，主要用于说明店铺的生产经营状况、利润实现和分配情况、资金增减和周转情况、税金缴纳情况、各项财产物资变动情况；对本期或者下期财务状况发生重大影响的事项；资产负债表日后至报出财务报告前发生的对店铺财务状况变动有重大影响的事项，以及需要说明的其他事项。

1. 店铺生产经营的基本情况

（1）店铺主营业务范围和附属其他业务，纳入年度会计决算报表合并范围内从事业务的行业分布情况；未纳入合并的应明确说明原因；店铺人员、职工数量和专业素质的情况；报表编报口径说明。

（2）本年度经营情况，包括主营业务量、销售量（出口额、进口额）及同比增减量，在所处行业中的地位，如按销售额排列的名次等；经营环境变化对店铺生产销售（经营）的影响；营业范围的调整情况；新产品、新技术、新工艺开发及投入情况。

（3）开发、在建项目的预期进度及工程竣工决算情况。

（4）经营中出现的问题与困难，以及需要披露的其他业务情况与事项等。

2. 利润实现、分配及店铺亏损情况

（1）主营业务收入的同比增减额及主要影响因素，包括销售量、销售价格、销售结构变动和新产品销售，以及影响销售量的滞销商品种类、库存数量等。

（2）成本费用变动的主要因素，包括原材料费用、能源费用、工资性支出、借款利率调整对利润增减的影响。

（3）其他业务收入、支出的增减变化，若其收入占主营业务收入10%（含10%）以上的，则应按类别披露有关数据。

（4）同比影响其他收益的主要事项，包括投资收益，特别是长期投资损失的金额及原因；补贴收入各款项来源、金额以及扣除补贴收入的利润情况；影响营业外收支的主要事项、金额。

（5）利润分配情况。

（6）利润表中的项目，如两个期间的数据变动幅度达30%（含30%）以上，且占报告期利润总额10%（含10%）以上的，应明确说明原因。

（7）会计政策变更的原因及其对利润总额的影响数额，会计估计变更对利润总额的影响数额。

（8）对店铺财务状况、经营成果和现金流量有重大影响的其他事项。

（9）对店铺收支进行全面分析，从数据后面阐述问题的原因，从分析得出店铺的经营情况，对存在的问题进行阐述，新年度拟采取的改进管理和提高经营业绩的具体措施。

如何做好店铺的促销预算

促销预算,是店铺从事促销活动而支出的费用,促销预算支撑着促销活动,它关系着促销活动的实施以及促销活动的效果。因此,制定促销组合决策的第一步即是确定促销预算。在决定促销预算时,传统方法与计量方法这两大类方法被普遍采用。

传统方法一般由经验而来,或是迫于竞争而抉择的对策,其中一些虽缺乏科学性,但在实际业务中被普遍采用,在此仅介绍传统方法。传统方法主要有量入为出法、销售百分比法、竞争对等法和目标任务法四种。

1. 量入为出法

量入为出法是根据店铺财务的承受能力确定促销预算的方法。在经济繁荣时期,利用量入为出法从事大规模的销售活动,有利于充分利用市场机会,扩展商品市场。然而,这种确定预算的方法忽视了促销对销售量的影响,从而容易导致年度促销预算的不确定性,给制订长期市场计划带来困难。

2. 销售百分比法

销售百分比法以一定期间的销售额(销售量)或单位产品销价的一定比率来确定促销费用数额。使用销售百分比法确定促销预算的主要优点有:

(1)促销费用可以因店铺财务承受能力的差异而变动。

(2)促使商品管理者依据销售成本、产品售价和销售利润之间的关系去考虑商品经营管理的问题。

(3)有利于保持同类店铺之间竞争的稳定性。

但是,销售百分比法没有考虑竞争因素,若加入竞争因素,这种方法就显示出其不足之处。

3. 竞争对等法

竞争对等法是以主要竞争对手的促销费用支出为基准,确定足以与其抗衡的支出额。显然,确定促销预算仅从本店铺考虑是毫无意义的,必须与竞争店铺比较,确定足以与竞争对手抗衡的促销预算。

4. 目标任务法

目标任务法是根据营销计划决定的企业特定目标,确定达到这一目标必须完成的任务以及估计为完成这些任务所需要的费用，从而决定促销预算。目标任务法在逻辑程序上具有较强的科学性，因而为众多的西方企业广泛采用。

在确定促销总预算后还一定要考虑经营负担问题。生产厂家与店铺共同负担促销经费的形式已成趋势，主要的方法是：

（1）厂家的促销活动融入店铺的促销计划内。如由厂家提供样品和赠品；举办推广特定厂家商品的促销活动；配合厂商在大众传播媒介的促销活动，在店内开展优惠促销活动并由厂商贴补促销费用等。

（2）厂商向店铺租用卖场的特定位置、使用权或设备以推广其服装。如租用端架或大量陈列区，支付购物袋背面印制广告的权利金，支付利用店内灯箱做广告的权利金等。

营业收入的管理技巧

店铺每天除了在收银员交班、打烊时做时段营业收入总结算，以计算收银员执行任务的正确性外，还必须选择一个固定时间做单日营业总结算。单日营业总结算的时间最好选择在每天下午3点之前，一来可以避开营业高峰，二来可以配合现有金融机构的营业时间，便于进行存款作业。例如，每日午后2点，从收银机结出单日营业总结算的账条，此账条代表上一日下午2点至当日下午2点的单日营业总金额。之后再重新计算累计营业收入。

执行时段及单日的营业结算作业时，必须将所有的现金、准现金，及相关单据一起处理妥当，处理时应由收银员与主管在指定地点执行并对点清楚。单日营业结算后，应填写"每日营业结账明细表"，作为日后会计部门查核及做账的资料。

所得的营业收入应于固定时间存入或汇入金融机构。存入时，应由指定人员负责，并妥善规划存放的日期、时间，以及路线等，以免运送途中发生意外事故。

为了安全起见，亦可请保全公司代为存款，以减少运送的风险。保全公司前来收款时，必须辨析保全人员的身份，并确实核对签名样方可交款。收款时必须有两位以上的店铺人员在现场帮助清点现金，金额确定之后，应填写托运单并核对封条号码、收取日期、时间后，方可签字取得签收条，然后再将签收条交回相关主管单位存查。

现金的管理技巧

店铺应非常注重对现金的管理，现金的管理主要包括以下几个方面。

1. 收银机的零钱作业

（1）每天开始营业前，必须将各收银机开机前的零钱备妥，并铺在收银机内现金盘中（也可将上一次结余的现金作为下一次开机前的零钱）。零钱应包括各种面值的纸钞和硬币，数额多少可依据店铺的营业现况决定，每台收银机每日的零钱应相同。

（2）除每日开机前的零钱外，各店铺也必须备有足够数额的存量，以便在营业时间内，随时提供各额外需要兑换的零钱。收银员应随时检查零钱是否足够，以便提早兑换。零钱不足时，不可与其他的收银台互换，以免账目混淆。

（3）如果想要补充零钱，收银员切勿大声喊叫，可利用铃钟或广播的方式请示相关主管进行兑换。零钱运送应以布袋装好后再分送各收银台，并随时保持警觉性。

（4）店铺应定期前往银行兑换零钱，或请人代为执行。如果遇到节庆假日时，则应适量增加零钱数额。

（5）执行上述各项零钱兑换作业时，应填写"换钱表"，并直接由指定人员进行。兑换时必须经过收银员与兑换人员双方对点清楚。完成兑换之后，应将"换钱表"收存在指定位置，以便日后查核。

2. 现金支出

顾客要求退货时，会发生现金支出情况。现金支出之前，必须先检查退回的商品，如实填写退款单之后放入收银机内，再将现金取出。

3. 金库管理

现金除了存放在卖场的收银机之外，只能固定放置在店长室的金库内。金库应设有"金库现金收支本"，对于取出或存入现金的各种行动必须予以翔实地记录。任何消费性支出，应附有单据或者发票。

金库发现有任何短缺时，应立刻请相关主管人员进行调查。

现金管理的注意事项

绝大多数顾客都是通过现金与店铺进行交易，加强现金管理是店铺财务管理的重要项目。可以将现金管理的重点落在清点、安全两个方面。

1. 现金的清点及结算

现金由收银员与值班长在指定地点、指定时间面对面清点清楚，并填写每日营业收入结账表，由收银员与值班长签名确认。每日营业收入结账表须按规定及时交付会计部门审查备案。

值班长在收银员清点营业款后，列出收银员日报表，并与现金解款单核对，收银损益在现金解款单中写明，然后将现金与现金解款单封包并加盖骑封章，最后在交接簿登记，移交店长。

现金清点的时间除了交接班和营业结束后进行外，考虑到单日的销售现金数量巨大，可以在每天选择一个固定的非高峰时间，例如，15：00～16：00之间进行一次总结算，结算的时间跨度为昨天15：00到今天15：00。这样结算完，可以有时间在银行营业结束前进行解款。

2. 现金的安全措施

为了现金的安全，每个店铺至少配备保险箱一个，用于存放当日现金或过夜营业款，保险箱钥匙由店长亲自保管。

每日店长收到值班长交付的现金后，要立即将现金存入保险箱，等待银行上门收款。如需要解交银行，店长可本人或指派专人最好是两个人存入指定银行或本店指定的账户。最好选择离店铺最近的银行，选择最繁华的道路，以保证现金的安全。解交银行后，存款人须当日在存款凭证上签字并交付给财务人员，并在交接簿上签字。

3. 票据问题

店铺的一切现金收支，都必须取得或填制原始凭证，作为收付款项的书面证明。向银行提取现金时,要签发现金支票,以"支票存根"作为提取现金的证明;将现金存入银行,要填写解款单,以银行退回的"解款单回单"作为收款的证明;支付零星小额的开支,以发票作为付款的证明;收入小额销售货款,以销售部门开出的"发票副本"作为收款的证明;支付员工预借差旅费的款项,应以店长批准的"借款单"作为付款证明。

店铺可以对这些票据作出规定,只有店长亲自签字的票据,会计部门才能记账,否则将以不合格票据的名义退回。

大额钞票的管理技巧

大额钞票主要有以下几种管理技巧:

(1)收银台前的通道人员出入频繁,而收银台是卖场唯一放现金的地方,其安全格外值得重视。由于找钱给顾客时,不需要用到最大面值的现钞,因此店铺无须将最大面值的钞票放在收银机抽屉内,为了安全起见,可放在现金盘的下面,用现金盘将其遮盖住。

(2)当抽屉内的大钞积累到一定数额时(可依个别店铺的营业情况自行约定,如2万元),应马上请相关主管收回至店门的金库存放,此作业可称为"中间收款",避免收银台的现款累积过多,引起歹徒的注意。若真有歹徒强行抢劫,也可由于大钞部分已从收银台收走,而使店铺损失降至最低。

(3)收取大钞时,应暂停收银柜台的结账作业,将现金放在特定的布袋,然后系在手上带走,并随时注意观察四周的情况。

(4)每次收大钞时,经过点数后,必须将收取的现金数额、时间记录在该收银柜台的"中间收款记录本"内,由收银员及点收主管分别签名确认。如有涂改时,也应签署以示负责。每台收银机都应有相应的"中间收款记录本"。

(5)大钞送到金库后,也必须记录在"金库收支簿"内,将日期、时间、收银机号、金额和累积数填写清楚,记录者必须签名以表明负责。

通过对上面内容的讲解,希望大家明白财务安全管理的重要性,一定不能掉以轻心。

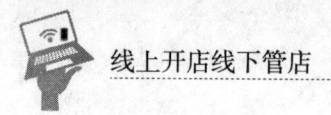
线上开店线下管店

标准12 卫生管理——打造宾至如归的文明卖场

不少店铺只将工作重点放在销量上,只关注店铺的商品销量和销售业绩,而对店铺的环境卫生则漠不关心,时间一长,店内外脏乱不堪,顾客不愿意进店购买商品,导致销售业绩下滑。

卫生看似小事,实则事关重大。店铺卫生细节上的不到位,会给店铺的经营带来严重的危害,导致店铺经营功败垂成。不论是从重视顾客的感受上说,还是从关心店员的健康上来讲,店铺经营者都有责任时刻保持店面周边及内部环境的清洁与卫生,并制定相应的环境卫生与个人卫生管理制度与执行标准,营造一个让顾客宾至如归的文明卖场。

如何搞好店内环境卫生

店铺内环境卫生执行标准包括如下方面。

1.员工更衣室的设置

店员更衣室的设置,是为了让所有店员在作业前,换穿工作服及贮放穿戴的衣物、佩饰。更衣室内应设置储衣柜及鞋架,室内需配置镜子以整理仪容。

2.设置个人消毒设施

(1)消毒室的墙面须贴白瓷砖以利于清洗。

(2)入口处设有刷鞋池,并备有鞋刷。

(3)入口处两边的墙壁钉有清洁液架,以放置清洁液或肥皂。

(4)两边设置洗手台,并安置数个肘压式的水龙头及毛刷。

268

（5）洗手台的下方设置消毒池，池深约可淹及鞋面，消毒池内泡消毒剂，或用200毫升有效氯消毒液。每日须更换或补充氯水，以维持有效氯的浓度，达到消毒效果。

（6）洗手台后侧墙边设置纸巾架或毛巾架。

（7）毛巾架后侧设手指消毒器。

（8）设置手肘或脚踏式的门，防止手部再污染。

3. 店内场地设施要求

（1）店内的地面须以磨石或金刚砂等不透水材料铺设，也须有适当的斜度，以利排水，借以防止地面积水滋生细菌，或造成湿滑以影响作业安全。店铺的地面在每天作业前、后及午休前应予冲洗，以维护场地卫生。

（2）墙面须贴一定高度的白瓷砖或粉刷白色漆，以利清洗。天花板应无破损、积水、尘土、蜘蛛网或凝水的现象。干燥清洁的环境，可防止细菌生长、繁殖。

（3）设有完善的排水设施。生鲜食品处理，用水量相当多，若店铺场地无良好的排水设备，常常会使店内积水而无法作业。为利排放废水，店内须设排水沟，并有适当坡度，借以畅通排水。因为较大的废弃物若流入排水沟内将阻塞排水管道，故其出口处应设有滤水网，水网的设置还可防止蟑螂、蚊虫、昆虫等病媒自排水沟侵入店内，以维持场地卫生。

（4）店内不得堆放无关的物品，否则将不仅影响作业，还会造成卫生管理上的死角，并易发生意外事件。

（5）店内应有良好的照明及空气调节设施。要注意灯管、灯泡，同时要加护罩，以免其破碎时掉入生鲜食品中。为维护生鲜食品的鲜度，店内的温度在处理作业时也应尽量降低，维持在15～18℃。另为维持店内场地空气的新鲜，应控制湿度，维持室内干燥。

（6）店内应有防止病媒侵入设施。病媒是指病原体自一寄主带至另一寄主的携带者，也即病原体的媒介物。它能使病原体由一患者或带菌者传至健康者，而使其患病或带菌。由于多数的传染病以节肢动物为媒介，所以一般所谓病媒防治是指蚊、蝇、蟑螂、跳蚤、鼠等动物的防治。

防治病媒的方法主要有两种：

防止病媒侵入门店：设置纱门、黑走道、空气帘、水封式水沟。

捕杀病媒：以化学药品毒杀或捕虫灯、捕鼠笼、捕蝇纸等捕捉病媒。

（7）设置冷冻、冷藏库贮存原料与半成品、成品。为保持生鲜食品的鲜度，生鲜食品的原料、半成品、成品等应减少暴露于常温的时间，并应迅速进冷冻、冷藏库降温。冷藏库的温度应控制在0～2℃之间，而冷冻库的温度应维持在-18℃以下，并经常检查其温度是否符合要求。

（8）区隔处理不同种类的产品。为防止产品相互污染，应分别设置果菜、水产、畜产及加工室，而且在同一容器中不得混装产品。

如何搞好办公区环境卫生

办公区环境卫生执行标准要点如下：

（1）工作人员必须了解卫生的重要性与相关知识。

（2）各工作场所内，均须保持整洁，不得堆积已产生臭气或有碍卫生的垃圾、污垢或碎屑。

（3）各工作场所内的走道及阶梯，至少须每日清扫一次，并须采用适当方法减少灰尘的飞扬。

（4）各工作场所内，应严禁随地吐痰。

（5）饮水必须清洁。

（6）其他卫生设施，必须特别保持清洁。

（7）排水沟应经常清除污秽，保持清洁畅通。

（8）凡可能寄生传染菌的原料，应于使用前施以适当的消毒。

（9）凡可能产生有碍卫生的气体、尘灰、粉末的工作，应遵守下列规定：
采用适当方法减少此项有害物的产生。
使用密闭器具以防止此项有害物的散发。
于发生此项有害物的最近处，按其性质分别作凝结、沉淀、吸引或排除等措施。

（10）对于处理有毒物或高热物体的工作或从事有尘埃、粉末或有毒气体散布场所的工作，或暴露于有害光线中的工作等，须穿用防护服装或器具，并

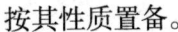

按其性质置备。

对于本店的防护服装或器具，使用人员，必须善用。

（11）各工作场所的采光，应依下列规定：

各工作部门有充分的光线。

光线须有适宜的分布。

须防止光线的炫目及闪动。

（12）各工作场所有窗面及照明器具的透光部分，均须保持清洁，勿使有所掩蔽。

（13）对于阶梯、升降机上下处及机械的危险部分，均须有适度的光线。

（14）各工作场所应保持适当的温度，可采用暖气、冷气或通风等方法调整温度。

（15）各工作场所应使空气充分流通。

（16）食堂及厨房的一切用具及环境，均须保持清洁卫生。

（17）垃圾、污物、废弃物等的消除，必须符合卫生的要求，放置于所规定的场所或箱子内，不得任意乱倒堆积。

（18）店内应设置甲种急救药品设备并存放于小箱或小橱内，置于明显之处以防污染而便利取用。每月必须检查一次，其内容物有缺时应随时补充。

如何搞好柜台卫生

店铺的清洁与卫生，来自于日常工作的定期清理与打扫，而店面内的每一项设备及相关区域的清洁，都需要按照一定的标准规范来操作。

柜台卫生清洁操作规范如下：

（1）店铺工作人员有义务保持店内作业场所的卫生整洁，遵守店铺的卫生管理规定，服从管理人员的监督管理，配合清洁人员共同搞好店内卫生。

（2）专柜经营者不得超高超长摆放商品。

（3）爱护店内的一切设施和设备，损坏者照价赔偿。

（4）不得随地吐痰、乱扔杂物等。

线上开店线下管店

（5）各专柜的经营人员必须保持自己铺位或柜台所辖区域的卫生。

（6）经营人员不能在禁烟区内吸烟。

（7）晚上清场时将铺位内的垃圾放到通道上，便于清理。

如何搞好通道、就餐区卫生

通道、就餐区卫生清洁操作规范如下：

（1）公告栏应指定专人管理。相应管理人员应对需张贴的通知、公告等文件资料内容进行检查、登记，不符合要求的不予张贴。店员应注意协助维护公告栏的整洁，不得拿取、损坏张贴的文件资料。

（2）店员通道内的卡钟、卡座应挂放在指定位置，并保持卡座上的区域标识完好无损。

（3）考勤卡应按区域分配，插放于指定位置，并注意保持整洁。

（4）用餐后应将垃圾扔入垃圾桶。

（5）茶渣等应倒在指定的垃圾桶内，不能倒入水池。

（6）当班时间不得在就餐区休息、吃食物。

如何搞好更衣室卫生

更衣室卫生清洁操作规范包括如下几点。

1.清洁地面

扫地、湿拖、擦抹墙脚、清洁卫生死角。

2.清洁浴室

（1）用洗洁精配水洗擦地面和墙身。

（2）洗抹碱油缸。

（3）用布清洁门、墙头。

（4）清洁洗手台、盆。

3. 清洁店员洗手间

4. 清洁工衣柜的柜顶、柜身

5. 室内卫生清洁

（1）清理烟灰缸。

（2）打扫天花板，清洁空调出风口。

（3）清洁地脚线、装饰板、门、指示牌。

（4）打扫楼梯。

（5）拆洗窗帘布。

（6）清倒垃圾，做好交接班工作。

6. 拾获店员物品

拾获店员的物品应及时登记上交保安部并报告部门领班、主管。

如何搞好洗手间卫生

洗手间环境卫生清洁操作规范包括如下要点：

（1）所有清洁工序必须自上而下进行。

（2）放水冲入一定量的清洁剂。

（3）清除垃圾杂物，用清水洗净垃圾并用抹布擦干。

（4）用除渍剂清除地胶垫和下水道口，清洁缸圈上的污垢和渍垢。

（5）用清洁桶装上低浓度的碱性清洁剂彻底清洁地胶垫，不可在浴缸里或脸盆里洗。桶里用过的水可在做下一个卫生间前倒入其厕内。

（6）在镜面上喷上玻璃清洁剂，并用抹布清洁。

（7）用清水洗净水箱，并用专备的擦杯布擦干。烟缸上如有污渍，可用海绵块蘸少许除渍剂清洁。

（8）清洁脸盆和化妆台，如客人有物品放在台上，应小心移开，将台面抹净后仍将其复位。

（9）用海绵块蘸少许中性清洁剂擦除脸盆镀锌件上的皂垢、水斑，并立即用干抹布擦亮。禁止用毛巾做抹布。

如何搞好玻璃门窗、幕墙卫生

玻璃门窗、幕墙清洁要达到的标准是：玻璃面上无污迹、水迹；清洁后用纸巾擦拭。要达到这个标准，必须定期、有计划进行清洁，防止尘埃堆积，保持清洁。具体清洁方法如下：

（1）先用刀片刮掉玻璃上的污迹。

（2）把浸有玻璃清洁溶液的毛巾裹在玻璃上，然后用适当的力量按在玻璃顶端从上往下垂直洗抹，污迹较重的地方重点抹。

（3）去掉毛巾用玻璃刮，刮去玻璃表面的水分。一洗一刮连续进行，当玻璃接近地面时，可以把刮作横向移动。作业时，注意防止玻璃刮的金属部分刮花玻璃。

（4）用无绒毛巾抹去玻璃框上的水珠。

（5）最后用地拖拖干地面上的污水。

（6）高空作业时，应由两人作业并系好安全带，戴好安全帽。

如何搞好灯具清洁

灯具清洁的目标是：清洁后的灯具无灰尘，灯具内无蚊虫，灯盖、灯罩明亮清洁。要达到这个标准，其清洁必须做到以下几点：

（1）关闭电源，一手托起灯罩，一手拿螺丝刀，拧松灯罩的固定螺丝，取下灯罩。如果是清洁高空的灯具，则架好梯子，人站在梯子上作业，但要注意安全，防止摔伤。

（2）取下灯罩后，用湿抹布擦抹灯罩内外污迹和虫子，再用干抹布抹干水分。

（3）将灯罩装上，并用螺丝刀拧紧固定螺丝，但不要用力过大，防止损坏灯罩。

（4）清洁灯管时，也应先关闭电源，打开盖板，取下灯管，用抹布分别擦抹灯管及盖板，然后重新装好。

(5)灯箱保持清洁、明亮,无裂缝、无破损。霓虹灯无坏损灯管。

废弃物处理规范

废弃物处理规范包括如下三方面。

1. 废弃物的分类

(1)可回收废弃物——如纸张、塑料制品、玻璃制品、橡胶、皮革、金属、纺织物等。

(2)生活废弃物——如蔬菜残渣、果皮、花草、竹木、陶瓷等。

(3)有害废弃物——如各种废电池、废光管、药剂罐、气体罐及各种药剂、药品等。

(4)大件废弃物——如沙发、床垫、废家什、废电器等。

2. 废弃物的存放规范

店铺一般都会设置垃圾桶、垃圾箱、垃圾车、烟灰筒、纸篓、茶叶筐等临时存放垃圾的容器。保洁人员在处理这些废弃物时须注意:

(1)存放容器要按垃圾种类和性质配备。

(2)存放容器要按垃圾的产生量放置在各个场所。

(3)存放容器要易存放、易清倒、易搬运、易清洗。

(4)有些场所的存放容器应加盖,以防异味散发。

(5)存放容器及存放容器周围要保持清洁。

3. 废弃物收集清运操作规范

(1)及时清除楼面上所有的垃圾,收集清运时,用垃圾袋装好,并选择适宜的通道和时间;只能使用货运电梯,不可使用客梯。

(2)在清除垃圾时,避免将垃圾散落在楼梯和楼面上。

(3)要注意安全,不能将纸盒箱从上往下扔。

(4)要经常冲洗垃圾间,保持垃圾间的整洁,防止产生异味及招来飞虫。

店员个人卫生的管理

店员个人卫生执行标准包括如下几方面。

1. 进入作业场所前注意穿戴与清洗

员工工作时应穿戴清洁束领的工作衣、帽及口罩，凡进入作业场所的店员、上级主管及参观人员，一律要依下列规定实施：

（1）穿戴整齐干净的工作服、工作帽并换穿雨鞋。

（2）刷洗工作鞋。

（3）洗刷手部并在消毒池消毒鞋面。

（4）以纸巾或消毒的毛巾擦干手部。

（5）消毒手部。

（6）以手肘或脚部推门进入作业场所。

（7）工作衣帽。进入作业场所的从业人员穿戴工作衣、帽，可以防止头发、头皮屑或其他杂物混入食品中。工作衣、帽的制作原则如下：

要以卫生、舒适、方便、美观为主。

质料以不沾毛絮、易洗、快干、免烫、不易脱色为原则。

颜色以白色、浅蓝、浅绿、粉红为主，因其比较容易辨别清洁与否。

工作帽以能盖住头发为原则。

工作衣以能盖住便服的衣领及袖口为原则，其袖口有松紧带，以防止袖口松散而被运转的机器碾压或切到。

衣、帽的颜色要一致。店员所穿戴的工作服、帽容易沾染血水、油渍等秽物，所以要常常换洗，保持衣、帽干净，以免穿戴不洁的衣、帽污染生鲜食品而影响商品品质。

（8）口罩。在作业场所作业时，店员间难免因事请求指示或相互交谈，为防止交谈中口水混入生鲜食品中而污染商品，故作业人员一律要戴口罩。

（9）工作鞋。处理生鲜食品时需大量使用水来清洗原料或半成品。清洗过的水因含有油脂容易使地面湿滑，如果穿不合适的鞋子，容易滑倒，而影响作业人员的安全。因此，工作人员作业时，必须穿工作雨鞋，以维护工作人员的工作安全。而选购及使用工作雨鞋须注意下列原则：

颜色以浅色为主，较易辨识清洁与否。

须选购较易止滑的工作雨鞋。

工作雨鞋以长筒为宜。

穿工作雨鞋须将裤管塞入鞋内。

店铺工作人员在进入店铺前，先要把鞋面刷洗干净，以除去鞋面上附着的油污及不洁物。

2. 对手部进行彻底的清洗、消毒

手是人体主要的操作器官，也是人体与外界接触最多的部位，手部除指甲易藏垢外，其外层皱折的皮肤也很容易纳垢、藏菌。所以在工作时手部的污染源或污垢，很容易污染所接触的生鲜食品。而生鲜食品，直接关系到人的身体健康，绝对不容许被病源或异物污染，因此生鲜食品的作业人员，要特别注意手部的卫生。

手部的细菌有两种，一种是附着于皮肤表面，称为暂时性细菌，可以用清洁剂洗去。而另一种是永久性细菌，须戴手套方能阻止其污染。

手部清洁方法如下：

（1）以水润湿手部。

（2）擦上肥皂或滴清洁剂。

（3）两手相互摩擦。

（4）两手背到手指互相摩擦。

（5）用力搓两手的全部，包括手掌及手背。

（6）做拉手的姿势以擦洗指尖。

（7）用刷子洗手更能除去指甲内的污垢及细菌。

（8）以手肘打开水龙头用水冲洗干净。

（9）以纸巾或已消毒的毛巾擦干或以热风吹干。

（10）以手指消毒器消毒手部残留细菌。

3. 禁止患有皮肤病的店员在生鲜食品柜台进行作业

患有皮肤病及手部有创伤、脓肿的病患者，其身上或手部的病菌容易污染经处理、包装的生鲜食品，影响其卫生安全。故须特别注意从业人员的身体健康状况，并定期做健康检查，检查项目包括皮肤病、传染病、X光透视、乙型肝炎。

而创伤、脓肿的部分会产生葡萄球菌，生鲜食品受污染后会产生耐热性的肠内素，容易导致食物中毒，应防止其进场作业，或戴手套作业。而手套应选择不透气、易清洗的质料，并经常检查手套是否有破损且要时常清洁及消毒。此外，宜设置手套架，放置手套，保持通风易干。

4.养成良好的卫生习惯

店员拥有良好的卫生习惯，不但可以维护个人的身体健康，还可杜绝许多污染源。

从业人员出场处理事务或上洗手间，再进场时，要一律经过再消毒手续。不得随地吐痰，因痰或口水中含有许多细菌及病毒，可借痰或唾液传播至生鲜食品，故应禁止作业场内随地吐痰及咀嚼零食、饮食食物。为防止烟灰掉落于生鲜食品上，也须禁止从业人员在作业场内吸烟。

标准13　安全管理——平安开店防范为先

一个店铺在经营过程中，难免会遇到或出现一些诸如失窃、火灾、恶劣天气等意外情况，这就需要经营者提高安全意识，做好安全管理，确保财产和生命安全。

店铺安全管理的工作对象为店铺所控制范围内所有人员及所有财产。平安开店防范为先，经营者应把店铺的安全管理作为整个店铺管理中的一项重点来抓，杜绝一切事故隐患，让店铺在安全稳定的环境中成长壮大。

如何防止外部人员偷窃

光顾店铺的人们形形色色，素质各不相同，偷窃行为难免发生，店铺经营者要切实做好偷窃防范工作，以减少店铺的损失。

1. 店铺灯光照明管理

（1）充足的灯光可以阻止店内和店外犯罪行为发生。

（2）在阴雨天和天快黑的时候，要打开外围的灯光。

（3）在天黑时，要打开屋顶招牌灯。

（4）照射灯需能照到通道、后门、前门及外围景观。

（5）营业时间选购区需打开灯光。

（6）坏掉的灯应随时更换。

2. 门窗管理

（1）后门要加装"猫眼"，利用"猫眼"来确认想要从后门进来的任何人，并且后门最好保持锁闭的状态。

（2）如果后门没有"猫眼"装置，则请欲从后门进来的人改从前门进入。

（3）后门的门面不要有把手或其他类似零件，务使后门只能从店内打开。

（4）检查门窗有无玻璃破损及任何螺丝脱落的情况，并及时找人修理。

（5）控制餐厅钥匙的数量，持有人只限经理、副经理或开店及打烊的人员。

（6）建立钥匙记录簿，务必要求钥匙持有人签名。

（7）当钥匙数量多到无法控制时，应立即换锁。

（8）储藏间需上锁，巨型铁质垃圾桶确认维修良好，并保持紧闭。

3.店面外的景观管理

经常检查建筑物的前后及室外垃圾处理区（如果有的话），尤其有庭院的店铺还要检查是否杂草丛生，一旦植物生长过高或过于茂盛，不但影响视野，更易成为歹徒躲藏之处。

4.还要做到以下五点

（1）扩大通道。

（2）消除卖场死角。

（3）加强明亮的照明设备。

（4）陈列物排列整齐、井然有序。

（5）考虑店员的分派。

另外，有很多大型商店的超级市场都有反射镜和店内摄影机的装备，这种防范少数不良分子的做法，会引起大多数顾客的不愉快，因此，中小型商店不必装设。

如何防止内部人员偷窃

店铺中人多事杂，员工的偷窃行为发生时，其处理通则如下：

（1）明令规定贵重物品严禁携至店中，如有必要，则交由柜台保管。

（2）发薪日现金或支票锁于保险柜中，下班的员工方可领取，领完钱后收好立即离店，勿在店中无事逗留。

（3）抓到偷窃者立即开除，绝不宽恕。

顾客的哪些行为需要注意

对于下列几种光顾店铺的客人必须多加注意：

（1）虽然很从容不迫，但是在店里走过来又走过去，看起来似无目的地逛来逛去。这中间，视线并不放在商品上面，反而十分留意周围的动静。一旦和店员目光相接的时候，眼睛露出畏惧的眼神，马上装做拿起商品看看。

（2）两三个人同时进来，其中一个人和店员交谈，其余的人则分散到店里，到处走来走去物色东西。

（3）穿着不合时节的大衣、外套等衣服，硬往卖场上不易被人看见的地方去。还有，用手抱着外套、大衣，装做是在看东西的样子，而且都站在阴暗的地方。

（4）很不自然地拿着杂志或报纸在店里踱来踱去。

（5）故意把很大的包巾放在商品上面，或者是购物包半开着晃来晃去。

（6）事先预备好容易放进去、容易藏起来的口袋或包，一边慌慌张张地环视四周，然后很快隐藏起来。小偷在把偷到手的东西藏起来之前，外表看起来有点怪异，一旦目的达成之后，会有两种不同的表现：一种是和普通客人一样，在店里走着；另外一种是急急忙忙地离开商店。

发现小偷时如何处理

小偷必须是现行犯罪才成立。如果不能确定某人是否为小偷时，可以小声告诉同事、上司或负责人员加以监视，并派某人来跟踪，注意其有没有偷窃行为。大部分小偷如果在该店偷窃成功而不被发现的话，都会再继续来偷第二次、第三次。如果小偷发觉不对劲，已经知道有人在监视、跟踪，他就不敢下手了。如果他真的偷了东西，一定会慌慌张张，他会找机会把东西放回卖场，或者干脆拿到收银台去付钱。

小偷的犯罪行为成立的表现如下：

（1）在自助式超级商店的情形是，不付费而擅自通过柜台的时候。

（2）在面对面销售商店的情形是，把商品放入口袋或包里面，却没有付钱的意思，而移动到店外或其他卖场的时候。

因为一般人没有调查的权限，所以站在管理自己商店商品的立场，要求小偷把东西还给店方，才是最基本的处理对策，这一点要铭记在心。

如果自己很有把握地确信是小偷行为，确实有偷东西的情况，应该和上司协同处理。

遇到紧急事件如何处理

店内发生紧急事件，是最能考验店长的素质与能力的时候。作为一个优秀的店铺工作人员，在这种情况下，一定要为全店员工做好带头与表率作用，要做到临危不乱，并对形势加以冷静地分析与评估，随后根据自己的判断，果断采取相应的对策。

店内紧急事件包括人身意外、突然停电、火灾、恶劣天气、示威或暴力、威胁、恐吓、抢劫、骚乱、爆炸物等。

1.制定应急方案

应急方案是店铺安全工作的重要组成部分。它是以书面的形式制定的防备各种潜突发紧急情况的预备方案。

（1）建立紧急事件小组的各分组负责制和各分组员工岗位责任制。

（2）确定事件发生后的指挥中心的地点、人物。

（3）确定新闻发布的规定。

（4）各种紧急状况的处理程序。

（5）具备各种特长员工的名单、联系电话和常住地址，包括急救员、人工呼吸救助者、电工、机械工等。

（6）设备的维护和配备情况（紧急照明、备用发电机、备用排水泵、无线电对讲机等）。

（7）紧急情况下的通讯，包括店内人员、消防队、公安局、红十字会、就近医院等的联系方式。

2. 紧急事件处理的基本原则

（1）做好预防工作。做好日常的安全防卫工作，消灭隐患，减少紧急事件的发生。

（2）尽量减少人员伤亡、财务损失。人的生命是最珍贵的，因此所有的救援工作的首要任务是保全和抢救人的生命，其次才是财物损失的减少。

（3）及时、迅速进行处理。发生紧急事件后，首先保持镇静，有序组织事件的处理，安排事情要责任分明，岗位确定，反馈迅速，一切行动听从指挥，随时调整策略以应付情况的变化。

遇抢时该如何应变

抢劫多发生在打烊后或深夜时。面对发生的抢劫案，当事人第一就是要想办法尽快让歹徒离去，因为歹徒停留在店内的时间越久，对员工及顾客造成伤害的几率就越大。所以抢劫案发生时的处理方式，首要目的是避免暴力发生。其处理方法如下：

（1）保护收银、出纳人员，并趁机记下抢匪的容貌、口音、身高、身材、服装及所持器械等。

（2）若问及保险柜位置及密码，一概推说不清楚。

（3）以保障人身安全为第一，财物损失其次。

（4）注意匪徒逃离方向，如其使用交通工具，记下车牌号码及车型、颜色。

（5）迅速作报警处理，并向总公司或负责人报告。

遇抢时员工要注意什么

遇到抢劫事件时，员工首先要保持镇定，静观事态进展，并采取必要的措施制止抢劫的发生。

1.收银人员

不可与歹徒争执，以免引发其杀机。也不必主动提供消息，只需简短回答其问话即可。

2.其他员工

保持冷静，不要乱跑，以免歹徒受到惊吓，引发其暴力倾向，当然应离歹徒越远越好。

要机警，并仔细观察记下歹徒的特征。

3.如果店内有人被绑架为人质，要尽量配合歹徒的要求，不要显露出惊慌失措的模样。

如何防暴

店铺在经营过程中难免遇到一些不测事件，其中不乏暴力事件。经营者平时要加强对员工进行防暴意识的教育和防暴手段的训练，以应对暴力事件的发生。具体来说，应做到以下几点：

（1）防范歹徒放置爆炸物恐吓勒索、扰乱秩序，将损害减轻至最低程度。

（2）各部门办公室门应随时保持关闭状态，尽量不在办公室内接待访客，遇有访客至办公室需验明身份。

绝对不可接受寄存物品，如必须接受寄存物品时，应了解寄存人身份，记明寄存时间，于该寄存物上标示明白。

（3）离开办公室，如非短时间可返回时，抽屉及经管的橱柜务必加锁。

（4）接到歹徒恐吓电话，除立即报告店长外，不得向任何人透露（包含所属主管），绝对保守秘密，以免招致慌乱，发生其他意外。

（5）任何人员发现可疑物或可疑情况时，应立即通报店长，对该可疑物或可疑情况严密监视、不触摸、不移动，尽可能保持原状，等待警察等有关人员前来处理。

（6）下班后务必关窗、关门、关灯。

（7）办公室、仓库随时保持整洁，一切公私物件均需有固定位置，发现可疑物，或发现不属于本餐厅的可疑物件，切勿移动，应立即通报店长。

（8）电话总机、主管办公室、秘书小姐为最可能接到恐吓电话者。如接到歹徒恐吓电话，要保持镇静，切忌慌乱，尽可能延长通话时间，以轻松、和缓的语气与其周旋。

店内关键部位的安全管理

要做好店铺的安全工作，需要抓住几个关键点。对于一个店铺来讲，其安全工作的重点不外乎收银、仓库等存放现金与物资的关键部位，以及容易引发消防事故的易燃易爆品等物品。

店内关键部位为存放现金、票证和贵重商品的部位，其管理重点为：

（1）关键部位工作人员必须廉洁奉公，遵纪守法，严格遵守店财经制度和物品管理制度，坚持现金、票证当日回笼。各部门必须指定专人负责支票的使用和保管，支票印鉴须单独放入保险柜，不得与财务章及其他印章存放在一起。保险柜必须拨乱密码，钥匙按规定数量配置并由专人保管，必须随身携带，不得随意放置或存放在办公地点，下班后开启保险柜报警装置，原使用保险柜人员调离岗位应及时更换密码。

（2）在领用支票时，必须建账登记，将单位名称、日期、用途和金额等内容填写齐全，存根留底。对未用掉的支票，应于当日交回财务室。

（3）加强对支票的管理，一旦丢失，应积极查找，迅速办理挂失手续，并及时报店长备案。填写支票时，内容必须真实准确，字迹清晰，不得随意涂改支票，领用发票要建账登记，由专人保管，填写发票时要内容齐全，本人签全名，不得为他人提供假发票。

（4）在收受顾客支票、汇票时，须验明本人身份证，并登记身份证号码和电话号码。在核实对方确切身份后，坚持做到：本市3天付货，远郊县5天付货。顾客备车提货时，须登记车辆号码。

（5）每天到银行送款时，不得用包排队，造成人包分离。商场超市售货员、收银员在点款时应背对顾客，并保持相对距离，现金严禁置于柜台及收款台表面。

（6）收银员必须坚守岗位，收款台必须控好插销，在受到外界干扰时，也不能擅离职地。需要找人替岗时，须请示店长，经同意后方可替岗。

（7）私人不准在店内收银台、柜台套换挪用外汇，更不准非法买卖，如有违反，按套取、贪污国家外汇处理。

（8）员工工资、奖金和其他现款，必须指定专人负责领取发放。

（9）贵重商品的登记手续必须齐全，账物相符，定点存放，设专用库房，专人负责保管。

（10）店铺关键部位要门窗牢固，安装防盗设施和设备。

（11）店铺关键部位的安全防范工作，必须做到职责明确，制度落实。坚持入口检查，各部门随时查，安全保卫部一周一查，并作好记录，每月一大检查，每季测验一次并有记录，发现隐患及时整改。

（12）必须配备专车到银行存取现金、交送营业款，并由安全保卫部派人护送，确保安全。

（13）因关键部位工作人员不负责任，造成差错，一律由经管人赔偿（现金、票证、物品等）。造成重大损失者，要追究刑事责任。

易燃、易爆物品的安全管理

店铺内易燃、易爆物品，如香水、汽油、油漆、酒精、部分化妆品、煤气、乙炔等，其安全管理方式如下：

（1）易燃、易爆物品保管人、使用人和部位领导人是该项安全管理责任人。

（2）易燃、易爆物品应指定专人购买、保管、发放、使用，必须严格领取、存放及发放手续，做到账目清楚、账物相符。

（3）易燃、易爆物品使用人必须严格执行操作规程，使用过程中采取安全防护措施。库内不得使用移动式照明灯具、碘钨灯和60W以上白炽灯。

（4）凡经营的危险商品应本着进多少卖多少的原则，在指定地点存放，库内不许点灯、穿钉子鞋，不得私自保管。

（5）零售企业要害部位及仓库应根据本制度制订出相应的部门具体管理措施，并报安全保卫部备案。

如何做好消防管理

店铺设立消防管理应急小组，隶属店铺经营者直接领导，负责对店铺所有部门实施严格的消防监督。它的主要任务是：

（1）负责对店铺员工进行消防业务知识培训。

（2）开展防火宣传教育。

（3）制定各种防火安全制度，督促各部门贯彻落实防火安全措施，负责调查了解违反消防规定的原因，并提出解决处理的意见，向保安部、总经理报告情况。

（4）负责检查店内各部位的防火安全情况以及各种消防设备、灭火器材；如发现隐患，及时督促有关部门进行整改。

（5）负责将每天店内的消防情况和每周附近消防情况以书面报告的形式呈报店长。

（6）负责调配补充消防灭火器材，并与有关部门定期进行消防设备检测、保养、维修，及时排除消防设备故障。

（7）负责24小时监视消防主机、闭路电视、防火报警信号。发现火警、火灾及其他问题时，要向保安部、总经理报告，并提出处理方法。

（8）负责制订重点部位的灭火作战方案，并负责组织演练。

（9）负责店内动火部位的安全监督。

（10）负责协助店铺新建、改造工程消防设施的呈报审批手续。

（11）负责办理进入店铺施工单位人员出入登记手续，并监督施工期间的消防安全。

（12）协助做好重要接待任务时有关消防方面的安全和保卫工作。

（13）管理好消防业务档案。

出现火灾报警时的处理

为确保店铺在发生火灾时能够得到迅速准确地处理，各部门和员工在紧急情况下，应按照自己的职责有条不紊地做好灭火疏散、抢险安全工作。当出现火灾报警时，可遵循以下程序处理。

1. 报警设备

（1）零售企业各种探测器将火灾信号传到消防控制中心。

（2）消防电话。拿起消防专用电话可直接接通消防控制中心，使用普通电话，应牢记消防控制中心及市消防局的报警电话。

（3）手动报警器。启动手动报警器后，可使楼层警铃、火灾报警器的信号传到消防控制中心。

2. 报警方式

无论任何时候发生火星、燃烧异味、异响及不正常热感应，每个员工都有责任检查是否属险情，如有险情则立即报警，并尽可能采取处理措施，等待救援人员到来。报警时，按照下列顺序选择报警设备：

（1）使用消防电话。因为消防电话不用拨号码，拿起电话就直通消防控制中心，保证能及时报警。

（2）使用普通电话。如果附近没有消防电话时，可用普通电话拨通上述任何一个报警电话，讲清报警内容。

（3）使用手动报警器。如果发现火情比较严重不能控制时，即可启动手动报警器，因为手动报警器和警铃联动。若报警，必然惊动用户，故除非情况严重，否则不要使用。

3. 报警内容

电话报警时，务必讲清下列几项：报警人的姓名和身份、火灾发生的具体地点、燃烧物质、火势大小，并问清接报人的姓名。

4. 制定消防灭火预案

（1）要从实战出发，设想店内可能发生的火灾，设计应采取的对策。预案设计首先要以营业场所失火为重点，各种不同类型火灾要有不同的预案。每一预案，又要分初起阶段、成灾阶段和蔓延发展阶段的不同灭火对策。

（2）预案要以报警、扑救、疏散以及各种灭火、排烟设施的启动、灭火力量的投入时机等为重点内容，并与公安专业消防力量投入灭火相衔接，做好配合工作。

（3）预案要逐个制订，急用先订，逐步完整。

预案制订后要经零售企业负责人审定，并通过消防演习的实践检验不断修订，使之完善、规范。在发生火灾时，对不同火情采取不同预案，有条不紊地进行扑救。

标准14　店铺促销——卖出就是硬道理

随着市场的不断细化与竞争的逐渐激化,那种传统的一成不变的经营方式,已经很难能够吸引消费者的眼球。在新的形势下,店铺的经营要想赢得顾客的关注,必须要想方设法运用一些巧妙的促销手段,给顾客带来一些意想不到的惊喜与实惠,也只有这样才能使得店铺在激烈的市场竞争中跟上时代的步伐。

一般情况下,顾客进入店面,计划性购买仅占30%~40%,而冲动性购买则占到60%~70%。店铺只有通过展开多种促销活动,才能聚集人气,吸引客流,提高销售额。

如何制订促销方案

店铺管理者应将店铺日常经营中反馈回来的商情信息以及带有共性的影响销售的客观因素加以综合分析,慎重考虑和周密计划之后制订统一的促销方案去具体实施。制订促销方案必须掌握以下要点。

1. 促销活动的目的必须明确

目的之一:树立店铺形象,参与市场竞争。特别是一些连锁型的店铺更应发挥自身多店铺的规模经营优势,制定统一的促销活动措施。这样就可以使一些经营业绩不是很好的店铺获得广告业的支持,赢得消费者。通过大型促销活动和店铺形象宣传达到提高店铺的知名度,扩大店铺在消费者心目中的影响,获得消费者对店铺认同感的目的。

目的之二:刺激消费,增加营业收入。在店铺的正常营业阶段,通过采取一项或几项促销手段,推波助澜,以提高销售额。

目的之三：优化产品/服务结构，将滞销的商品推销出去，以调整库存结构，加速资金流转。

目的之四：向顾客介绍新商品。联合生产厂家共同参与的促销活动，可以直接向消费者推荐新的商品。强化宣传消费新观念、新时尚、新生活方式以及与之对应的新商品，在缩短了接受某种生活观念的过程中，不仅普及了新产品，也使商家获得了利润。

2.确定促销的规模，测算促销费用

开展各种促销活动，费用的高低与促销规模成正比。这些必要的费用支出的大部分是用来进行销售刺激的，比如折扣、赠物、降价等。由于这些费用支出要从销售额中得到补偿，所以促销活动方案的制定必须要考虑店铺的实际承受能力。

3.确定促销活动受益者的范围

促销活动可以针对任何一个进店消费的顾客，也可以是经过选择的参加消费的一部分人。比如，让利销售，商店在全面降价时就是针对一切来店内购物的顾客；如果采用规模购买让利活动，顾客购买商品就必须达到规定的数额后才能享受让利；如果组织一些特殊的活动，那就只有参加活动的人才能受益。总之，不管采取哪种方法，促销方案之中都要规定得明确而且具体。同时，在广告宣传中要有醒目的提示，使顾客了解促销活动的内容。

4.前期准备工作及时间的设定

每一次促销活动，不论其规模大小，时间长短，都必须提前做好各项准备工作。前期准备工作大体有：

（1）方案的策划与制订。

（2）商品标价签的修改。

（3）文字宣传品的准备、印刷与分发。

（4）广告的设计、制作与安置。

（5）营业场所人员的调配和工作安排。

（6）商品库存数量的落实以及营业额的预测。

5.促销活动时间的设定

（1）促销活动通常安排在节假日，起止日时间与节假日基本同步，或提前几日开始，推后几日结束。

（2）对于某一种或者某几种商品或服务开展的促销活动时间，一般说来选择一周为宜。

6.促销活动总结

每一次促销活动结束后，都要对整个活动进行总结。

价格折扣促销法

价格折扣，又称折价促销，是指店铺直接采用降价或折价的方式招徕顾客。价格折扣的实质是把店铺应得的一部分利润转让给消费者。

1.价格折扣的类别

店铺针对消费者实行的折价销售，包括多种类型。

（1）由于折价促销的目的不同，折价销售可分为竞争性折价和常规性折价。

（2）由于折价促销的商品范围不同，价格促销又分为全部商品／服务折价和部分商品／服务折价。

2.价格折扣的弊端

价格折扣能直截了当地给消费者带来实惠。因此，与其他促销手段相比，打折的促销冲击力最强。然而打折促销的弊端也不可小觑：

（1）容易引起竞争激化，导致行业效益下降。

（2）会引起顾客的观望与等待，使店铺陷入折价的恶性循环之中。

（3）有时会损坏店铺形象。

综上所述，折价促销有利有弊。因此，对店铺来说，应适度采用。

低价促销法

低价促销，就是将产品／服务以低于正常的定价出售。其运用方式最常见的是特价拍卖、折扣优惠、淡季促销等。由于办法简单，因此在店铺促销活动中，应用得最为广泛，一般最常见的降价优惠有下列三种。

1.节庆优惠

即在新店开业、逢年过节或周末,将部分产品/服务或全部产品/服务打折销售,吸引顾客购买。

2.库存清仓

换季商品或库存较久的商品、滞销品等,都会以大降价的方式来促销。

3.特价区

即在卖场内设定一个区域或一个陈列台,销售特价商品。特价商品通常是应季大量销售的商品或是过多存货,或是快到保质期,或是外包装有所损伤的商品。这就需要掌握标准,不能鱼目混珠,把一些变质损坏的商品卖给消费者,否则,会引起消费者的反感,甚至会受到消费者投诉。

竞赛与抽奖促销法

竞赛是根据参加者的智慧或能力来获得奖赏,如回答有关产品/服务的特点、为产品/服务品牌命名、提供广告主题语或广告创意等。所以,竞赛促销一般需要三个基本要素:奖品、才能和某些参赛评定的依据。

抽奖与竞赛活动不同,抽奖活动不需要参加者具备判断和技巧方面的能力,只需填写姓名、身份证号码或其他一些个人资料即有希望获奖。获奖者的确定是按照事先规定的随机办法,如抽签、摇奖号码而产生,它与参加者的能力无关,而取决于参加者的运气。

1.竞赛促销形式的策划

竞赛促销的形式要以有助于强化店铺品牌形象为原则,既要让消费者在竞赛中比出水平,更要让消费者通过竞赛加强对产品的了解和偏爱。

(1)回答问题。

(2)征集广告语。

(3)征集作品。组织者要求参赛者围绕要促销的产品创作某种作品,如举办摄影大奖赛,要求参赛的作品中必须有促销的产品/服务。举办烹饪比赛,要求参赛者必须使用促销的炊具等。

（4）排出顺序。要求顾客依据事物的发生时间、重要性或优劣，为某些答案排出顺序。

（5）竞猜。让顾客就判断力、观察力一比高低，常见的有要求顾客从甲、乙两张商标中找出不同点。从照片中辨认某些著名人物以及估算某种汽车能装载多少箱某种商品等。

（6）游戏。除了以上分别介绍的抽奖和竞赛的具体形式外，竞赛和抽奖促销工具还包括以游戏形式出现的促销活动。

在设计竞赛形式时，一定要注意活动的趣味性和比赛难度的适宜性，同时，还要注意竞赛规则的可行性和安全性，要本着对消费者负责的态度科学设计。

2. 奖品设计原则

奖品的设计，包括奖品的价值、奖品的形式和奖品的结构。

（1）奖品的价值。在设计奖品价值时，应以小额度、大刺激为原则。同时，由于《反不正当竞争法》中明确规定，抽奖促销的最高奖金不能超过5000元，所以，奖品决不能靠高额度的大奖取胜，而应靠奖品的新奇性和独特性取胜。

（2）奖品的形式。在竞赛抽奖促销活动中，兑付给消费者的奖品主要有现金形式和实物形式两种。

（3）奖品的结构。奖品通常分为几个等级，如一等奖、二等奖、三等奖加上特等奖或其他项目。奖品的总费用在这些不同等级上如何分配，就是奖品的结构问题。奖品结构一般采用金字塔形，即一个高价值的大奖，然后是若干个中价位的奖品，再其次就是数量大的低价位小奖或纪念奖。实践证明，奖品结构中，低价位的奖品再多，也不如送一个超级大奖更能吸引消费者。所以，奖品组合中一定要有一两个诱惑力很大的大奖；二等奖的数量要稍多一些，并且与头等奖的价位相差不能太悬殊，这样对顾客来说，既有渴望头等奖的激情，又有一旦得不到头等奖还可争取二等奖的希望，有利于调动消费者参与的积极性。

优惠券促销法

优惠券，指店铺发放的、持券人在指定的地点购买商品时享受折价或其他优惠的凭证。

优惠券的设计制作，主要包括优惠额度、文字、功能三个方面。

1. 优惠额度设计

在确定优惠券的优惠额度时，要根据以下因素来综合考虑：

（1）促销产品/服务的种类和单位价格。

（2）促销品牌在市场上的知名度和信誉。

（3）店铺促销目标。

（4）目标市场上消费者的收入水平。

（5）竞争者产品/服务的价格和促销策略。

2. 优惠券文字设计

优惠券的文字设计共包括以下内容：

（1）促销主题。

（2）优惠的额度、范围和时间期限。

（3）兑换的地点或经销店。

（4）具有说服力的介绍。

（5）发券店铺店名、地址和咨询电话。

3. 优惠券功能设计

（1）宣传功能：把有关店铺和其产品/服务的信息也印在券面上，起到宣传作用。

（2）方便功能：指不论在哪种媒体上登载的优惠券都要能方便、容易地被取下，以提高兑换的可能性。

4. 优惠券的兑换

在优惠券的兑换过程中要注意：

（1）统计优惠券兑换率的高低。影响优惠券兑换率的因素主要有：

优惠券递送方式。

优惠券的优惠额度。

优惠券的设计与表现。

消费者对产品/服务的需要程度。

消费者的品牌认知度和忠诚度。

品牌的经销能力。

品牌的新旧程度。

使用范围。

竞争品牌的促销活动。

产品／服务自身的等级等。

（2）避免误兑。避免优惠券误兑的方法有：

优惠券价值不宜过高。

优惠券设计应不易仿造。

办法说明应明确清楚。

该产品／服务在店铺的普及率达50％之后才可使用优惠券促销。

先在局部测试，然后再在大范围区域内开展优惠券促销活动。

最好以四色印刷优惠券，以使仿造者不愿花较高成本去伪造，除非优惠券的价值非常大。

商品展销促销法

商品展销是针对那些经营实物商品的店铺来讲的，商品展销促销法通过商品集中展览陈列，方便消费者选购，吸引消费者购买，促进店铺商品销售。商品展销可以采取下列方式。

1. 名优商品展销

通过购进知名度较高的系列化商品作为骨干商品，辅以店铺原有库存商品，开展名优商品展销活动，一方面增加销售额，另一方面可以减缓库存压力。

2. 季节性商品展销

即通过购进应季应节的各式商品，借以吸引顾客，提高店铺季节期间的市场占有率。如迎"十一"商品展销、"秋季服装展示会"等。

3. 区域性商品展销

由店铺与有关区域企业协商议定，开展区域性商品展销，如"2006北京时装"展销。

4.商品展销的主要优势

（1）在展销期间，店铺的客流量和商品销售量均有不同程度的增加。

（2）提高店铺或商品的知名度。

（3）通过展销可以"以新带旧""以畅带滞"，有助于店铺缓解或消除商品积压，使店铺库存结构趋于合理化。

样品赠送促销法

样品赠送，指向预期目标顾客免费赠送商品样品或免费体验本店的服务，以鼓励顾客试用的销售促进活动。

1.样品赠送对象

（1）样品受赠人应该是该商品的准顾客群。

（2）样品受赠人最好是市场上的"意见领袖"，能对其他消费者的选择发挥重要影响。

（3）样品的受赠人可以是店铺的公关对象。

2.样品赠送方法

（1）直接邮寄。优点：送达率较高。缺点：受许多限制。

（2）挨家挨户发送。优点：样品能够及时、安全地到达受赠人手中。缺点：费用高，而且有时会遭拒绝。

（3）定点分送及展示。优点：费用低。缺点：样品送达率低。

（4）媒体分送。优点：能直接进入家庭或机关团体，同时传播商品信息。缺点：目标顾客群命中率低。

（5）凭优待券兑换。优点：节省了邮寄费用，从而提高了赠送样品的安全性。缺点：样品赠送普及率很难控制，样品数量难以控制。

（6）联合或选择分送。根据目标顾客的特定需要，将相关性或没有竞争性的商品集中在一个样品袋中，然后交由专业营销服务公司送到精选目标顾客手中。优点：样品赠送针对性强，费用节省。

（7）夹包装分送。将商品样品附在非竞争性商品的包装中，此时该样品扮演着免费样品和赠品的双重角色。

3.样品赠送时机

（1）店铺在该市场上的广告宣传活动。店铺在该市场的广告宣传进行4~6周时，是实施样品赠送的最佳时机。但是，在赠送样品期间在该市场的广告宣传绝不能停止。

（2）商品在该市场的经销店数量。对食品、日常生活必需品而言，至少应在该区域有半数店铺经销之后，才适宜进行样品赠送。

（3）商品的消费季节性。最好在某一商品消费旺季到来之前进行样品赠送。

4.样品赠送的成本核算

（1）样品费，包括样品自身费用和样品包装费。

（2）送达费，指将样品分送到消费者手中的过程中所需支付的邮费或劳务费。

（3）管理费，指促销者必须支付给分发渠道的中间费用，如通过专业邮递公司分送，除了要付邮寄费之外，还要支付一定的管理费用。

（4）广告费，包括促销活动本身的广告宣传费、样品包装上的广告费及其他促销辅助物的费用。

（5）如果样品中附加优惠券，则还应包括优惠券的折价面值以及优惠券的兑换处理费。

现场演示促销法

所谓现场演示，是指在销售现场直接向消费者做产品/服务演示。

1.现场演示促销目标

现场演示主要适用于以下促销目标：

（1）推广和介绍新产品/服务。

（2）改变产品/服务在店铺销售不旺的状况。

（3）突出本店铺产品/服务在同类产品中的地位。

（4）向顾客展示本店铺产品/服务的特殊功效。

（5）吸引顾客光顾，带动其他产品/服务的销售。

2.现场演示促销应注意的问题

（1）现场演示的适用范围。并不是所有的产品/服务都适宜采用现场演示的形式促销，一般情况下，做现场演示的产品/服务最好是技术含量比较低的大众化消费品/服务。这类产品/服务演示起来比较方便，演示的过程和效果比较直观，消费者容易理解和把握。

（2）有新型的使用功效。

（3）能立即显示产品/服务的效果。

（4）示范表演者的演示水平。现场演示，目的在于将产品/服务的特点和性能真实、准确、直观地传达给消费者，通过刺激消费者的感官而刺激消费者的购买兴趣。因此，示范表演者的操作要熟练，要能充分地展示产品/服务的优越性。示范表演者的操作水平，直接影响着消费者对产品/服务的信任程度。

（5）现场演示的趣味性。现场演示要想能吸引消费者的注意力，就必须有一定戏剧性。

以旧换新促销法

以旧换新这种促销方式，基本上也是针对那些经营实物商品的店铺而言的。

1.以旧换新促销的两种类型

（1）以任何品牌的旧产品换本店铺的新产品，差额补齐。这种形式的主要目标是为了扩大产品的销售额，厂家和商家都可以采用。

（2）以本店铺的旧产品换本店铺的新产品，差额补齐。这种形式的主要目标是为了巩固和发展店铺的新老顾客，建立顾客对品牌的忠诚度，联络顾客与厂家的感情，本质上是对老顾客的一种回报。

2.以旧换新促销应注意的问题

（1）旧商品的折价幅度。要根据店铺的目标、促销预算以及竞争产品的情况来科学制定折价幅度，使店铺既扩大了商品的销售，又能保证一定的盈利。

（2）促销活动的时间性。以旧换新活动在什么时间开展，是长期开展还是定期开展，这些都要精心策划，关键是要根据促销效果来进行交易上的测算，如果得不偿失，就应停止以旧换新促销活动。

（3）旧商品的折价标准。现在店铺所采取的做法，大都是不论品牌、使用年限、新旧程度，一律统一折价，搞"一刀切"。这种折价办法往往在一定程度上挫伤了顾客参与活动的积极性，尤其是那些手头旧货尚比较新的顾客。因此，在条件允许的情况下，还是应当确立不同的折价标准，以区别对待新旧程度不同、原有价格不同的旧货。

名牌效应促销法

在我国的商品市场上，由于改革开放以来经济迅速发展，科技应用向人们展示的商品日益繁多，以致许多顾客进商场后眼花缭乱，拿不准购买哪一种商品好。于是，一部分消费者便选择了一种简捷的办法，即认品牌购商品，哪个品牌名气大，牌子叫得响，在市场中有信誉，就认准哪个买。特别是名牌商品，由于其质量上乘，信誉可靠，在消费者心目中为首选的购买目标。那些因买杂牌货吃过亏、上过当的人更加注重名牌商品。店铺在组织商品货源，做好商品销售中，应顺应这种消费动向，采用"名牌效应法"，满足消费者的需求，扩大商品销售。在商品经营中，一般有以下几种方式。

1.组织名牌商品专柜供应

大肆宣扬名牌商品特点，通过名牌商品吸引顾客，随之可带动其他商品销售。

2.组织名牌商品系列化供应

如运动衣、运动鞋、运动袜等系列名牌商品，尽量满足顾客追求名牌商品的购买欲望，同时扩大商品销售。

3.名牌商品展销

不定期组织名牌商品展销等促销活动，推动名牌商品销售。

4.保护名牌措施

如对于名酒，加贴"名酒检测封签"后进行销售，使名牌商品有"防身符"，使消费者百分之百地放心购买。

改进包装促销法

在商品销售中,商品包装美不美对商品销售的影响十分明显。据美国杜邦化学公司在市场调查中得出的结论:"有63%的消费者是根据商品的包装装潢来购买的。"这个观点在国外被称为"杜邦定律"。商品包装的改进除了图案设计美观新颖和包装装潢艺术精致高雅外,还可采取以下策略。

1. 小包装

小包装是方便购买及照顾多层次需求的策略,适用于日常消费的商品。

2. 软包装

软包装是当今取代铁质和玻璃瓶装的包装策略。

3. 系列包装

将数种有关的商品装于同一包装容器中,如系列化妆品、系列不锈钢餐具等组合一起包装,便于销售和顾客使用。

4. 多用途包装

如一些装有饮料、食品的玻璃包装,待商品吃完后可继续当水杯使用,达到一物两用或多用。

5. 透明包装

即商品包装上有一处或多处是透明的,甚至是全透明的,使消费者能对包装内的商品一目了然。据调查,同一种食品,透明包装的要比非透明包装畅销得多,售价也高10%。

情侣商品促销法

我国商品市场上近年来兴起了一股情侣商品新潮。因为适应了青年男女表达心心相印、志同道合的热恋之情,情侣商品成为市场上受欢迎的商品。生产和经营情侣商品是当前一种适应市场需求、扩大商品销售的良策妙计。

实例一:饮料销售中运行情侣商品法,在市场上有一种从新加坡引进生产的饮料,采用一瓶两管,供男女共用,两支吸管相连相通,构成"心"字形,很受青年男女青睐而畅销。

实例二：T恤衫近几年来十分普及，为了打开销路，某厂家推出"情侣衫"，男女衫配对，两件一盒装，两样的质地，同样的款式，同样的风格。一男一女穿在身上，别人都会注视这一对情投意合的情侣，因此"情侣衫"招徕许多青年情侣的购买。

实例三：在金银首饰中，中国人传统的结婚戒指就是龙凤配对的男女各一个的情侣戒指，它不仅是结婚纪念珍品，也是老人亲友馈赠的首选礼品。

现在市场上还出现了情侣表、情侣包等吃、穿、用方面的情侣商品。

顾客档案促销法

为顾客建立档案，体现尽力为顾客服务的心愿，是店铺的一种有效的公关手段。日本某食品公司开业不久，精明的老板便向户籍部门索取市民生日资料，建立了"顾客生日档案"。

每逢顾客生日，该公司派员把精制的生日蛋糕送到家中。这一举措深让顾客惊喜，相应该公司的社会知名度愈来愈高，生意愈来愈红火。

台湾著名企业家，号称"经营之神"的王永庆先生，最初开了一家米店，把到店买米的顾客的家庭人口、消费数量记录在心。时间一到，不等顾客上门购买，王永庆先生就亲自送上门，深得顾客的好评和信任。这种经营方法和精神，使王永庆先生事业日益发达。

建立顾客消费档案，店铺可与顾客建立起经常性的联系，通过沟通能增加双方的情感，树立起良好的店铺形象，从店铺经营分析，通过建立顾客档案，可改变依靠微笑的浅层次的商业服务质量要求。店铺通过顾客档案建立的联系网络及时了解顾客的需求变化和消费心理，向顾客推荐商品，增加服务内容和项目，把生意做到顾客家里去，开拓服务新天地，从而使店铺服务更上一层楼。

顾客档案法可为店铺争取许多稳定的顾客，增加回头客，迎来新顾客，所以大中型商店欢迎，小型商店也适用，这种方法达到赢得顾客、赢得市场、做到生意的目的。

好服务是最好的促销

互联网时代强调用户体验至上，而对于线下实体店铺来说，真正能给用户带来良好体验的是精良的服务。这可从售前、售中、售后三个方面着手。

1. 首先是做好售前服务

售前服务是店铺在顾客未接触产品之前所开展的一系列刺激顾客购买欲望的服务工作，对于整个店铺销售来说，售前服务是营销和销售之间的纽带，作用至关重要，应该受到足够的重视。对于店铺来说，售前服务的内容多种多样，主要是提供信息、市场调查预测、产品定制、加工整理、提供咨询、接受电话订货和邮购、提供多种方便和财务服务等。这些方面的服务能够使自己店铺的产品最大限度满足用户需要，从而能够刺激用户产生购买的欲望。

2. 其次是做好售中服务

所谓的售中服务是指营业员在销售过程中所提供的服务，是营业员在推销现场与顾客进行充分沟通，深入了解顾客需求，协助顾客选购最合适产品的活动。在日益竞争激烈的市场环境之下，身为店铺店主，要鼓励自己的销售人员做好售中服务。要做好售中服务，销售员必须做到微笑服务，让顾客感受到自己的热情。同时，要耐心为顾客讲解产品的详细性能规格、具体使用方法以及注意的事项。

也就是说，在从事售中服务时必须具备崇高的服务理念和职业的服务心态，以真诚、微笑和敬业来为顾客解决所有的顾虑，以此来促进成交。

3. 最后是做好售后服务

售后服务是售后最重要的环节，售后服务已经成为店铺赢得顾客喜欢的重要决定因素。从推销的层面来看，售后服务本身同时也是一种促销手段。店铺要做的是采取各种形式的配合步骤，通过售后服务来提高店铺的信誉，扩大产品的市场占有率。而店铺要想真正做好售后服务，就要从三个方面努力。

第一个方面是做好跟踪服务。作为一家店铺，卖的是他人加工的产品，自己不过是一个"中转站"，这时店铺如果能在售后认真负责地为顾客做好跟踪服务，就能改进店铺与顾客间的关系，持久地满足不同顾客的特殊要求，时时让顾客感受到自己的真诚，从而换来顾客的忠诚。

第二个方面是货物出门，支持退换。对于大多数顾客来说，买了商品以后，不到万不得已是不会来退换货的，只有在对购得的商品很不满意的情况下才会要求退货。在面对要求退货的顾客时，店员应设身处地为顾客着想，以十二分的热情来接受顾客的退换货要求。唯有如此，才能让顾客感受到卖家的良好服务态度，从而让顾客从内心对店铺产生好感。

第三个方面是对投诉拿出合理的态度。客户投诉是对店铺产品或服务的一种反馈，有抱怨就说明客户在某种程度上对店铺的产品或服务还是有一定期望值的，客户之所以会投诉，是因为产品或者服务没达到客户的预期。面对顾客的投诉，要拿出积极的态度，妥善处理顾客投诉的问题，并且抓住机会，将客户的投诉转化成赞扬，如此就能增加顾客的忠诚度。

如何评估店铺促销效果

促销效果的评估可从以下几方面进行。

1. 促销效果评估标准

其主要包括以下三个方面：

（1）促销主题的合适度。促销主题是否针对整个促销活动的内容。促销内容、方式、口号是否富有新意、吸引人，是否简单明确。促销主题是否抓住了顾客的需求和市场的卖点。

（2）预计目标与实际销售额之间的差距。促销创意是否偏离预期目标销售额。创意虽然很好，然而是否符合促销活动的主题和整个内容。创意是否过于沉闷、正统、陈旧，缺乏创造力、想象力和吸引力。

（3）促销商品/服务选择得是否正确。促销产品/服务能否反映店铺的经营特色。是否选择了消费者真正需要的产品/服务。能否给消费者增添实际利益。能否帮助店铺或供应商处理积压商品。促销产品/服务的销售额与毛利额是否与预期目标相一致。

2. 供应商的配合情况评估

（1）供应商对店铺促销活动的配合是否恰当、及时。

（2）能否主动参与、积极支持，并为店铺分担部分促销费用和降价损失。

（3）在促销期间，当店铺请供应商直接将促销商品送到店内时，供应商能否及时供货，数量是否充足。

（4）在商品采购合同中，供应商，尤其是大供应商、大品牌商、主力商品供应商，是否作出促销承诺，而且切实落实促销期间供应商的义务及配合等相关事宜。

3.店铺自身运行情况评估

（1）各个环节的配合状况。

配送中心运行状况评估是指评估配送中心是否有问题，送货是否及时。在由配送中心实行配送的过程中，是否注意预留库位，合理组织运输，分配各分店促销商品的数量等几项工作的正确实施情况如何。

店铺运行状况评估是指评估店铺对促销计划的执行程度，是否按照总部促销计划操作。促销商品在各分店中的陈列方式及数量是否符合各分店的实际情况。

运行状况评估是指评估促销计划的准确性和差异性。促销活动进行期间总部对店铺促销活动的协调、控制及配合程度。是否正确确定促销活动的次数，安排促销时间，选择促销活动的主题内容，选定、维护与落实促销活动的供应商和商品，组织与落实促销活动的进场时间。

（2）促销人员行为评估。

促销人员评估可以帮助促销员全面并迅速地提高自己的促销水平，督促其在日常工作流程中严格遵守规范，保持工作的高度热情，并在促销员之间起到相互带动促销的作用。

促销人员的具体评估项目：促销活动是否连续；是否达到店铺目标；是否有销售的闯劲；是否在时间上具有弹性；能否与其他人一起良好地工作；是否愿意接受被安排的工作；文书工作是否干净、整齐；他们的准备和结束的时间是否符合规定；促销桌面是否整齐、干净；是否与顾客保持密切关系；是否让顾客感到受欢迎。